U0578961

BLUE BOOK

智 库 成 果 出 版 与 传 播 平 台

文化建设蓝皮书
BLUE BOOK OF CULTURE CONSTRUCTION

中国文化发展报告
（2024~2025）

ANNUAL REPORT ON THE DEVELOPMENT
OF CHINESE CULTURE (2024-2025)

湖北大学高等人文研究院
组织编写／中华文化发展湖北省协同创新中心
湖北文化建设研究院

主　编／张智敏　江　畅
副主编／张　敏　徐　瑾

社会科学文献出版社
SOCIAL SCIENCES ACADEMIC PRESS (CHINA)

图书在版编目（CIP）数据

中国文化发展报告 . 2024~2025 / 张智敏，江畅主
编 . --北京：社会科学文献出版社，2025.7. --（文
化建设蓝皮书）. --ISBN 978-7-5228-5548-6

Ⅰ . G12

中国国家版本馆 CIP 数据核字第 2025JQ4735 号

文化建设蓝皮书
中国文化发展报告（2024~2025）

主　　编 / 张智敏　江　畅
副 主 编 / 张　敏　徐　瑾

出 版 人 / 冀祥德
责任编辑 / 周　琼
文稿编辑 / 白　银　张　爽　李惠惠
责任印制 / 岳　阳

出　　版 / 社会科学文献出版社·马克思主义分社（010）59367126
　　　　　 地址：北京市北三环中路甲 29 号院华龙大厦　邮编：100029
　　　　　 网址：www.ssap.com.cn
发　　行 / 社会科学文献出版社（010）59367028
印　　装 / 三河市东方印刷有限公司

规　　格 / 开　本：787mm×1092mm　1/16
　　　　　 印　张：23　字　数：345 千字
版　　次 / 2025 年 7 月第 1 版　2025 年 7 月第 1 次印刷
书　　号 / ISBN 978-7-5228-5548-6
定　　价 / 148.00 元

读者服务电话：4008918866

主要研创人员简介

张智敏 湖北大学高等人文研究院特聘研究员，湖北大学师范学院（田家炳教育学院）教授、硕士生导师，中华文化发展湖北省协同创新中心研究员。中国教育学会教育经济学分会首届学术委员会委员，中国教育学会教育经济学分会第七届、第八届、第九届常务理事，中国教育发展战略学会教育财政专业委员会常务理事，中国老年大学协会老年教育学术委员会委员，湖北省老年教育协会学术顾问，武汉市老年教育研究会学术委员会委员，《中国文化发展报告》主编。

江　畅 湖北大学高等人文研究院名誉院长，湖北大学哲学学院教授、博士生导师。中华文化发展湖北省协同创新中心主任、首席专家。国际价值哲学学会（ISVI）前会长，中国伦理学会原副会长、实践哲学专业委员会副会长，中国辩证唯物主义研究会价值哲学专业委员会副会长，中国现代文化学会中国文化建设与评价专业委员会常务副会长，湖北省伦理学学会名誉会长，湖北省传统文化教育研究会会长。《中国文化发展报告》《价值论与伦理学研究》《文化发展论丛》主编，"道德·价值·文化丛书"主编。

张　敏 湖北大学高等人文研究院常务副院长，湖北大学历史文化学院副教授、硕士生导师，湖北文化建设研究院副院长，中华文化发展湖北省协同创新中心副主任、研究员。

徐　瑾　教授、博士生导师，湖北大学高等人文研究院副院长，湖北大学哲学学院马克思主义哲学研究所所长，中华文化发展湖北省协同创新中心副主任、研究员。

李家莲　湖北大学高等人文研究院副院长，湖北大学哲学学院教授、博士生导师，中华文化发展湖北省协同创新中心副主任、研究员，湖北省伦理学学会会长。

陶文佳　湖北大学哲学学院副院长、副教授、硕士生导师，中华文化发展湖北省协同创新中心研究员，湖北省哲学史学会副秘书长。

黄　妍　哲学博士，中华文化发展湖北省协同创新中心副研究员，湖北大学哲学学院讲师、硕士生导师。

汪　曦　教育学博士，湖北工业大学职业技术师范学院讲师、硕士生导师，中国教育发展战略学会教育财政专业委员会理事。

丁　浩　武汉文理学院商学院副教授、工商管理系旅游管理教研室主任，中级旅游经济师。

摘　要

　　2023~2024 年是中国文化建设实现"十四五"规划高质量发展目标任务的关键年份。文化事业发展呈现新格局：舞台艺术作品创作传统与现代创新融合，国产影视艺术创新整体崛起；公共文化机构以"大文化"理念促进文化资源融合发展；新型公共文化空间成为公共文化服务高质量发展的重要标志；"四季村晚""农业文化遗产里的中国"以及全国广场舞大赛活动从多角度展现群众文化活动的独特魅力。

　　文化产业新业态贡献突出。2023 年文化产业新业态营业收入占全部规模以上文化及相关产业营业收入总额比重达到 40.45%，2021~2023 年文化产业新业态营业收入年均增速高出全部规模以上文化及相关产业营业收入年均增速 9.03 个百分点。新闻信息服务行业营业收入在文化六大核心行业中位居第一，文化娱乐休闲服务行业居第二位。

　　《"十四五"文化发展规划》中推出的文化建设重大创新工程取得了显著成效，全国十大考古新发现、石窟寺抢救性保护工程取得显著成绩，中华文化资源普查工程进展顺利，中国戏曲振兴工程取得了突破性进展。截至2023 年，全国已设立 23 个国家级文化生态保护区，其中 16 个正式确立为国家级文化生态保护区。

　　湖北大学高等人文研究院、中华文化发展湖北省协同创新中心、湖北文化建设研究院在《中国文化发展报告》研创中，连续 10 年开展了中国文化发展现状问卷调查。2023~2024 年，为了进一步了解社会公众对文化建设发展的认知认同度、获得感、满意度，调查问卷包括学习贯彻习近平文化思想以及公共文化服务发展、文化产业发展、文化遗产保护传承利用、文化和旅游发展科技创新、全媒体融合创新、文化和旅游融合发展"六大体系"内容。调查结果显示，社会公众对文化发展的认同显著提高、文化自信明显增强、满意度大幅度提升，"一带一路"人文沟通所取得的成绩得到了普遍赞誉。特别是美丽中国、美丽乡村文化建设，十分明显地正向影响了社会公众对文化渊源和文明信念的认同。

文化建设高质量发展还面临诸多问题，政策供给需要进一步完善，文化内容创作行业发展不容乐观，创意设计服务行业增长乏力，东、中、西部及东北地区文化产业发展明显不平衡。为此，本书在总报告和分报告中提出了相应的对策建议。

本书通过总报告、分类报告、专题报告，以创新研究的思路和大数据分析的方法，对"十四五"期间的文化建设发展进行全景式描述和专题探讨，展示了中国文化建设高质量发展所取得的成就，揭示了文化建设和发展面临的新问题、新挑战。本书资料性强、信息量大，微观数据的获得和分析坚持原创性、前瞻性原则，具有可信、可用、可预测的特点。期望以此为决策部门以及相关领域的研究者和实践工作者提供决策参考和数据支撑。

关键词： 文化事业　文化新业态　文化创新工程　文化传播

目 录 ⟑

Ⅰ 总报告

Ⅱ 分类报告

Ⅲ 专题报告

皮书数据库阅读**使用指南**

总 报 告

B.1

中国文化建设高质量发展：
新时期特征与新挑战（2023~2024）

张智敏　张彦龙*

摘　要： 本报告从文化建设发展理论创新与政策引领、公共文化事业发展新格局、文化产业发展新趋势、社会公众对文化发展的满意度以及文化自信和文明水平提升等方面，利用大数据全景式分析了2022~2023年中国文化建设高质量发展的状况，总结了2023~2024年中国文化建设取得的成就以及文化建设转型发展中出现的新特征。分析认为，2023~2024年，中国文化建设高质量发展具有理论创新、政策引领重点突出，文化产业新业态贡献突出，文化自信获得感明显增强等特征。同时通过大数据比较，分析出文化建设发展中呈现的新需求、新变化以及面临的新问题。据此提出了加大政策供

---

* 张智敏，湖北大学师范学院（田家炳教育学院）教授、硕士生导师，湖北大学高等人文研究院、中华文化发展湖北省协同创新中心研究员，主要研究方向为教育与经济、公共文化发展管理、人口老龄化；张彦龙，湖北大学高等人文研究院智库平台建设办公室主任，中华文化发展湖北省协同创新中心助理研究员，主要研究方向为数据挖掘、信息检索、数据可视化。

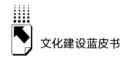
给，提高文化发展满意度和增强文化自信的获得感，重视专门研究机构或智库对文化发展趋势、挑战和机遇以及不确定性因素的分析，开辟新路径、探索新方法，解决发展不平衡、社会力量参与度低的问题，以提高文化发展的核心竞争力、提升文化产业转型发展和可持续发展的能力。

关键词： 文化建设　高质量发展　习近平文化思想

一　文化建设发展理论创新与政策引领

2023 年是全面贯彻落实党的二十大精神的开局之年，也是"十四五"期间中国文化建设高质量发展的关键一年，在全国宣传思想文化工作会议上，党中央正式提出并系统阐述了习近平文化思想，对中国文化建设高质量创新发展具有里程碑的意义，为新时代文化建设高质量发展提供了根本遵循和行动指南。同时，围绕贯彻党的二十大关于文化建设的战略部署，我国文化领域思想上不断守正创新，政策上强化方向性引领、大力弘扬文化强国的主旋律，为新时代中国特色社会主义事业提供了坚强思想保证、强大精神力量、有利文化条件。

（一）习近平文化思想为文化建设高质量发展提供了理论基础

2023 年对于中国文化建设而言是不平凡的一年，2023 年 6 月 2 日，习近平总书记在文化传承发展座谈会上发表重要讲话，向思想文化界发出"创造属于我们这个时代的新文化"的总号召，提出"更好担负起新的文化使命"的总任务。[①] 2023 年 10 月，全国宣传思想文化工作会议正式提出了习近平文化思想。习近平文化思想的形成，标志着我们党对中国特色社会主义文化建设规律的认识达到了新高度。习近平文化思想是对新时代党领导文

---

① 习近平：《在文化传承发展座谈会上的讲话》，《求是》2023 年第 17 期。

化建设实践经验的理论总结，丰富了马克思主义文化理论，为做好新时代新征程宣传思想文化工作、推动文化繁荣、建设文化强国提供了强大思想武器和科学行动指南。① 习近平文化思想包含一系列意蕴丰厚的新思想新论断。

第一，在文化建设和发展中坚持党的全面领导。在全国宣传思想文化工作会议上，习近平总书记明确指出，"加强党对宣传思想文化工作的全面领导"。② 文化建设和发展工作作为党的工作的重要内容，明确党的领导地位，是新时代坚持和加强党的全面领导的必然要求。在文化、思想、理论界再一次强调坚持党对文化建设和发展的领导权是事关党和国家前途命运的大事，加强党对文化建设和发展的全面领导具有极端重要性。

第二，明确提出新时代新征程新的文化使命。习近平总书记指出，"在新的起点上继续推动文化繁荣、建设文化强国"，是"我们在新时代新的文化使命"。③ 这一重要论述，确立了新时代中国特色社会主义文化建设的目标指向，深刻阐明了创造社会主义文化新辉煌的具体内涵与行动逻辑，明确强调文化建设和发展新的文化使命，也是创造人类文明新形态的历史担当。

第三，系统阐释中国特色社会主义文化自信。习近平总书记提出，"文化自信，是更基础、更广泛、更深厚的自信，是更基本、更深沉、更持久的力量。坚定文化自信，是事关国运兴衰、事关文化安全、事关民族精神独立性的大问题"。④ 坚定文化自信，建设社会主义文化强国。将文化自信融入国家重大战略，强化文化赋能，促进经济社会高质量发展。同时将坚定文化自信提升到国运、国家安全、民族精神独立性的新高度。

第四，坚持把马克思主义基本原理同中国具体实际、同中华优秀传统文

---

① 《习近平文化思想学习纲要》，学习出版社、人民出版社，2024。
② 《坚定文化自信秉持开放包容坚持守正创新　为全面建设社会主义现代化国家全面推进中华民族伟大复兴提供坚强思想保证强大精神力量有利文化条件》，《人民日报》2023年10月9日。
③ 习近平：《在文化传承发展座谈会上的讲话》，《求是》2023年第17期。
④ 习近平：《坚定文化自信，建设社会主义文化强国》，《求是》2019年第12期。

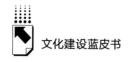

化相结合。将"两个结合"形成的新文化视为中国式现代化的文化形态，不仅是思想上的又一次解放，也揭示了马克思主义基本原理同中华优秀传统文化从彼此契合到相互成就的跃升，拓展了中国特色社会主义道路的文化根基。

（二）深入开展学习和贯彻习近平文化思想的活动

2023 年 10 月，全国宣传思想文化工作会议正式提出习近平文化思想之后，为了认真学习贯彻全国宣传思想文化工作会议的相关精神和习近平文化思想，文化和旅游系统以组织学习培训、集体研讨、巡回宣讲、总结学习心得体会、撰写和发表文章等多种形式，积极学习贯彻习近平新时代中国特色社会主义思想和党的二十大精神，认真学习领会贯彻习近平文化思想，牢牢坚持以人民为中心的工作导向，切实提升自身的思想水平与理论水平。例如，2023 年 12 月 5 日，中国文联召开了"中国文联学习贯彻习近平文化思想研讨会"，会议代表从理论层面、实际感受、实践运用、工作落实多视角畅谈了学习贯彻习近平文化思想的认识体会。① 全国宣传思想文化工作会议召开后，在东部地区，江苏省紧紧围绕学习贯彻习近平文化思想，切实增强做好新时代新征程宣传思想文化工作的责任感使命感，推动各项工作落地见效，加快推进社会主义文化强省建设，为在推进中国式现代化中走在前列、做示范，奋力谱写"强富美高"新江苏现代化建设新篇章提供坚强思想保证和强大精神力量，奋力打造习近平文化思想的生动实践地;② 广东省认真学习贯彻习近平文化思想和全国宣传思想文化工作会议精神，全面贯彻落实习近平总书记视察广东重要讲话精神，对新时代新征程推动广东宣传思想文化事业高质量发展、建设文化强省进行动员部署。③ 在中部地区，湖北省委常委会、全省宣传文化系统陆续召开了学习贯彻习近平文化思想研讨会、全

---

① 马李文博:《中国文联举办学习贯彻习近平文化思想研讨会》,《中国艺术报》2023 年 12 月 6 日。
② 中共江苏省委理论学习中心组:《奋力打造习近平文化思想的生动实践地》,《光明日报》2024 年 2 月 26 日。
③ 《深入学习贯彻习近平文化思想 勇担新的文化使命 推动广东宣传思想文化工作高质量发展》,《广州日报》2023 年 11 月 15 日。

省社科理论界学习宣传贯彻习近平文化思想研讨会、全省宣传思想文化工作会议，第一时间传达学习会议精神，坚持用党的创新理论凝心铸魂，全面落实宣传思想文化工作重点任务；① 湖南省闻令而动，省委理论学习中心组举行集体学习，全省宣传思想文化工作会议部署加快文化强省建设，"湘江大讲堂""习近平新时代中国特色社会主义思想读书会"开展专题研讨……三湘大地持续掀起学习宣传贯彻热潮，"笃信笃行 好学能文"蔚然成风；② 2023 年 12 月 15 日，河南省召开学习贯彻习近平文化思想座谈会。在西部地区，甘肃省深学细悟笃行习近平文化思想，深入贯彻习近平总书记视察甘肃重要讲话精神，创造文化传承发展的"甘肃品牌"，打造中华文明传播展示的"甘肃窗口"，推进现代化建设文化先行的"甘肃实践"，为甘肃现代化建设铸牢团结奋斗的同心圆、激发追赶进位的战斗力、提振自信自强的精气神；③ 陕西省在省委十四届五次全会暨省委经济工作会议上提出，坚持推进文化强省建设，深入学习贯彻习近平文化思想，广泛践行社会主义核心价值观，一体推进文物保护和文明传承，融合发展文化事业和文化产业，在担当新时代新的文化使命上取得新突破。④ 从行业内看，中国文艺评论家协会、中国文化报社、中国东方演艺集团共同主办了"学习践行习近平文化思想 努力提升舞台艺术创作水平"艺术家联学座谈会。会上，艺术家们从文艺理论研究、艺术创作、文化传播等角度，结合工作实际交流了学习体会。会议认为，文艺工作者要崇德尚艺、守正创新，不断提高创作能力，创作、演出更多思想精深、艺术精湛、制作精良的优秀文艺作品，努力攀登新时代文艺创作新的高峰。国家文化艺术院团要走在学习践行习近平文化思

---

① 《湖北省各地各部门深入学习贯彻习近平文化思想，积极践行总体国家安全观——主旋律更响亮 正能量更强劲》，湖北文明网，2023 年 12 月 6 日，http：//www. hbwmw. gov. cn/c/2023/12/53831. shtml。

② 《努力在担当新的文化使命中走在前列——2023 年全省宣传思想文化工作综述》，《湖南日报》2024 年 1 月 18 日。

③ 中共甘肃省委理论学习中心组：《深入学习贯彻习近平文化思想 加快建设繁荣兴盛的文化强省》，《光明日报》2024 年 5 月 21 日。

④ 《中共陕西省委十四届五次全会暨省委经济工作会议在西安举行》，《陕西日报》2023 年 12 月 30 日。

想、提升舞台艺术创作水平的前列，发挥文艺院团的优势，把习近平文化思想创造性地转化为有影响力和传播力的舞台精品，创作推出更多宣传阐释习近平文化思想的艺术佳作，为文化事业和文化产业繁荣发展贡献力量。①

（三）文化建设高质量发展的政策引领

运用政策引领文化建设高质量发展不仅具有战略性意义，而且具有现实的操作性意义。"十四五"期间，对于文化建设和发展，国家发布了两部具有纲领性的规划文件，分别是《"十四五"旅游业发展规划》《"十四五"文化发展规划》。2021~2023年，文化和旅游部、国家发展改革委、财政部等部门发布了10部具有指导性的规划文件。在文化和旅游部发布的规划文件中，2021年最多，为7部。从文件的标题看，2021年规划文件对"十四五"期间的文化建设和发展从公共文化服务、文化产业、文化和旅游科技创新、文化和旅游市场发展、非物质文化遗产保护、艺术创作等方面做出了总体规划，2022~2023年出台的规划文件主要关于体育文化建设、区域文化建设以及国家艺术基金资助。在上述规划文件的指导和引领下，2021~2023年，文化和旅游部发布了一系列落实"十四五"规划、促进文化和旅游高质量建设和发展的可操作性政策文件。为了通观"十四五"前3年的政策导向和政策供给，本报告对文化和旅游部官网2021~2023年政务公开板块所发布的各项文件进行了采集，共采集到文件、通知等771项，其中2021年296项，2022年237项，2023年238项，总文本量达114万余字。将三个年度的文件、通知等按照文化事业、文化产业、资源开发、行业标准、文化交流五个主题进行分类，其中文化事业共359项，包括文艺事业151项、公共文化服务52项、非物质文化遗产保护32项、科技教育117项、行政权力7项；文化产业共242项，包括市场管理235项、综合执法7项；资源开发共118项；行业标准共37项；文化交流共15项，包括港澳台交流合作8项、国际交流合作7项（见图1）。

---

① 《学习践行习近平文化思想 努力提升舞台艺术创作水平》，《中国文化报》2024年1月17日。

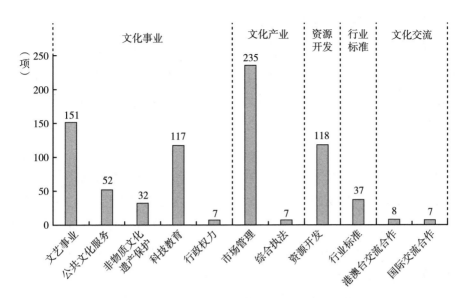

图1　2021~2023年文化和旅游部政务公开各项文件（通知）采集分类情况

资料来源：文化和旅游部网站。

从政策导向看，其一，国家十分重视公益性文化事业的发展，其中对文艺类工作的政策指导尤为重视；其二，对文化产业发展的政策指导也十分重视，关注点主要集中在市场管理方面；其三，对资源开发和行业标准的指导明显少于"文化事业""文化产业"；其四，文化交流方面的指导文件更少。按照年份和主题分类，对政策文本进行分析对比，可以总结2021~2023年文化建设和发展的政策供给状况和创新特点。

1. 文化事业

（1）文艺事业。在"十四五"开局之年，文化和旅游部发布了《"十四五"艺术创作规划》，强调要进一步改善艺术创作生态，提升艺术作品创作质量以及加强文艺人才队伍培养。中共中央办公厅和国务院办公厅印发了《关于深化国有文艺院团改革的意见》，强调了加强党的领导、遵循艺术发展规律、坚持社会效益优先以及以改革促发展的工作原则。2022年，为了进一步指导新时代文艺发展的方向，国家明确提出新时代文艺发展的目标任务，包括深入实施中华优秀传统文化传承发展工程，加强中华文明探源和考

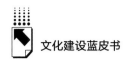

古研究成果、中华文化典籍等全媒体传播。①

2023 年，中国文化艺术市场全面复苏，全国艺术创作工作会议强调全面贯彻落实党的二十大精神，深入学习贯彻习近平总书记关于文艺工作的重要论述精神。会议提出了提高艺术创作水平、推出更多优秀作品的目标，提出坚持正确创作方向、弘扬真善美、传播正能量的要求。2023 年 9 月 14日，国家主席习近平向"2023 北京文化论坛"致贺信。贺信指出，"中华民族具有悠久的优秀传统文化，自古就有开放包容、兼收并蓄的文化胸怀，中华文明历来赞赏不同文明间的相互理解和尊重。北京历史悠久，文脉绵长，是中华文明连续性、创新性、统一性、包容性、和平性的有力见证。中国将更好发挥北京作为历史古都和全国文化中心的优势，加强同全球各地的文化交流，共同推动文化繁荣发展、文化遗产保护、文明交流互鉴，践行全球文明倡议，为推动构建人类命运共同体注入深厚持久的文化力量"。②

从政策指导的内容来看，2021～2023 年，文化和旅游部非常注重戏曲（剧）的传承和发展。特别是 2023 年对于戏曲（剧）的政策投入大，且范围更广。从时间看，2021 年、2022 年政策文件重点关注京剧、黄梅戏、昆剧等戏曲的发展，2023 年政策文件对各地方剧种关注度提高。比如，关注北方戏、南方戏、花鼓戏、黄河流域戏曲、折子戏、梆子声腔、高腔等，并以展演、评优、人才培养、节目复排等形式展现。特别是在人才培养方面，文化和旅游部连续三年举办了创作人才研修班，实施全国戏曲表演领军人才培养。总体而言，文艺事业发展的政策导向，具有通过会演和培训等形式传播文化艺术，投入资金培养人才的特点。

（2）公共文化服务。2021 年以来，"高质量发展"成为我国公共文化服务政策文本中反复出现的关键词。文化和旅游部以及相关部门出台了多项文件为 2021～2025 年公共文化服务体系进行整体规划，强调重视公共文化服务

① 《中共中央办公厅 国务院办公厅印发〈"十四五"文化发展规划〉》，中国政府网，2022 年 8 月 16 日，https：//www. gov. cn/gongbao/content/2022/content_5707278. htm。
② 《习近平向 2023 北京文化论坛致贺信》，中国政府网，2023 年 9 月 14 日，https：//www. gov. cn/yaowen/liebiao/202309/content_ 6903853. htm。

的软件建设和内涵建设，推动公共文化服务的品质发展、均衡发展、开放发展和融合发展。① 2022年，中共中央办公厅、国务院办公厅印发了《关于推进实施国家文化数字化战略的意见》，提出了形成中华文化数据库、夯实文化数字化基础设施、搭建文化数据服务平台等8项重点任务，旨在通过数字化信息技术与平台赋能，促进公共文化服务供给侧结构性改革。

相比前两年，从公共文化服务政策供给内容和指导对象看，2023年指导线下文化传播活动的文件通知明显增多，关注乡村文化建设、介绍"典型案例"的文本通知也明显增多。政策导向在总体上关注基层队伍建设和基层典型案例以及基层文化站设施建设与创新发展。2023年4月，中共中央宣传部办公厅、文化和旅游部办公厅发布了《关于推动实体书店参与公共文化服务的通知》；② 7月，国家发展改革委等部门印发了《国家基本公共服务标准（2023年版）》；③ 8月，文化和旅游部办公厅发布了《关于持之以恒推动乡镇综合文化站创新发展的实施方案》④，更加注重指导城乡基层公共文化服务阵地建设规范发展，引导和细化基层文化站设施建设和实体书店创新发展。如发布的志愿活动的具体实施方案和计划、加强旅游公共服务设施建设与管理（公共厕所）的规范等，无不引导公共文化服务场所（图书馆、文化馆）提高文化服务质量，进一步明确政府保障基本公共文化服务的底线和责任。

（3）人才培养。2021~2023年，文艺人才培养以《"十四五"艺术创作规

---

① 《文化和旅游部 国家发展改革委 财政部关于推动公共文化服务高质量发展的意见》，中国政府网，2021年3月8日，https://www.gov.cn/gongbao/content/2021/content_5602033.htm；《文化和旅游部关于印发〈"十四五"文化和旅游发展规划〉的通知》，文化和旅游部网站，2021年4月29日，https://zwgk.mct.gov.cn/zfxxgkml/ghjh/202106/t20210602_924956.html，访问时间：2025年2月16日。

② 《中央宣传部办公厅 文化和旅游部办公厅〈关于推动实体书店参与公共文化服务的通知〉》，文化和旅游部网站，2023年4月27日，https://zwgk.mct.gov.cn/zfxxgkml/ggfw/202304/t20230427_943435.html，访问时间：2025年2月16日。

③ 《国家发展改革委等部门关于印发〈国家基本公共服务标准（2023年版）〉的通知》，中国政府网，2023年7月30日，https://www.gov.cn/zhengce/zhengceku/202308/content_6897591.htm，访问时间：2025年2月16日。

④ 《文化和旅游部办公厅关于印发〈关于持之以恒推动乡镇综合文化站创新发展的实施方案〉》，中国政府网，2023年8月28日，https://www.gov.cn/zhengce/zhengceku/202309/content_6902599.htm，访问时间：2025年2月16日。

划》为蓝图，文艺人才培养政策主要突出了对青年、基层与传统艺术、青年科研人才的培养以及人才的储备工作，特别强调文艺青年人才培养过程中人才的艺术修养与道德修养双重素质的提升。2021年国家艺术基金年度青年艺术创作人才和艺术人才培养项目共计44项，为国家艺术基金设立以来最多的一年。2022年的政策主要关注促进文艺与其他领域的融合，推出了跨领域人才培养项目，鼓励文艺人才学习科技、管理等跨学科知识，以拓宽创作视野和提高创新能力。具有代表性的项目有北京大学艺术学院与国家对外文化交流研究基地联合开展了一系列高端讲座、国际艺术管理工作坊、深度主题研讨等培训项目。①

2023年，文艺人才培养政策在2022年创新培养模式的基础上，建立更加细化的文艺人才培养体系，针对不同领域、不同层次的文艺人才，制定差异化的培养方案，以提升培养的针对性和有效性。中国文联文艺研修院主办了"中青年视觉艺术策展人培训"，中央美术学院主办了"创新设计与知识服务人才培训"，澳门新口岸区工商联会联合北京师范大学艺术与传媒学院等机构主办了"澳门未来科技艺术管理人才培训"等有影响力的文艺与科技融合培养项目，鼓励文艺人才学习数字技术、新媒体艺术，推动文艺与科技融合，促进文艺创作与现代科技的结合。

（4）科技创新与研究。2021年文化和旅游部发布了《"十四五"文化和旅游科技创新规划》，强调了科技创新在文化和旅游领域的全面融入，提出了加强文化和旅游重点领域的关键技术研发和创新工程建设，以科技创新引领和支撑文化和旅游发展，提高文化和旅游生产要素水平，推动文化和旅游更好地融入新发展格局，实现高质量发展。② 2022年，文化和旅游部面向艺术创作与生产、公共文化服务、文化产业、旅游业等领域，公开征集契合国家发展重大战略和行业现实需求、创新性强、影响力大、效益好、示范引领效果

---

① 参见北京大学艺术学院"学院新闻"，http：//www. art. pku. edu. cn/xyxw。
② 《文化和旅游部关于印发〈"十四五"文化和旅游科技创新规划〉的通知》，中国政府网，2021年4月26日，https：//www. gov. cn/zhengce/zhengceku/2021-06/11/content_5616972. htm，访问时间：2025年2月16日。

突出的综合创新成果。① 2022 年，中共中央办公厅、国务院办公厅印发《关于推进实施国家文化数字化战略的意见》，该意见明确，到"十四五"末基本建成文化数字化基础设施和服务平台，形成线上线下融合互动、立体覆盖的文化服务供给体系。②

2023 年 6 月，为了促进文化和旅游科技创新规划的落实，文化和旅游部办公厅发布了《关于开展 2023 年度国家文化和旅游科技创新研发项目推荐工作的通知》，强调了科技在文化和旅游发展中的支撑引领作用，介绍了推荐项目的范围、重点支持的领域、项目类型、申报资格要求等内容。2023 年 10 月，为了树立文化和旅游科技创新的示范标杆，文化和旅游部办公厅发布了《关于公布 2023 年文化和旅游数字化创新示范案例的通知》，以期通过案例推广文化和旅游数字化建设。

文化建设发展离不开科技创新，更需要学术研究。2021~2023 年，全国艺术科学规划领导小组工作办公室、文化和旅游部推出了一系列文化和旅游科技创新工程以及基金项目。表 1 是 2021~2023 年文化和旅游科技创新工程立项、行业标准获批与研究立项资助情况，从立项资助政策导向看，主要通过抓住数字化、网络化、智能化发展的科技机遇，全面赋能文化和旅游产业的创新发展。

表 1　2021~2023 年文化和旅游科技创新工程立项、行业标准制定与研究立项资助情况

分类	2021 年	2022 年	2023 年
科技创新（工程）（项）	100	——	81
文化和旅游重点实验室（家）	18	14	18
科技示范园、技术创新中心（个）	7	12	8+12（技术创新中心）
推动出台国家标准（个）	6	4	5
推荐或立项国家重点研发项目（个）	11	1	2

① 《文化和旅游部办公厅关于开展 2022 年度文化和旅游创新成果推荐工作的通知》，文化和旅游部网站，2022 年 5 月 31 日，https://zwgk.mct.gov.cn/zfxxgkml/kjjy/202205/t20220531_933271.html，访问时间：2025 年 2 月 16 日。

② 《中共中央办公厅 国务院办公厅印发〈关于推进实施国家文化数字化战略的意见〉》，中国政府网，2022 年 5 月 22 日，https://www.gov.cn/zhengce/2022-05/22/content_5691759.htm，访问时间：2025 年 2 月 16 日。

续表

分类	2021 年	2022 年	2023 年
批准发布行业标准及修改单(个)	7	7	15
行业标准立项(项)	31	30	28
推进(提交)获批国际标准立项(项)	3	0	2
国家社科基金艺术学重大项目(项)	27	18	16
国家社科基金艺术学年度项目(项)	221	219	251
文化和旅游部部级社科项目(项)	38	51	53
青年科研人才扶持计划(个)	35	36	42
改革创新优秀案例(示范)(个)	39	58	44(数字化示范)
文化艺术旅游提质培优计划(个)	—	115	39

　　资料来源:2021 年、2022 年、2023 年《中华人民共和国文化和旅游部文化和旅游发展统计公报》;文化和旅游部官网公布的数据。

　　同时,文化和旅游部直属的国家艺术基金自 2013 年成立以来,资助项目主要聚焦大(小)型舞台剧(节目)和作品创作、美术创作、传播交流推广、艺术人才培养和青年艺术创作人才资助等方面。表 2 是对 2021～2023 年国家艺术基金(一般项目)资助立项情况的比较,可以发现,2021 年国家艺术基金(一般项目)资助立项 598 项,2022 年资助立项 628 项,比 2021 年增加 30 项,增长 5.02%;2023 年资助立项 703 项,比 2022 年增加 75 项,增长 11.94%。从政策支持特点看,国家艺术基金(一般项目)重视对艺术人才特别是青年艺术创作人才的培养资助。即政策导向上,关注艺术事业发展中的"人"的成长和人才在艺术生涯中提升艺术作品的质量、思想性以及社会价值。同时,注重通过一系列重大文化工程或者项目资助,全方位推动中国文艺事业发展。

表 2　2021～2023 年国家艺术基金(一般项目)资助立项情况比较

单位:项

类别	2021 年	2022 年	2023 年	三年合计
大型舞台剧和作品创作	88	101	122	311
小型剧(节目)和作品创作	106	93	102	301
美术作品	82	104	111	297

续表

类别	2021 年	2022 年	2023 年	三年合计
传播交流推广	84	95	119	298
艺术人才培养	71	76	101	248
青年艺术创作人才资助	167	159	148	474
合计	598	628	703	1929

资料来源：根据国家艺术基金管理中心发布的 2021 年、2022 年、2023 年《国家艺术基金（一般项目）年度资助项目名单》整理。

（5）非物质文化遗产保护。2021 年，文化和旅游部颁布了《"十四五"非物质文化遗产保护规划》，提出了"十四五"非物质文化遗产保护发展目标，明确了"加强非遗调查、记录和研究""加强非遗项目保护""加强非遗传承人认定和管理""加强非遗区域性整体保护""加大非遗传播普及力度""服务社会经济发展"六个方面的主要任务。中共中央办公厅、国务院办公厅印发《关于进一步加强非物质文化遗产保护工作的意见》，强调了非物质文化遗产是中华优秀传统文化的重要组成部分，对于延续历史文脉、坚定文化自信、推动文明交流互鉴、建设社会主义文化强国具有重要意义；提出了到 2025 年，实现非物质文化遗产代表性项目的有效保护，工作制度的科学规范和有效运行，提升人民群众的参与感、获得感、认同感的工作目标。2022 年，文化和旅游部印发了推动传统工艺高质量发展、非遗保护与旅游融合发展的相关政策文件，以强化完善非遗保护的法律法规体系，制定了非遗保护专项规划，将非遗保护与国家重大战略相结合。

2023 年，文化和旅游部发布了《关于推动非物质文化遗产与旅游深度融合发展的通知》，旨在推动非物质文化遗产与旅游的深度融合发展。这一政策强调了非物质文化遗产在旅游中的重要性，并提出在有效保护的前提下，推动两者在更广范围、更深层次、更高水平的融合。同时，文化和旅游部公布了 2023~2025 年国家级非物质文化遗产生产性保护示范基地名单。这些示范基地主要集中于传统美术和传统技艺类非物质文化遗产保护领域，旨在增加项目实践频次、壮大传承队伍、激发创新创造活力。2023 年非遗

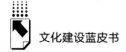

保护政策和学术研究遵循"十四五"非物质文化遗产保护发展目标，在政策层面关注非物质文化遗产保护在实践层面的指导和文化价值层面的挖掘，推动非遗保护与旅游业深度融合发展。

2. 文化产业

2021~2023 年，文化产业新文件、通知共 242 项，包括市场管理 235 项、综合执法 7 项。

（1）市场管理。2021 年文化和旅游部发布了《"十四五"文化和旅游发展规划》《"十四五"文化产业发展规划》《"十四五"文化和旅游市场发展规划》《"十四五"文化和旅游科技创新规划》，强调了文化和旅游融合发展、创新发展和高质量发展的一系列目标、主要任务和重要举措。2022 年，为了克服疫情给文旅产业带来的影响，国家发展改革委等部门印发了《关于促进服务业领域困难行业恢复发展的若干政策》，为旅游业纾困扶持出台了专项政策。同时，文化和旅游部发布了《关于加强文化和旅游领域法治建设的指导意见》，以解决文化和旅游领域法治建设突出问题为着力点，扎实做好立法、执法、普法和法治文化建设等工作，为推动文化和旅游高质量发展提供有力法治保障。

2023 年，国务院办公厅印发了《关于释放旅游消费潜力推动旅游业高质量发展的若干措施》，提出了丰富优质旅游供给、释放旅游消费潜力、加强入境旅游工作、提升行业综合能力、强化政策保障措施等五个方面 30 条措施，进一步强调了推动文化和旅游市场高质量发展，发挥旅游业对推动经济社会发展的重要作用。2023 年，文化和旅游部创新监管理念和监管措施，开展文化市场管理。在理念上，利用激励政策导向，开展旅游市场管理创新典型推荐遴选工作，推广创新行业监管的好经验、好做法，引领推进各地旅游业高质量发展。在这项工作的推进中，文化和旅游部不断创新市场监管手段，全面提升市场管理能力，以高质量发展和监管创新为两大推进方向。即高质量发展举措中的关键词包括审批改革、优化、转型、融合、纾困等；监管治理举措中的关键词包括系统、依法、综合、源头等；对于新业态的监管关键词为包容、审慎、信用、数字化、综合等。这些创新监管措施提取的关键词和相关激励政策导向，不仅体现了文化和旅游市场管理制度的创新，而且促进了健康、有序与高质量文化和旅游市场环境的形成。

（2）综合执法。2021年，国务院办公厅下发的《关于文化市场综合行政执法有关事项的通知》要求，切实加强对文化市场综合行政执法领域行政处罚和行政强制事项的源头治理。文化和旅游部印发《文化市场综合行政执法事项指导目录（2021年版）》，明确了文化市场综合执法的范围和职责边界；下发《关于加强旅游服务质量监管提升旅游服务质量的指导意见》，提出加快推进旅游信用体系建设，加强行业旅游服务质量监管，创新监管理念和方式，提升治理体系和治理能力现代化水平。2022年，文化和旅游部办公厅下发了《关于加强行业监管进一步规范旅游市场秩序的通知》，强调保障游客合法权益，严格规范旅游市场秩序，针对不合理低价游等违法违规现象进行整治。《2022年全国旅游市场服务质量提升报告》指出，2022年综合执法政策主要关注深化文化市场综合执法改革，文化和旅游市场监管机制完善以及对新业态、新模式的监管，守牢安全底线，提升市场监管与服务现代化、规范化水平。

2023年，文化和旅游部办公厅下发了《关于进一步规范旅游市场秩序的通知》，强调了规范旅游市场秩序的重要性，并对旅行社和导游的服务质量提出了具体要求，以促进旅游业的整体高质量发展。2023年，文化和旅游部、国家文物局还发布了《关于加强文物市场行政执法工作的通知》，强调了文物市场行政执法工作的重要性，提出落实执法责任、明确执法事项和加强日常监管等具体要求。上述文件和措施反映了文化和旅游部在加强文化和旅游领域法治建设及综合执法方面的努力，旨在提升执法效率和质量，确保文化市场的健康有序发展。总体来看，2023年的文化和旅游综合执法政策着重于法治政府建设、艺术创作与表演的推广、文化市场综合执法工作的加强，以及旅游市场秩序的整治和优化。

3.文化和旅游资源开发

2021~2023年，我国文化和旅游资源开发政策措施共118项，关键政策文件具有如下特征。

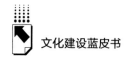

  2021 年，文化和旅游资源开发政策有三个重点。一是恰逢中国共产党成立一百周年，文化和旅游部多次发布通知，培养红色旅游五好讲解员，积极推广红色旅游的相关路线、纪念馆、景区。①二是为了迎接 2022 年北京冬奥会，文化和旅游部会同多部门印发《冰雪旅游发展行动计划（2021—2023 年）》，推动我国冰雪旅游的高质量发展，助力 2022 年北京冬奥会。三是文化和旅游部发布了《关于推进旅游商品创意提升工作的通知》，指导各地推进旅游商品创意提升工作。2022 年，文化和旅游部与多部门联合印发《关于推动文化产业赋能乡村振兴的意见》，强调了文化产业在乡村振兴中的多重功能价值和综合带动作用。同时，文化和旅游部发出多项通知，推动国家级文化产业园区的高质量发展。②

  2023 年，文旅行业进入了一个新的历史时期，工业和信息化部、教育部、文化和旅游部等部门联合发布《元宇宙产业创新发展三年行动计划（2023—2025 年）》，提出建设文旅元宇宙产业创新发展的任务和措施。其中，对于文化和旅游部门创新建设和开源发展有了明确的要求，即在建设各种文旅应用场景中提升数字化水平，打造数字人讲解、XR 导览等产品和服务；在文化新业态中提高数智文旅水平，拓展沉浸式体验空间；在节目制播中提升虚实融合水平和平台建设水平，提升节目质量，加快生产工具迭代和创新，打造未来电视新模式，提升媒体服务能力。③2023 年 11 月 1 日，文化和旅游部印发《国内旅游提升计划（2023—2025 年）》，该计划旨在进一步促进民众提升消费信心，释放旅游消费潜力，推动旅游业提质增效，以

① 《文化和旅游部办公厅关于开展 2021 年全国红色旅游五好讲解员培养项目的通知》，文化和旅游部网站，2021 年 11 月 25 日，https://zwgk.mct.gov.cn/zfxxgkml/zykf/202112/t20211209_929723.html，访问时间：2025 年 2 月 16 日。

② 《文化和旅游部关于推动国家级文化产业园区高质量发展的意见》，中国政府网，2021 年 12 月 21 日，https://www.gov.cn/zhengce/zhengceku/2021-12/28/content_5664943.htm，访问时间：2025 年 2 月 16 日。

③ 《工业和信息化部办公厅 教育部办公厅 文化和旅游部办公厅 国务院国资委办公厅 广电总局办公厅关于印发〈元宇宙产业创新发展三年行动计划（2023—2025 年）〉的通知》，中国政府网，2023 年 8 月 29 日，https://www.gov.cn/zhengce/zhengceku/202309/content_6903023.htm，访问时间：2025 年 2 月 16 日。

更高的质量、更好的服务满足广大民众多层次多样化的旅游消费需求，推动旅游业高质量发展。

4. 行业标准制定与实施

2023年，文化和旅游部印发《文化和旅游标准化工作管理办法》，联合国家发展改革委等部门印发《国家基本公共服务标准（2023年版）》，推进基本公共文化服务标准化建设，修订发布《导游服务规范》等国家标准，提升导游服务质量。同时，加强标准的宣传解读，组织团体标准工作培训，支持开展旅游、图书馆、文化馆、非物质文化遗产等领域标准的业务培训；推动考古设施设备标准化建设，修订《考古装备及设施配备导则》。2023年共出台文化和旅游国家标准和行业标准20项、立项28项，发布文物保护行业标准17项，开展20项关键标准预研究和制修订工作，遴选公布全国旅游标准化示范典型经验20项。

5. 文化交流政策

（1）港澳台交流合作。2021~2023年，文化和旅游部关于港澳台文化交流合作方面的政策特征包括以下几个方面。一是明确定位。2021年，国务院颁发的《"十四五"旅游业发展规划》指出，支持香港发展中外文化艺术交流中心，支持澳门打造以中华文化为主流、多元文化共存的交流合作基地，推进海峡两岸乡村旅游、旅游创意产品开发等领域合作，探索海峡两岸旅游融合发展新路。可以看出，国家对港澳台文化交流合作有不同的定位，赋予香港中外文化艺术交流中心的定位，澳门则定位为以中华文化为主流、多元文化共存的交流合作基地，海峡两岸的文化交流定位为文化创意产品开发和融合发展。同时在操作层面，文化和旅游部发文公布2021年度内地与港澳文化和旅游交流重点项目。[①] 二是加大力度。2022年，文化和旅游部将内地与港澳文化和旅游交流的项目分为重点项目、培育项目，共立项38项，

---

① 《文化和旅游部办公厅关于公布2021年度内地与港澳文化和旅游交流重点项目名单的通知》，文化和旅游部网站，2021年4月21日，https://zwgk.mct.gov.cn/zfxxgkml/jlhz/gatjlhz/202104/t20210423_923909.html，访问时间：2025年2月16日。

其中，重点项目 27 项、培育项目 11 项。① 三是创新方式。2023 年，中共中央、国务院发布了《关于支持福建探索海峡两岸融合发展新路 建设两岸融合发展示范区的意见》，② 该意见进一步鼓励两岸同胞共同弘扬中华文化，促进中华优秀传统文化保护传承和创新发展；支持闽台合作项目通过海外中国文化中心对外展示，引导闽台业界合作制作影视精品；支持闽台妈祖宫庙联合开展人类非物质文化遗产代表作名录项目"妈祖信俗"保护行动，推进两岸闽南红砖建筑、妈祖文化史迹申报世界文化遗产工作；实施"南岛语族起源与扩散研究"项目，支持台企申请文物保护工程资质，台湾专业机构和人员参与福建省内考古等项目。即 2023 年，内地与港澳台文化交流合作有了更加宽松的政策，交流合作进入了创新发展新阶段。

（2）国际交流合作。国务院颁发的《"十四五"旅游业发展规划》指出，在相互尊重文化多样性和社会价值观的基础上，推动大国旅游合作向纵深发展，深化与周边国家旅游市场、产品、信息、服务标准交流合作。以建交周年、高层互访为契机，办好中国文化年（节）、旅游年（节），开展多层次对话交流活动，促进人员往来、民心相通、文明互鉴，推动构建新型国际关系。积极服务和对接高质量共建"一带一路"，扩大与共建国家和地区交流合作，打造跨国跨境旅游带。坚持开放包容、合作共赢，积极参与全球旅游治理体系改革和建设，加强与联合国世界旅游组织等合作，发挥好世界旅游联盟、世界旅游城市联合会、国际山地旅游联盟等国际组织作用，推动全球旅游业发展。2021 年，商务部等 20 个部门联合发布了《关于推进海南自由贸易港贸易自由化便利化若干措施的通知》，支持创建国家文化出口基地，建设国家对外文化贸易基地，鼓励创新服务贸

---

① 《文化和旅游部办公厅关于公布 2022 年度内地与港澳文化和旅游交流重点项目、培育项目名单的通知》，文化和旅游部网站，2022 年 5 月 23 日，https：//zwgk.mct.gov.cn/zfxxgkml/jlhz/gatjlhz/202205/t20220526_933198.html，访问时间：2025 年 2 月 16 日。

② 《中共中央　国务院关于支持福建探索海峡两岸融合发展新路 建设两岸融合发展示范区的意见》，中国政府网，2023 年 9 月 12 日，https：//www.gov.cn/gongbao/2023/issue_10726/202309/content_6906519.html，访问时间：2025 年 2 月 16 日。

易国际合作模式。[①] 2022 年，文化和旅游部指出"东亚文化之都"[②] 是中日韩领导人会议机制下创建的三国文化领域的重要成果。[③] 文化和旅游部将继续推动"东亚文化之都"创建城市的特色文化建设，打造具有国际影响力的区域文化高地，立足本国、面向世界，不断增强中华优秀传统文化的影响力和感召力，提升中华文化软实力。商务部等 27 个部门联合出台了《关于推进对外文化贸易高质量发展的意见》，提出了 28 项具体任务举措，进一步完善了顺应数字时代高质量发展趋势与要求的对外文化贸易发展目标的制度框架和政策体系。

2023 年，对外文化国际交流在 2022 年的基础上进一步发展，特别是在中国国际旅游交易会期间，文化和旅游部举行了中国入境旅游政策发布会。外交部、国家移民管理局向海外旅行商和中外媒体介绍了优化签证和提高入境旅游便利化政策措施，具体包括三个方面。一是扩大对外口岸签证业务；二是改革过境免签政策，对各国公民实施 24 小时过境免签，在 18 个省（区、市）23 个城市 31 个口岸对 54 个国家人员实施 72/144 小时过境免签政策；三是区域性入境免签政策，如港澳地区的外国人组团入境广东实行 144 小时免签、东盟 10 国旅游团入境广西桂林实行 144 小时免签、上海对邮轮入境实行 15 天免签、海南对 59 国人员入境实行 30 天免签等。

---

① 《商务部等 20 部门关于推进海南自由贸易港贸易自由化便利化若干措施的通知》，中国政府网，2021 年 4 月 19 日，https：//www.gov.cn/zhengce/zhengceku/2021-04/26/content_5602760.htm，访问时间：2025 年 2 月 16 日。

② 每年中日韩文化部长会议期间，三国文化部长共同为下一年度"东亚文化之都"当选城市授牌。这些城市分别是 2014 年泉州（中国）、光州（韩国）、横滨（日本）；2015 年青岛（中国）、清州（韩国）、新潟（日本）；2016 年宁波（中国）、济州（韩国）、奈良（日本）；2017 年长沙（中国）、大邱（韩国）、京都（日本）；2018 年哈尔滨（中国）、釜山（韩国）、金泽（日本）；2019 年西安（中国）、仁川（韩国）、东京丰岛区（日本）；2020 年扬州（中国）、顺天（韩国）、北九州（日本）；2021 年绍兴（中国）、敦煌（中国）、顺天（韩国）、北九州（日本）；2022 年温州（中国）、济南（中国）、庆州（韩国）、大分县（日本）。

③ 《文化和旅游部关于政协十三届全国委员会第五次会议第 04720 号（文体宣传类 387 号）提案答复的函》，文化和旅游部网站，2022 年 6 月 29 日，https：//zwgk.mct.gov.cn/zfxxgkml/zhgl/jytadf/202211/t20221117_937556.html，访问时间：2025 年 2 月 16 日。

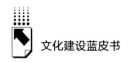

在回顾2021~2022年的基础上，梳理2023年国家发布的文化建设发展相关政策文件可以发现，2023年政策供给具有以下特征。一是在习近平文化思想的引领下，为了实现文化发展"十四五"规划目标，出台了一系列针对性政策文件，要求在文化建设和发展中，承担建设新时代新文化、担负文化建设新使命的社会责任。二是在公益性文化事业发展的政策导向方面，加大了对地方戏曲、剧种发展的政策投入，在具有操作性的政策供给中，具体通过会演、培训等形式传播具有地方特色的文化艺术。公共文化服务政策供给以高质量发展为指导思想，明确了政府保障基本公共文化服务的底线和责任，重点关注基层队伍建设和基层典型案例推广以及基层文化站设施建设及创新发展。三是建立了更加细化的文艺人才培养体系，鼓励文艺人才学习数字技术、新媒体艺术，推动文艺与科技融合。四是在文化科技创新研究方面，立项资助政策立足于赋能文化和旅游的创新发展。五是在文化产业发展政策方面，着重关注文化市场管理理念创新，利用激励政策，引领推进各地旅游业高质量发展，在政策层面关注非物质文化遗产保护实践指导和非遗内涵与价值的挖掘，推动非物质文化遗产保护与旅游的深度融合发展。六是对外交流政策定位明确，交流合作力度加大，交流政策更加宽松，交流合作进入了创新发展新阶段。

二 公共文化事业发展新格局

《中华人民共和国文化和旅游部2023年文化和旅游发展统计公报》总结了2023年全国文化和旅游系统的工作成果。公报指出，2023年全国文化和旅游系统坚持以习近平新时代中国特色社会主义思想为指导，认真贯彻落实党的二十大精神，努力推动高质量发展，实施了多个艺术创作生产项目，组织了多项艺术活动，推进现代公共文化服务体系建设，持续推进中华文明探源工程和"考古中国"重大项目。2023年，公共文化事业高质量发展的新特征主要包括以下几个方面。

（一）舞台艺术创作展演新特色

在党和政府积极倡导"两个结合"和文化传承发展的背景下，舞台艺术创作与展演呈现融合传统与现代的创新风貌，展演市场全面回暖，艺术创作种类繁多，作品质量显著提高，呈现一系列新的艺术特色。

1. 戏剧创作展演呈现传统与现代的创新融合

2023年在文化戏剧舞台上，北京人民艺术剧院（以下简称"北京人艺"）以《正红旗下》作为开年大戏，展现了舞台艺术的创新精神。这部作品不仅继承了北京人艺"新京味儿"话剧的深厚传统，更在表现形式上大胆创新，巧妙融入现代元素。特别是剧作家老舍作为剧中的核心人物，其形象在舞台上得以重现，这不仅打破了虚构与现实的界限，更实现了作品与观众、时代背景的深度互动。紧接着，2023年6月6日，首届乡村儿童艺术嘉年华活动在中国儿童剧场举行发布会，在此活动中，为了给乡村播撒美育的种子，中国儿童艺术剧院创作了《少年司马光》，并精心挑选了3部经典剧目以及8部"绽放·启航"孵化计划中的优秀作品，前往河南省光山县进行展演，为基层儿童提供高品质的戏剧体验。

2023年是昆曲列入联合国教科文组织"人类口头和非物质文化遗产代表作"名录22周年。6月9~17日，北京举办了第十六届"良辰美景·恭王府非遗演出季"。在此期间，当代昆剧院与昆山"小昆班"合作呈现了一场昆曲专场演出，而北方昆曲剧院则分别呈现了《天官赐福》、《鸣凤记·吃茶》和《金雀记·乔醋》等经典折子戏以及《奇双会》全剧。随后，7月7~15日，在"新时代舞台艺术优秀剧目展演"中，陕西省戏曲研究院编排的"新时代三部曲"——《骄杨之恋》《楷模村》《生命的绿洲》在北京梅兰芳大剧院进行了精湛演出。这些演出不仅体现了文艺工作者履行使命的责任感，也向北京观众展示了新时代陕西舞台艺术创作的最新成就和陕西戏曲的独有风采，赢得了广大观众的热情赞誉和业内外人士的高度评价。11月8~27日，第十八届中国戏剧节在杭州举行。活动精选了34部来自23个省（区、市）的剧目，以及1部特邀剧目，包括京剧、秦腔、越剧、黄梅

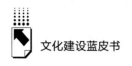
戏等 15 个戏曲剧种，并涉及话剧、音乐剧、儿童剧、芭蕾舞剧等多种戏剧艺术类型。紧接着，12 月 1~8 日，文化和旅游部在广西南宁举办了"全国地方戏精粹展演"，展演包含了来自 27 个省（区、市）的 46 个艺术院团的 50 个剧目（折子戏），覆盖了秦腔、越调、豫剧、赣剧、粤剧等 35 个地方戏曲剧种，并进行了 10 场演出及开闭幕式表演。

2023 年是中国戏剧梅花奖设立 40 周年，12 月 11 日，中国文联、中国剧协以及中国文联网络文艺传播中心在北京联合举办了"庆祝中国戏剧奖·梅花表演奖（即中国戏剧梅花奖）设立 40 周年"学术研讨会。紧随其后，12 月 12 日，北京中央歌剧院剧场举行了"梅绽新时代——庆祝中国戏剧奖·梅花表演奖（中国戏剧梅花奖）设立 40 周年戏剧晚会"。该晚会包含"梅香馥郁 传扬经典"、"梅耀时代 铸就华章"以及"梅绽盛世 礼赞人民"三个主题篇章，全面展现了当代中国戏剧艺术的精神风貌和独特气质。

2. 舞蹈创作展演全面复苏，作品多样，质量明显提升

中国舞蹈创作展演出现了前所未有的生机与活力。2023 年 9 月，在第十三届中国舞蹈"荷花奖"当代舞、现代舞评奖活动中，31 个省（区、市）的 434 个作品报名参与，最终 38 个作品进入终评。这些作品中，既有以辽代壁画《散乐图》为创作灵感的古典舞《散乐图》，也有用独到视角表现古典名著的原创民族舞剧《红楼梦》，多个剧目展现了传统与现代艺术创新融合的特征。紧接着，2023 年 10 月，在第十四届中国舞蹈"荷花奖"民族民间舞评奖终评演出活动中，入围的 45 个作品在题材选择、作品风格以及表达手法等方面，均代表了当前民族民间舞蹈艺术的顶尖水平和发展趋势。

3. 歌剧、音乐剧、话剧等创作演出蓬勃发展

2023 年，歌剧、音乐剧、话剧等多种舞台艺术形式的创作演出也呈现蓬勃发展的态势，一批具有时代气息的精品力作的演出受到了广泛关注。中国歌剧舞剧院创作的歌剧《青春之歌》，以欧洲晚期浪漫主义风格为主，同时融合了 20 世纪的音乐风格和 30 年代的群众歌咏手法，以此展现原著中的时代背景。歌剧《映山红》在充分继承原作精神的基础上，完美结合了交

响性、民族性和时代性，以现代理念对该剧音乐主题进行视觉解读，艺术感与时代感并举。音乐剧《觉醒年代》融合了现代、古典、爵士摇滚、民族等不同的音乐风格，它不仅是一部艺术作品，也是对历史的深刻再现和致敬。话剧《张居正》创新叙事结构，使张居正的形象在剧中以一种超越时空的方式呈现；创新舞台呈现，融合了东方古典美学精神和当代审美表达。这些创新不仅为观众带来了全新的观赏体验，也体现了话剧艺术创作的探索和进步。

总之，2023年，众多舞台艺术作品立足于中华优秀传统文化，运用非遗、文学作品、历史文物等元素，表达家国情感，描绘新时代风貌；部分作品以革命先烈为人物原型，通过现代舞蹈语言弘扬民族精神，传承红色文化；同时，也有作品聚焦现实生活，运用肢体语言生动讲述身边故事，展现了舞台艺术的多元化和时代感。

（二）影视艺术创作新趋势

1. 国产电影艺术创新整体崛起

"2023年十部优秀国产电影"《长安三万里》《流浪地球2》《封神第一部：朝歌风云》（以下简称《封神》），《宇宙探索编辑部》《满江红》《八角笼中》《河边的错误》《无名》《我本是高山》《涉过愤怒的海》展现了中国气派、中国风格，弘扬了中国传统、中国精神，昭示了中国从电影大国向电影强国转型的强劲势头。

从电影创作题材看，国产电影艺术创作对社会热点议题高度关注。《长安三万里》首创了"诗动画电影"，体现了"创造性转化、创新性发展"的电影化努力。《流浪地球2》以超凡的想象力美学，打造速度、科幻与灾难的视听奇观，通过对死亡还是生存的哲学思考，对数字生命伦理悖论的直面和宏大世界观的建构，提出解决人类危机的"中国方案"。《封神》代表了中国电影工业化的发展水平，体现了中国魔幻、奇幻类型电影的拍摄达到了世界级水准。《宇宙探索编辑部》看似寻找外星文明，实则是对现实的严肃拷问，本质是从哲学层面探索人的内心，创造性地以电影的形式表达了现实

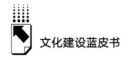
与情感的新的可能性。《满江红》以不断反转的情节安排抵达令人意外而又惊异的结局，凸显《满江红·怒发冲冠》这一词作深远的美学与文化价值，在家国情怀主题领域完成一次新颖的影像表达。《八角笼中》从个体的视角和人性的关怀来表现现实题材，将故事的讲述与主流电影的普遍性结合，以个性化的艺术追求，描述了山区孩子的处境以及积极向上的生活态度。《河边的错误》以虚实相间的影像、现实与幻想的交织呈现了奇案故事，通过具有质感的悬疑叙事，展示了现实的扑朔迷离，特别是在写实与迷幻的意象中对人性的脆弱、幽暗、疯癫和不确定性的层层剥离，揭示出这些负面特质的汇聚才是导致悲剧的真正根源。《我本是高山》以写实与写意结合的手法再现了张桂梅校长带领边远贫困地区的女生走出人生困境的故事。演员以"拟真"的表演方式，对原型人物实现了较高的还原度，坚定地传达了原型人物执着坚守的"我生来本是高山，而非溪流"的理念。而实现这一自我认知的路径就是：知识就是力量，知识改变命运。《涉过愤怒的海》采用了双视角和非线性叙事，探讨家庭教育问题；通过明线和暗线的交织，展现了复仇、寻亲与人性的多重性。其独特的创作风格和深刻的人物描写，呈现了一部充满创作张力和深度思考的影片。

2023年还有《孤注一掷》《坚如磐石》《三大队》《我经过风暴》《人生路不熟》《我爱你！》《学爸》《深海》《热搜》等国产影片的艺术创作备受好评。这些影片聚焦网络暴力、家庭暴力、老龄社会、家庭教育问题等时下热门社会议题，并通过情景叙事、视听语言，在与观众共情等方面进行了探索性创新。艺术创作基于真实事件改编、传统文化IP转化、社会—悬疑片融合、类型片作者化，推动了中国电影整体叙事能力和现代电影美学的提升，强化了电影与现实之间的互动联结，出现了一批标志性作品，满足了观众多样化的审美需求。2023年中国院线电影票房收入达549.15亿元，位于前十的电影票房收入为249.34亿元，占总票房收入的45.41%。特别是小成本艺术电影的票房收入取得了显著提升，从年初的贺岁片到月月推出的新片，均贴合大众情绪、制造媒介话题、屡掀观影热潮。2023年中国院线电影的观影人数达到了12.99亿人次，创下了近四年的新高。

2. 国产电视剧创作成就斐然

2023 年是国产电视剧百花齐放、欣欣向荣的一年。2024 年 1 月 12 日，由中央广播电视总台主办的第二届中国电视剧年度盛典颁发了年度优秀电视剧、年度大剧、年度融合传播大剧、年度海外传播大剧等重要奖项。电视剧《狂飙》《三体》《我们的日子》《人生之路》《漫长的季节》《梦中的那片海》《追光的日子》《父辈的荣耀》《问心》《珠江人家》《鸣龙少年》《问苍茫》等获年度优秀电视剧奖。同时《繁花》获年度大剧奖，《狂飙》《三体》分获年度融合传播大剧奖、年度海外传播大剧奖。

2023 年国产电视剧在创新方面展现了以下几个共同特点。

第一，聚焦社会现实问题。如涉案悬疑剧《狂飙》深入探讨人性的复杂性和社会现象，在叙事上采用了非线性叙事方式，通过回忆和现实交织的手法，增强了故事的层次感和悬疑性。年代剧《人生之路》改编自路遥的小说，剧集在叙事上忠实于原著的同时，进行电视剧化改编时，作品中的角色更加立体和真实，不再单一化，每个角色都有独特的性格和命运，使得故事更加丰富和引人入胜。

第二，文化传承与创新。为纪念毛泽东同志 130 周年诞辰，2023 年推出了历史剧《问苍茫》，这部剧以 1921~1927 年的中国历史为背景，讲述了青年毛泽东及其他革命者的故事，展现了他们在那个波澜壮阔的历史时期的活动和思想。剧情围绕中共一大召开、国共第一次合作、反帝爱国运动爆发以及大革命失败等重要历史事件展开，再现那个时代的历史。在艺术创作上，《问苍茫》立意于"问苍茫大地，谁主沉浮"的主旨意象，生动回答了"无产阶级为什么是革命的领导力量"这一核心问题，通过"以青春共振青春"的形式，阐发革命先烈的奉献精神与信仰力量。又如古装剧《莲花楼》，描摹与现代生活形成映照的古人日常图景，激发观众对中华优秀传统文化的敬仰之情和向往之意，不仅传承了中华优秀传统文化，更在叙事上结合了传统武侠元素和现代叙事技巧，在剧情和表现手法上进行了创新。

第三，视觉效果、人物塑造、艺术手法创新。如科幻剧《三体》根据

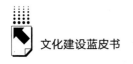

刘慈欣的同名小说改编，创作上巧妙地将科幻元素与现实世界结合，将多个时间线和宇宙交织，通过不同人物和故事线索创造了一个引人入胜的叙事框架。同时《三体》的创作，观照了国际视野，在国际上获得认可，展现了中国电视剧的国际影响力。年代剧《珠江人家》在剧本创作、主题表达、人物塑造、艺术手法等方面展现了鲜明的特色和创新经验。

第四，现实主义题材成为主流。年代剧《父辈的荣耀》以三代林业人的传承与坚守书写了一则底色温暖、基调雄厚的平民史诗。该剧以大量富有肌理与质感的生活化细节，展现了家庭内部与代际的人性温度。年代剧《漫长的季节》以桦林钢铁厂为切口，通过典型人物的塑造，描画了20世纪90年代末国企大规模改制的社会图景。该剧尝试以东北悬疑故事揭示一代工人群体在改革进程中所经历的转型阵痛，并试图发掘阵痛产生的深层机制。年代剧《梦中的那片海》塑造了肖春生这一富有开拓创新、勇于担当的改革开放精神的人物，并通过他剖解现代化进程中的种种隐忧，倡导一种坚守改革正道的理想主义精神。中国广视索福瑞数据显示，2023年1~11月电视剧大屏收视前20的电视剧中，现实题材达15部，占比75%；在网络端播出电视剧的收视前20榜单中，现实题材有14部，占比70%。由此可见，关注社会变迁、书写人间冷暖的现实题材电视剧都成为2023年中国电视剧的绝对主流。

第五，情感表达上更加细腻和深入。如家庭伦理剧《龙城》改编自笛安的小说《龙城三部曲》，该剧以郑家姐弟的成长为主线，讲述家人之间相互依靠、互为牵绊的故事，探讨家庭关系和家庭成员成长的剧情，在情感表达上显得格外细腻和深入。家庭剧《熟年》聚焦家庭生活中的各种问题，如婚姻、代际关系等，以真实而贴近生活的剧情，以及情感表达上的细腻和温馨，赢得了观众的共鸣。都市情感剧《爱情而已》能够在诸多都市爱情剧中脱颖而出，给人一种清新舒适的质感，与创作者对剧中人物情感表达细腻入微的处理有着密切的关系。

第六，专业性与现实性融合，叙事方法创新。职业剧《问心》以医护群体治病救人的日常为核心，通过专业性、现实性、故事性的交融，展现了一幅关于道德、信任、尊严的现实人生图景，不仅表现了不同类型患者的生活际遇与内心抉择，还聚焦人与人、人与自我之间的沟通与和解，从事业、家庭、爱情、成长等多个维度出发，塑造了新一代医务工作者形象。这些角色不仅具备高学历、高情商、医术强、有情怀的特点，还被还原为普通人，通过戏剧化的情节展示了他们工作上的较劲、性格上的互补以及内心的情感诉求。

第七，剧集品质和制作水准提升。2023 年，国产电视剧在"提质减量"的政策引导下，稳步扎实地推进创作与生产，精品剧集数量稳步提升。国家广播电视总局相关数据显示，全国节目制作经营机构达 5.6 万家，2023 年 1~11 月备案公示一般题材电视剧 489 部 15921 集，立项重大题材电视剧 10 部 356 集，合计 499 部 16277 集；取得发行许可证的国产电视剧 133 部 3937 集[①]（2022 年共 160 部 5283 集[②]），与 2022 年比分别下降了 16.88%和 25.48%。国产电视剧制作更加精良，剧集更显品质化、多样化。

第八，国际市场影响力明显增强。2023 年，中国电视剧在国际市场上的表现不俗，尤其是《狂飙》《三体》《长风渡》《南洋女儿情》《莲花楼》《骄阳伴我》，几部作品备受关注。例如，《狂飙》入围了第 28 届釜山国际电影节最佳流媒体原创剧集。值得一提的是，《去有风的地方》在海外 My Drama List 专业评分网站上的评分高达 8.7。

总而言之，2023 年，中国国产电视剧在内容上涵盖了从现实主义到科幻、从历史剧到现代都市生活等多种题材，展现了电视剧内容的丰富性；在剧集品质和类型方面，随着剧集品质的提升和类型的多样化，中国电视剧的国际市场影响力明显增强。内容创作的丰富性成就以及剧集品质和类型的多样性创新特点，共同推动了中国电视剧的高质量发展。

---

① 《2023 年度中国电视剧盘点：精品力作书写人间冷暖 融合创新讲述中国故事》，央视网，2024 年 1 月 5 日，http://ghrp.cctv.com/2024/01/05/ARTIYqoPQaqcrjqjGY5Mzsl1240105.shtml，访问时间：2025 年 2 月 16 日。

② 《2022 年全国广播电视行业统计公报》，国家广播电视总局网站，2023 年 4 月 27 日，http://www.nrta.gov.cn/art/2023/4/27/art_113_64140.html，访问时间：2025 年 2 月 16 日。

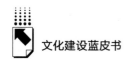

（三）公共文化服务机构改革创新的新格局

2023年，文化和旅游部聚焦"十四五"时期公共文化服务和旅游公共服务发展目标与重点任务，加快推进现代公共文化服务体系建设，2023年2月在湖北武汉组织召开了推进公共文化服务高质量发展工作会议，谋划部署现代公共文化服务体系深化改革与创新的重点任务。会议提出，推进全国智慧图书馆体系和公共文化云项目建设，进一步推动落实基本公共文化服务标准，以高质量发展为主题，提升乡镇综合文化站服务效能，推动新型公共文化空间建设，努力为群众提供高质量、有效率、更公平、可持续的公共文化服务。

1. 公共图书馆改革创新发展新特点

在过去20年里，我国公共图书馆先后实施了"全国文化信息资源共享工程""数字图书馆推广工程""公共电子阅览室建设计划""中华再造善本工程""中华古籍保护计划"等一系列文化专项工程。我国图书馆的建筑面积总量、设施总量和馆藏纸质图书总量等基础性指标已位居世界第一，电子资源总量等指标已接近世界先进水平。在北京、上海、浙江、广东等发达地区，公共图书馆事业发展水平领先世界。"十四五"期间，为了进一步健全现代公共文化服务体系，创新实施文化惠民工程，以新一代数字技术提升图书馆的服务能力，智慧图书馆建设成为图书馆提质增效的重点发展方向。

2023年，文化和旅游部积极落实和推进智慧图书馆建设，图书馆系统进行了一系列研讨和推进工作。4月，在广州举办了数智创新·智慧图书馆建设发展研讨会，邀请了多位专家分享理论成果与实践成果；5月，在上海复旦大学举行中国图书馆数字化转型论坛，聚集了来自全国各地的专家学者，探讨了智慧图书馆建设面临的机遇与挑战；6月，文化和旅游部、北京大学、抖音集团三方签署了《共建全国智慧图书馆体系框架协议》，旨在打造面向未来的下一代图书馆智慧化服务体系；7月，在哈尔滨举行了"教育数字化与未来图书馆"论坛，旨在落实国家教育数字化战略行动，推动高校图书馆的数字化转型和高质量发展；9月，在上海图书馆举办了"数字赋能新时代图书馆高质量发展"论坛，探讨了智慧图书馆建设的最新进展和未来方向。这些活动和论坛展示了中国在智慧图书馆建设方面的积极探索和进步，强调了信息技术在提升图书馆服务质量和效率方面的重要作用。2023年全国公共图书馆的总流通人次达到 11.87 亿人次，服务人次为 2.18 亿人次，相比 2019 年分别增长了 31.74% 和 85.33%。[①] 这表明 2023 年公共图书馆的服务效能全面超越了 2019 年，同时在基层图书馆建设中出现了新的创新发展路径，其特点表现在以下几个方面。

第一，多种渠道筹集资金。基层图书馆与社会相关组织合作承办文化文艺活动、寻求社会组织的捐赠等，拓宽自身可持续发展的资金渠道。例如，杭州市"西湖书房"通过与喜马拉雅合作，开展有声图书服务筹集资金；烟台市具有非遗文化特色的社区图书馆开设咖啡厅增加收入，为图书馆运营筹集资金与资源支持。

第二，多主体协同发展。基层图书馆通过与专业书店建立共同运营团队、与房地产开发商协商获取免费场地、与设计团队合作打造社区"网红"图书馆、与媒体协同共建社区图书馆传播平台等方式盘活资源，在群众中树立"我的图书馆我来建、人人都是社区读书人"的意识。

第三，满足差异化阅读需求。基层图书馆通过提供多样化的图书资源和精细化的服务，关注市民的差异化阅读习惯和兴趣，激发读者的阅读热情。例如，为青少年建立打卡积分机制，为上班族提供读书社群，为老年人组织经验分享会等。基层图书馆利用新技术推动智慧运营，如通过提升网络平台的交互性，改善线上图书馆功能，探索 24 小时自助图书馆的建设等。

第四，推动智慧运营。基层图书馆借助智慧图书馆建设的新技术推动更大范围的互联，不断升级图书馆线上平台功能，使市民更加便捷地了解图书馆的地理位置、开放时间、馆藏资源等，同时通过线上评价机制促进读者间的图书推荐与交流，通过读者推荐持续丰富基层图书馆的图书资

---

① 《李国新：五大亮点回顾 2023 年公共文化服务发展成效》，中传云资讯系统网站，2024 年 2 月 29 日，https://www.ccmapp.cn/news/detail? id=e48abb8c-3c2c-434a-850b-7f21384056de&categoryname=%E6%9C%AC%E7%BD%91%E5%8E%9F%E5%88%9B，访问时间：2025 年 2 月 16 日。

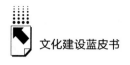

源等。

2. 美术馆创新发展的新局面

2023 年是中国美术馆建馆 60 周年，5 月 23 日文化和旅游部组织了全国美术馆馆藏精品展出季活动，共有 30 个展览项目入选活动目录，包括中国国家画院美术馆"刀耕版印 铭刻风华——中国国家画院典藏 20 世纪木版画精品展"、广州艺术博物院"万壑争流——广州艺术博物院藏中国古代画派艺术展"、浙江美术馆"为什么是速写——典藏速写艺术研究展"等。10 项展览被评为 2023 年全国美术馆馆藏精品展出季活动的优秀项目，包括中国美术馆申报的"墨韵文脉——八大山人、石涛与 20 世纪以来中国写意艺术展"、广东美术馆申报的"一个人与一个时代——潘鹤与新中国雕塑研究展"以及湖北美术馆申报的"大江南北——湖北美术馆馆藏'大桥'及相关主题艺术作品展"等。

2023 年也是各类美术作品双年展蓬勃涌现的一年，如"延安木刻版画双年展""深圳国际水墨双年展""哈尔滨美术双年展"等凸显中国绘画本土特征，上海双年展、广州三年展、成都双年展、武汉双年展等通过不同的主题和视觉策略，呈现中国当代艺术的多样性面貌，并成为城市文明形象的地标。北京民生现代美术馆推出的"文明的传承：以启山林——百年巨匠艺术大展"，以经典精品原作以及沉浸式体验场景呈现 20 世纪中国艺术巨匠在艰难时代背景下努力实现中国艺术的传承与更新。

基层美术馆的发展是中国美术馆新发展格局中的基础环节，对于提高社会基层审美水平、推动现代文明建设发挥了基础性作用。2023 年 10 月 20 日，福建省南平市浦城美术馆（范迪安美术馆）开馆之际，举办了"基层美术馆在现代文明建设中的作为"学术研讨会。浦城美术馆（范迪安美术馆）在设计理念上体现了接续传统文脉、融入自然环境的创新意识，以建筑自身的"内容"为目标，设计立场明确。浦城美术馆（范迪安美术馆）在馆中首创"美育图书馆"，进一步彰显了美术馆传播美的知识的媒介功能，行内专家称之为全国基层美术馆发挥公共文化服务和社会美育功能的典范。浦城美术馆（范迪安美术馆）将学术性的美术馆与社会公众连接，拉近群众与艺术的距离，以此衍生服务文化旅游的社会功能，为全国基层美术馆的建设提供了参考。

3.博物馆建设和优化观众服务新亮点

随着人们物质生活水平的提高和精神文化需求的增长，公众对博物馆文化展品供给出现"井喷"式需求，近几年博物馆在保护文化遗产、促进文化教育、优化公众服务等方面有了持续进步和创新，博物馆建设和为公众服务亮点纷呈。

第一，中国国家博物馆成为博物馆建设和观众服务优化的引领者。2022年9月至2023年10月，中共中央宣传部、国家新闻出版署和中共浙江省委、浙江省人民政府在中国国家博物馆共同主办"盛世修典——'中国历代绘画大系'成果展"，1700余件国内藏品和流散全球各地的历代绘画精品的出版打样稿档案，呈现了中国古代绘画发展的辉煌历程。2023年9月，中国国家博物馆举办了"第五届中国古代服饰学术研讨会"，学者分别对特定服饰及其文化历史内涵、古代服饰名物考辨、服饰与清代民族交流融合以及服饰文物的研究转化应用等相关服饰问题进行了研讨。2023年12月15日，文化和旅游部、中国国家博物馆、西北大学在北京国际会议中心共同举办了博物馆大数据挖掘与关联融合路径探索暨第三届智慧博物馆论坛。该论坛达成三点共识：一是践行国家文化大数据战略，充分尊重和挖掘博物馆数据要素的价值，不断探索发展路径；二是加快智慧博物馆关键技术研究，保障智慧博物馆高效快速地开展建设工作；三是优化融合技术与理论，形成智慧博物馆建设理论，转变思维模式，用新理念、新方法推动博物馆理论与技术的深度融合。12月22日，中国国家博物馆举办了主题为"更好担负起新的文化使命，推动博物馆事业高质量发展"全国博物馆馆长论坛，论坛围绕"习近平文化思想与博物馆文化使命""智慧博物馆建设""中国特色博物馆学理论建设"三个论题展开探讨，为在新的历史起点上继续推动文化繁荣、建设文化强国凝聚共识。

为了以实际行动切实担负起新时代新的文化使命，2023年中国国家博物馆与国内重点高校签署战略合作协议。6月20日，中国国家博物馆与中国人民大学签署战略合作协议，双方议定，重点围绕"延安十三年与中国式现代化"等专题开展协同研究，共同建设好"国家革命文物协同研究中心""红色档案文献资源平台"；6月29日，中国国家博物馆与中国科学技术大学签署战略合作协议，双方议定，共同围绕文博方面重大问题开展联合攻关，重点围绕计算机科学与技术、文物科技检测与保护、科技考古等领域开展协同研究与合作，探索高层次文博专业人才培养机制，携手推动中华优秀传统文化的创造性转化与创新性发展；9月11日，中国国家博物馆与北京大学签署战略合作框架协议，重点围绕"全球文明倡议""中华优秀传统文化"等主题开展协同研究，推进中华文明探源专题研究，共建共用考古学和博物馆学研究基地，为推动新时代考古文博事业高质量发展注入强劲动力。

第二，各省（区、市）博物馆创新发展达到新高度。2023年中国各省（区、市）博物馆的建设和发展呈现重视创新、强化科技应用、提升服务水平和增强文化传承的特点。例如，2023年，广东省国有博物馆"三权分置"改革试点，为全国博物馆事业发展贡献了广东方案；深圳市探索博物馆"孵化器"运营模式，为非国有博物馆的开办和入驻提供样板。北京市博物馆之城建设培育挂牌开放27家具有教育性、展示性、体验性的博物馆和类博物馆，并首次举办博物馆活动月。北京大运河博物馆建成开放，中国长城博物馆改造提升工程开工，使北京成为名副其实的以历史文物展现的"文化中心"。2023年5月，在国际博物馆日中国主会场活动上，景德镇御窑博物院、扬州中国大运河博物馆、成都博物馆（成都中国皮影博物馆）被评为2023年度全国最具创新力博物馆。景德镇御窑博物院集考古、文保和展示于一体，践行"无边界博物馆"理念，利用现代艺术及科技手段，将御窑大遗址与历史街区完美融合；创立全球首个"古陶瓷基因库"，搭建陶瓷文化交流国际平台，推动古陶瓷研究数据的全球共享。扬州中国大运河博物馆与国家文化公园内文旅业态高度融合，完善展览与藏品体系，讲好运河故事；首创游戏型青少年教育展，推出面向少儿的"运河湿地寻趣"专题展；

推出数字化可沉浸式多维度体验，虚实结合全面展现运河的古往今来，被公众誉为中国大运河的新"百科全书"。成都博物馆（成都中国皮影博物馆）是西南地区规模最大的综合性城市博物馆，该馆主动融入城市发展，扩大科研成果转化应用，创新文物藏品活化利用方式，打造"成博展览季""周末儿童博物馆""这礼是成都"等系列文化品牌，已成为公众喜爱的成都城市文化会客厅。

第三，社会教育分众化创新特点突出。博物馆在社会教育功能上更加注重分众化创新服务，即针对不同观众群体提供定制化的教育服务，提升了教育的针对性和有效性。例如，广东省博物馆与多所学校合作，针对幼儿园、小学、初中和高中不同学段，推出一批优秀校外教育基地、一批优秀博物馆进校园活动、一批优秀博物馆青少年读本、一批优秀博物馆青少年讲解员等。在重阳节，广东省博物馆以"'老广'的后现代生活"为主题，邀请老年人到博物馆体验制作扇子、防蚊香包。苏州博物馆打造了"@苏博"系列教育品牌，"博物馆学校"成为第二届全国文博社教优秀案例。长沙博物馆推出面向3~6岁幼儿的"花兔游春"教育项目和面向老龄群体的"乐龄大巴"项目，提升年龄段覆盖能力；同时"我与湘江大桥"教育项目则用代际交流的方式将包含老年人的不同年龄段人群融入其中。成都博物馆首创的为14周岁以下儿童量身打造的"周末儿童博物馆"已惠及十余万户家庭，"成博学舍"研学服务、"红领巾小小宣讲员"等活动满足了公益性和特色化等不同文化需求，入选2023年度全国文物事业高质量发展推介案例。

第四，各地博物馆在优化观众服务方面开辟了新路径。2023年，中国各地博物馆在优化观众服务方面展现了两大特点。一是服务优化。如国家博物馆实施了"限量、预约、错峰"原则，2023年开放314天，累计接待观众675.71万人次。又如，各地博物馆提供了热线电话咨询、母婴室、租借婴儿车和轮椅、协助查询遗失物品等便民服务。二是服务创新。最为典型的是湖北各级博物馆，为持续推动"博物馆热"，在中秋、国庆双节前，率先发出公告，取消全省绝大部分博物馆预约参观机制，这一决定为社会公众提

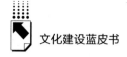

供了更加便利的参观体验，满足人民群众在节日期间的文化生活需求，获得了公众好评。

4. 群众文化接续与创新发展

以人民为主体，广泛开展群众性文化活动，是公共文化服务的最大特色，办好群众性文化活动是公共文化服务的最大优势。2023年是"我们的中国梦——文化进万家"活动（以下简称"文化进万家活动"）开展的第10年。2023年的文化进万家活动更加注重实际、注重实效、注重创新。为统筹做好文化惠民工作，元旦、春节期间，"学习强国"平台、中国精神文明网开设"我们的中国梦——文化进万家"活动专题，各省级广播电视台择优展播文化进万家活动各类资源，各地利用户外大屏、村级大喇叭等展播展示文化进万家活动实况。"文化进万家——视频直播家乡年"等更是体现了时代的气息、节日文化的内涵，具有鲜明价值导向的品牌文化活动不但彰显了爱党、爱国、爱家情怀，还极大展示了文化进万家、万家齐欢乐的祥和景象。

特别值得提及的是，2023年2月，文化和旅游部联合农业农村部、国家乡村振兴局举办"大地欢歌"全国乡村文化活动年。从内容上看，活动以"四季村晚""农业文化遗产里的中国"文化展示为引导，鼓励引导村民自办文化活动；组织优秀文化产品与服务下乡到村表演展示，使"乌兰牧骑"精神在乡村文化振兴中走在前沿，以群众最欢迎的形式，把优质文化资源送到基层，打通公共文化服务的"最后一公里"。

从重点活动看，2023年全国乡村文化活动年包括12项重点活动，分别是"四季村晚"活动，推动乡村"村晚"活动常态化；"农业文化遗产里的中国"文化展示活动，组织中国重要农业文化遗产地结合农时、节气，开展特色农耕民俗文化活动；"一县一品"特色文化典型案例征集活动，推动乡村特色文化和历史文化数字化；"我们的中国梦——文化进万家"活动，组织文艺院团等开展面向乡村的文艺演出活动；"文化和自然遗产日"非遗宣传展示活动，推广乡村地区非遗店铺和相关产品，推动乡村共同富裕；"乡村四时好风光"全国乡村旅游精品线路遴选推广活动，推进文化和旅游深度融合发展；以农村地区为重点，举办全国广场舞展演活动，带动城乡广场舞活动广泛开展；全国优秀群众文艺作品巡演，展示近年来新创作的优秀群众文艺作品；"中国民间文化艺术之乡"交流展示活动，推动乡村传统文化艺术创新发展；"新生活·新风尚·新年画"美术创作展示活动；网络书香乡村阅读推广活动，向基层推送相关图书、期刊与数字资源；"乡村网红"培育计划活动，以直播、短视频等融媒体传播方式，建立线上线下融合发展的文化产品供给体系。

在2023年乡村文化活动年中，"四季村晚"活动有声有色。从活动方案看，"四季村晚"以春夏秋冬主会场活动为重点，春季"村晚"主会场设在四川省宜宾市、夏季"村晚"主会场设在云南省丽江市、秋季"村晚"主会场设在江西省九江市、冬季"村晚"主会场设在浙江省丽水市、广西壮族自治区柳州市，并在全国设84个"四季村晚"示范展示点，以主会场活动为重点、示范展示点为引领，带动各地"村晚"活动广泛开展。

兴文县是全国民族团结进步示范县。设在宜宾市兴文县的春季"村晚"活动主会场体现了苗族文化特色，春季"村晚"活动结合苗族花山节的传统，展示了富有苗族风格的倒爬花杆、对歌、跳芦笙、练武术、赛马斗牛等民族文化活动。

云南丽江古城的夏季"村晚"主题为"有一种叫云南的生活·舍不得的丽江"。此次活动展演了《七彩火韵 燃情丽江》系列文艺节目，向国内外游客传递了丽江人民的热情好客，增强了丽江的文化吸引力。丽江夏季"村晚"于8月12日启动，引领了云南省400余场乡村"村晚"活动，线上线下惠及群众1060余万人次，通过云南公共文化云直录播40场活动，总计播放量136万余次，并在各级新媒体账号同步推广，为广大基层群众送上了文化福祉。

江西省九江市庐山市海会镇的钱家畈村举行的秋季"村晚"活动从10月15日开始，一系列丰富多彩的文化表演和体验活动不仅展现了庐山脚下秋收时节乡村的美丽景色，还有极具民族风情特色的表演，如武宁打鼓歌"锄山鼓"、万年民歌《耘禾歌》等，展示了江西的特色风土人情和家乡味。秋季"村晚"不仅有非遗特色项目、民俗文化和农民画家作品展示，还有

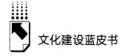

"三农"文创商品和农产品展销等。此次活动吸引了4500名村民和游客参与，并通过国家公共文化云、抖音等平台吸引了上千万网民在线观看。

浙江省丽水市莲都区古堰画乡景区以"村晚回家"为主题的冬季"村晚"活动于12月22日启动。活动展演了融传统舞蹈、戏剧、手工艺技术为一体的《春来了》非遗秀，上演了具有地方特色的舞蹈《谷雨》、戏曲《帘洞云天》和歌曲《数幸福》等精彩节目。当地村民自编自导自演，各民宿主和画乡商户全程参与的《画乡渡》成为2023年冬季"村晚"的亮点。具有乡土气息和民俗风味的冬季"村晚"不仅展现了村民参与"村晚"、玩转"村晚"的幸福感和乡村文化振兴的丰硕成果，还体现了乡村文化独特的魅力，营造了"家家户户办村晚"的浓厚氛围。

2023年，"农业文化遗产里的中国"文化展示活动硕果累累。全球重要农业文化遗产（中国）工作交流会在河北省承德市宽城满族自治县举行。河北省宽城传统板栗栽培系统展示了中国古老农耕文化遗产和农耕文明与智慧。内蒙古赤峰市敖汉旗的敖汉旱作农业系统作为全球重要农业文化遗产暨"世界旱作农业发源地"①，展示了小米种植的历史及当今小米种植成为当地脱贫致富主导产业的历程。浙江省丽水市青田"以鱼肥田、以稻养鱼"的稻鱼共生系统展现了山地生态循环的农耕文化本源。福建省泉州市安溪县展出的300年前古茶种以及茶文化系统，再现了茶艺、茶歌、茶舞、茶诗词等茶文化和茶俗的文化底蕴②。安徽省铜陵白姜种植系统展示了古法种姜、制姜非遗文化，以及传承人具有的现代科技文创设计、创新思维以及跨界思维，使手工腌制姜、姜米酒、姜茶等多种产品成为农业文化遗产品牌，让传

---

① 内蒙古赤峰市敖汉旗的敖汉旱作农业系统，于2012年被联合国粮农组织批准为全球重要农业文化遗产暨"世界旱作农业发源地"，2013年成为第一批中国重要农业文化遗产。《全球重要农业文化遗产》，联合国粮农组织网站，https：//www.fao.org/giahs/regions/asia - pacific/zh；《农业部关于公布第一批中国重要农业文化遗产名单的通知》，农业农村部网站，2013年6月20日，http：//www.moa.gov.cn/nybgb/2013/dliuq/201805/t20180509_614 1639.htm，访问时间：2025年2月16日。

② 目前，福建安溪铁观音茶文化系统、云南普洱古茶园与茶文化系统、福建福州茉莉花种植与茶文化系统均入选全球重要农业文化遗产。《全球重要农业文化遗产》，联合国粮农组织网站，https：//www.fao.org/giahs/regions/asia-pacific/zh，访问时间：2025年2月16日。

统农耕文化传承具有了现代特征。

2023 年全国广场舞展演活动集参与性、健身性、艺术性和娱乐性于一体，是最平民、最草根、最广泛的群众公益性文化活动。山西大同、天津滨海新区、河南郑州、四川德阳、山东威海和湖南郴州六大片区层层开展片区广场舞推选展演，选拔出的 25 支广场舞团队于 10 月 29 日参与了文化和旅游部在贵阳举办的全国广场舞之夜活动。央视频、国家公共文化云、文旅之声等平台进行全程直播，多平台、多渠道、多角度展现广场舞群众文化活动的独特魅力，带动各地组织广场舞活动超 2.4 万场次，约 2.6 万支广场舞团队、143.5 万名广场舞爱好者参演，线上线下参与者超 1.2 亿人次。①

5. 新型公共文化空间建设新路径

新型公共文化空间是指在城市更新、乡村振兴过程中，在政府主导、社会力量广泛参与下，采取新（改）建和共享等形式嵌入城乡基层，创新提供综合性公共文化服务的各类"小而美"的公共场所和空间，包括但不限于城市书房、文化驿站、乡村书房、乡村文化礼堂等类型。新型公共文化空间的最早原型为 2013 年江苏省张家港市出现的一批公共阅读"小木屋"和"24 小时图书馆驿站"。《"十四五"公共文化服务体系建设规划》将创新发展城乡公共文化空间纳入推进城乡公共文化服务一体建设范畴，强调了新型公共文化空间建设的重要性。这表明在"十四五"时期，新型公共文化空间建设已经成为推动优质公共文化服务向基层延伸的重要途径。

（1）公共文化空间建设十年成就。2023 年，我国的新型公共文化空间建设已经走过 10 年历程，其间图书馆、博物馆、美术馆、文化馆等公共文化机构以"大文化"理念促进各类公共文化空间资源整合共享、融合发展，全国已建成新型公共文化空间超过 33500 个。以"城市书房""文化驿站"为代表的各类新型公共文化空间，具有满足社会公众精神文化需求的人文性，鼓励不同社会群体参与的开放性，不以营利为目的公益性，举办文化活

---

① 《文化和旅游部：全国有逾 1.2 亿人参与广场舞活动》，央视网，2023 年 12 月 14 日，https：//news.cctv.com/2023/12/14/ARTI7QUY6TaO96CAjdlUjloZ231214.shtml，访问时间：2025 年 2 月 16 日。

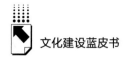
动促进文化普及的传播性，空间设计注重审美价值的审美体验性，内容和形式融合现代科技手段不断创新等多功能性特征。总结 10 年来新型公共文化空间建设发展历程可以发现，新型公共文化空间建设在投资主体、新建改造、东中西部分布方面具有发展的不平衡性。截至 2023 年底，从建设主体看，政府投资新建或改扩建的新型公共文化空间有 2.76 万个，占比 82.39%；社会力量参与建设的新型公共文化空间有 0.59 万个，占比 17.61%。① 从新建改造结构看，在政府建设的新型公共文化空间中，依托基层公共图书馆、文化馆（站）、村（社区）文化中心改扩建的有 1.63 万个，占全国总数的 48.66%；政府新建的有 1.13 万个，占全国总数的 33.73%；社会力量参与建设的有 0.59 万个，占全国总数的 17.61%。从东、中、西部分布看，东部 10 个省份已建成新型公共文化空间 1.47 万个，占比 43.88%；中部 6 个省份已建成 1.04 万个，占比 31.04%；西部 15 个省份（含东北三省，下同）已建成 0.84 万个，占比 25.07%。从东、中、西部省份已建新型公共文化空间的均值看，东部省份已建成的新型公共文化空间均值为 0.147 万个；中部省份的均值为 0.173 万个；西部省份的均值为 0.056 万个。可以看出，中部省份的均值最高，东部省份的均值次之，西部省份的均值最低，东、中、西部省份新型公共文化空间建设发展不平衡。从省际来看，广东、浙江、四川、河南、湖南五省新型公共文化空间数量较多，占全国总数的 48%，最多的省份已建成新型公共文化空间 4000 多个；也有少数省份尚处于起步阶段，建成的新型公共文化空间不足 100 个。②

（2）东中西部新型公共文化空间建设与发展。第一，东部地区 10 个省份新型公共文化空间建设呈现多样化发展特征。2023 年，上海市创新推出了首批"美术新空间"，将艺术元素融入上海的街巷里弄，让社会公众在日常通勤、休闲漫步中体验更富暖意、惬意、诗意的品质文化生活。浙江省通过整合近 10 万个公共文化设施，构建了 11730 个文化圈，实现了群

---

① 李国新、李斯：《我国新型公共文化空间发展现状与前瞻》，《中国图书馆学报》2023 年第 6 期。作者根据该文提供的数据进行整理，纠错后计算得出。
② 北京大学国家现代公共文化研究中心：《我国公共文化新空间发展研究报告》，2023。

众走出家门步行 15 分钟即可享受高品质的公共文化服务。2023 年，浙江省评选出了 28 个不同类别的"最美公共文化空间"，包括最佳融合、最佳示范、最佳运营、最佳体验和最佳设计等类别。这些空间不仅外观设计独特，还融合了丰富的文化元素和现代科学技术等。江苏省高度重视最美公共文化空间的打造工作，2023 年多次发文，鼓励公众参与公共文化空间的设计、运营，推动公共文化服务融入居民日常生活。2021~2023 年，江苏省开启了"千个最美公共文化空间打造计划"，使公共文化服务更加贴近市民生活。南京市长乐路的文采书屋是由一栋具有民国风情的小洋楼建成的公共文化空间，它以纪念教育家姚文采而命名，文采书屋不仅提供了阅读和学习的场所，而且融合了茶吧、图书柜、读书角和茶艺桌等多种设施，让市民和游客在都市繁华中体验到风雅的秦淮文化。苏州周庄古戏台公共文化空间，既是一个具有悠久历史和独特建筑风格的表演场所，又是昆曲文化遗产展示的场所，周庄古戏台常年举办昆曲表演，精湛的昆曲表演艺术使游客体验到当地历史文化和艺术魅力，同时昆曲表演艺术也成为周庄古镇文化的重要组成部分。

广东省建成具有鲜明地方特色和人文品质的公共文化新空间超过 3500个，推动基层公共文化服务创新发展。位于天河湿地公园的文化角，作为广州市首家"粤文坊"公共文化空间，以政府部门引导、引入社会资本运营的模式改造园区面貌，"粤文坊"已经成为市民游客学习、休憩的"打卡"胜地。广东省最美新型公共文化空间"柏园粤书吧"建在广州市越秀区柏园。"柏园粤书吧"空间设计风格典雅、独具特色，既直观展示柏园的历史风貌，又融图书阅读、艺术展览、文化沙龙等多元文化业态于一体，备受公众的青睐。据统计，截至 2023 年底，"粤书吧""粤文坊"公共文化空间的建设，共撬动将近 500 家社会企业参与，投入资金超过 3500 万元，实现图书阅读、艺术展览、文化沙龙、轻食餐饮等多业态融合，有效拓展了公共文化空间功能、提升了公共文化服务质量。

2023 年，山东省新型公共文化空间采取新（改）建、共建、共享模式，打破了传统文化空间的运营模式，展现前所未有的开放性和延展度。聊城市

的沐凡舍·唐综合文化空间，融合了书画艺术、城市书吧、生态庭院、手工坊等多种功能。东营市广饶县的红韵乐安·城市会客厅聚焦不同群体，特别是老年人和青少年，提供多样化的功能室和活动，成为一个综合性、全开放的公共文化阵地。

第二，中部省份公共文化空间建设展现"小而美"的地方特色。2023年，山西省图书馆进行了重装改造，打造了一个集人性化、本土化、艺术化于一体的高质量阅读新空间。图书馆增设了多个独具特色的阅读区域，如雅集室、亲子阅览室、文化创意区等，提高了公共文化服务的温度。晋城市城区图书馆和文化馆通过与社会力量合作，于2023年新增了18个新型公共文化空间。晋中市开展了"最美新型公共文化空间"评选活动，共评选出"最美新型公共文化空间"17个，展示了基层公共文化空间创新发展态势，推动新型公共文化空间建设的示范化和标准化发展。

安徽省的新型公共文化空间建设实现了工业遗迹从沉寂的城市记忆中"复活"，创新打造出一批"分享式""沉浸式""场景式""小而美"的乡村公共文化新空间，使新型公共文化空间成为百姓身边的"最美空间"。数据显示，2023年，安徽有691个新型公共文化空间投入使用，并开展了各类公共文化场馆活动6.7万场次，服务群众超过7300万人次，显著提升了公共文化服务能力。

河南省通过政府主导和社会力量参与，已于2023年建成2886个新型公共文化空间，这些空间包括了城市书房、文化驿站、乡村书房等多种形式。信阳市围绕"15分钟生活圈"的人口密度和需求进行调研，以"小而美"的理念，合理布局新型公共文化空间，提供综合服务，提升服务质量和效能。平顶山市宝丰县通过高科技配套和可持续环保设计，创造了一个展示宝丰文化、生态、绿色、节能特色的现代城市书坊。

2023年，湖北省开展了第二届最美文旅新空间评选活动，评选出江城书房、卓尔书店等10个"2023年度湖北省最美文旅新空间"。从2023年开始，主办单位每年拿出200万元，以奖代补对获评新空间项目给予扶持引导。2023年，江城书房由汉口大孚银行旧址重新装修后投入使用。重新修缮后的江城书房保留了原有的建筑格局，整体风格时尚现代又不失典雅。书房分为阅览区、休闲区和活动区。为了方便读者看书做笔记，每个座位配置了照明灯带和置书栏，活动区为讲座展览、读书沙龙、研学体验等活动提供场地。卓尔书店是湖北省首家大型 24 小时书店。卓尔书店不仅有丰富的现代图书资源，还拥有各类古旧珍藏书籍、外文原版书籍 2 万余册。店内汇集了美术馆、小剧场、咖啡厅、陶艺馆和画廊等艺术空间，为美术、古籍、陶艺爱好者提供了一个良好的阅读和交流空间。

2023 年，湖南省推出的新型文化空间建设"门前十小"项目，已实现乡村公共文化服务全覆盖，"门前十小"包括小广场、小书屋、小讲堂、小戏台等。在"门前十小"建设中，湖南利用遍布乡村的家族祠堂、闲置民房、旧村部、空置学校等，以政府的小投入撬动各界的大助力，有效盘活现有文化资源。

第三，西部省份新型公共文化空间建设展现传承地域文化综合体的特色。四川省眉山市东坡区的"东坡文化"新型公共文化空间，以"东坡文化"为本源，建立了东坡书院等文化新空间，形成了覆盖广泛的新型公共文化空间网络。为了使东坡文化更好地传承和发展，2023 年眉山市东坡区印发《眉山市东坡区"东坡文化"新空间管理办法（试行）》，以推动"东坡文化"新型公共文化空间的建设。东坡区的新型公共文化空间建设不局限于传统的博物馆和图书馆，还包括定期举办东坡阅读、东坡文化景观、东坡小剧场等文化活动，以多种形式向公众传播东坡文化。2023 年 2 月，四川省夹江县石堰村村史馆正式开馆。村史馆以"振业兴村·纸艺石堰"为主题，以乡村振兴"产业兴旺、生态宜居、乡风文明、治理有效、生活富裕"二十字方针为纲领，通过"纸以何为""人以何居""家以何续""治以何兴""民以何富"五大篇章，整体呈现了石堰村的历史风貌、产业分布、生活民居、造纸工艺、纸乡民俗历史文化的赓续发展。

辽宁省推动变废为宝打造新型文化空间，让闲置资产变身为公共文化空间，营造"金融+阅读"小而美的阅读空间建设理念。如沈阳市充分考虑本地历史、工业、科技等特色元素，利用锅炉改造项目变废为宝，打造新型公

共文化空间。2023 年 4 月，彰显工业底色的新型公共文化空间陵东书屋正式对外开放。书屋藏书 2000 余册，可满足周边 2 万多人就近阅读的需求。截至 2023 年底，沈阳市已累计建成 500 平方米以上的城市书房 26 个、100 平方米以上的城市书屋 120 个，累计接待读者超千万人次。[①] 2023 年 3 月，大连市召开大连市新型文化空间建设现场会，推动城市书房、文化驿站等新型文化空间建设。目前，大连市已建成城市书房 11 家，新型公共文化空间建设将从试点探索向推广普及推进。2023 年 5 月，盘锦市首家"金融+阅读"小而美的城市书房揭牌，吸引了众多群众驻足体验。截至 2023 年底，盘锦市已与民生银行、中国银行、中国工商银行、盘锦银行、盛京银行等金融机构共建城市书房 8 家，投放纸质图书 3 万册次、电子图书 2 万余册，累计接待读者 5 万余人次。[②] 据统计，2023 年辽宁省已有 7 个地区建设了城市书房，现有城市书房 56 家、城市书屋 89 家。

总体来看，新型公共文化空间的建设已经成为中国公共文化服务高质量发展的重要标志。这些空间在城市形象展示和助力乡村振兴过程中，嵌入各种生活场景，提供综合性公益文化服务。

三 文化产业发展新趋势

2023 年，为进一步落实《"十四五"文化和旅游市场发展规划》和《关于释放旅游消费潜力推动旅游业高质量发展的若干措施》，推动文化和旅游业实现提质增效高质量发展，各地查处整治突出问题，开展不合理低价游等专项整治，使文旅市场出现了新的发展模式和新的发展趋势。

（一）文化和旅游市场管理与综合执法

2023 年，全国处理文化和旅游部官网以及其他途径收到的举报投诉信

---

① 郝迎灿、胡婧怡：《特色书房，温润一座城（解码·提升公共文化服务水平）》，《人民日报》2023 年 7 月 27 日。

② 贾晓东：《辽宁：特色芬芳路 书香溢满屋》，《中国文化报》2023 年 9 月 12 日。

息共计 18.40 万条，年终结案 5.10 万件。与 2021 年相比，2023 年处理举报投诉信息增长 89.69%，结案数增长 29.44%。2023 年，文化旅游市场开展执法人员培训 3.70 万人次，① 与 2021 年相比，2023 年执法人员培训增长了23.33%。2023 年取消出境旅游业务、注销旅行社经营许可证共 18 家，与2021 年相比减少了 60.00%。2023 年出动执法人员 1129 万人次，与 2021 年相比增长了 60.42%。2023 年检查各类文化娱乐场所 385 万家，与 2021 年相比增长了 51.34%（见表 3）。数据说明，文化和旅游市场举报投诉渠道进一步畅通；各级文化和旅游行政部门、文化市场综合执法机构，为了提升执法队伍的业务能力素质，培训力度不断加大。同时，各地旅行社依法组织境内外旅游团开展旅游活动，旅游市场整顿取得了明显效果；被依法取消出境旅游业务、注销旅行社经营许可证的旅行社数量显著下降；执法人员出动执法和检查各类文化娱乐场所的有为行动得到加强。

表 3　2021~2023 年文化和旅游市场管理与综合执法数据对比

年份	处理举报投诉信息（千条）	结案数（千件）	执法人员培训（千人次）	取消出境旅游业务、注销旅行社经营许可证*（家）	出动执法人员（十万人次）	检查各类文化娱乐场所（十万家）
2021	97.00	39.40	30.00	45	70.38	25.44
2022	54.00	36.00	13.00	35	93.10	33.30
2023	184.00	51.00	37.00	18	112.90	38.50
2023 年比 2021 年增长(%)	89.69	29.44	23.33	-60.00	60.42	51.34

资料来源：2021 年、2022 年的数据分别来源于 2021 年、2022 年中共文化和旅游部党组、文化和旅游部关于法治政府建设情况的报告；2023 年的数据来源于 2024 年 10 月 18 日《中国文化报》。带 * 数据根据文化和旅游部历年公布的取消出境旅游业务、注销旅行社经营许可证公告统计。

（二）旅游业发展呈现"恢复性增长"趋势

2023 年，文化和旅游产业总体仍处在疫情以后的恢复期。表 4 显示，

---

① 李荣坤：《文化市场综合执法改革护航文旅高质量发展》，《中国文化报》2024 年 10 月 18 日。

2019 年全国 A 级景区总计 12402 个，到 2023 年全国 A 级景区发展到 15721 个，增长了 26.76%。A 级景区是展示地方文脉、彰显文旅特色、带动区域文旅发展的重要生产要素，疫情期间 A 级景区的建设并没有停止，而是处在缓慢发展状态。从从业人员数量看，2019 年旅游业从业人员达 2825 万人，受疫情影响 2021 年下滑到 157 万人，2022 年从业人员数量进一步下滑，到 2023 年出现了恢复性增长。与 2021 年、2022 年比，2023 年旅游业从业人员分别增长 2.36% 和 9.32%，但是与 2019 年的水平比，下降了 94.31%。根据 2019 年文化和旅游部发布的旅游市场基本情况，2019 年旅游业直接就业人口占总就业人口的比例为 3.65%。2023 年总就业人口为 74041 万人[1]，旅游业直接就业人口占总就业人口的比例仅为 0.21%，与 2019 年比，下降了 3.44 个百分点。从旅游业接待人次看，2023 年分别比 2021 年、2022 年增长了 62.43%、118.63%。旅游景区接待人次向好转变，但是仍然没有达到 2019 年的水平。国内旅游总人次也是一样，2023 年与 2020 年、2021 年、2022 年比，分别增长了 69.85%、50.65%、93.28%，恢复性增长取得了显著成效，但是仍然没有达到 2019 年的水平。旅游业作为国民经济的战略性支柱产业，在政策的带动下，2023 年旅游业在创新发展、融合发展的实践中克服了疫情的影响，旅游人数快速回升，居民旅游需求得到释放，假期长线出游热情高涨。但是从成效看，旅游业仍然处于恢复性增长阶段。

表 4　2019~2023 年旅游业发展情况

年份	A 级景区（个）	从业人员（万人）	接待人次（亿人次）	国内旅游总人次（亿人次）	入境游客（万人次）	出境旅游（万人次）
2019	12402	2825.00	64.75	60.06	14531	15463
2020	13332	—	—	28.79		
2021	14196	157.00	35.40	32.46		—
2022	14917	147.00	26.30	25.30		—

---

① 《中华人民共和国 2023 年国民经济和社会发展统计公报》，国家统计局网站，2024 年 2 月 29 日，https://www.stats.gov.cn/sj/zxfb/202402/t20240228_1947915.html，访问时间：2025 年 2 月 16 日。

年份	A 级景区（个）	从业人员（万人）	接待人次（亿人次）	国内旅游总人次（亿人次）	入境游客（万人次）	出境旅游（万人次）
2023	15721	160.70	57.50	48.90	8203	8763
2023 年比 2019 年增长（%）	26.76	−94.31	−11.20	−18.58	−43.55	−43.33

资料来源：2019 年"从业人员"数据来源于文化和旅游部网站；2019~2023 年其他数据来源于文化和旅游部文化和旅游发展统计公报。

（三）文化产业营收稳步增长，新业态贡献突出

根据国家统计局数据，2021~2023 年，全国规模以上文化及相关产业企业营业收入及文化新业态营业收入均呈现增长趋势。表 5 显示，2021 年全国规模以上文化及相关产业企业营业收入比 2020 年增长了 20.86%，但是 2022 年的营业收入增速出现了明显下降，与 2021 年比，下降了 18.56 个百分点。2023 年，在国家一系列政策引导下，全国规模以上文化及相关产业企业的营业收入比 2022 年增长了 6.33%。2020~2023 年，全国规模以上文化及相关产业企业营业收入的年均增长率为 9.55%。2019~2023 年，文化新业态特征较为明显的 16 个行业①（以下简称"文化新业态"）营业收入占比增长明显，2019 年占比为 22.94%，2020 年占比为 31.90%，占比增长了 39.06%。2021 年文化新业态营业收入占比增长趋缓，2022 年实现恢复性增长，2023 年营业收入占比达 40.45%。2022 年、2023 年，文化新业态营业收入占比增长率分别为 8.20%、12.33%，高于全国规模以上文化及相关产业企业营业收入增长率。从年均增长率看，2020~2023 年，文化新业态营业收入年均增长率为 18.58%，高出全国规模以上文化及相关产业企业营业

---

① 文化新业态特征较为明显的 16 个行业包括：广播电视集成播控，互联网搜索服务，互联网其他信息服务，数字出版，其他文化艺术业，动漫、游戏数字内容服务，互联网游戏服务，多媒体、游戏动漫和数字出版软件开发，增值电信文化服务，其他文化数字内容服务，互联网广告服务，互联网文化娱乐平台，版权和文化软件服务，娱乐用智能无人飞行器制造，可穿戴智能文化设备制造，其他智能文化消费设备制造。

收入年均增长率（9.55%）9.03个百分点。数据说明，近几年在高质量发展政策引导下，文化新业态加快发展步伐，营业收入得到了显著提升。今后利用政策红利加快文化新业态营收能力进一步提升，应该是文化产业高质量发展的重要方向。

表5　2019～2023年全国规模以上文化及相关产业企业营业
收入及文化新业态营业收入情况

单位：亿元，%

年份	营业收入			其中:文化新业态营业收入		
	收入额	比上年增长	同比增速	收入额	营业收入占比	占比增速
2019	86624	—	—	19868	22.94	—
2020	98514	11890	13.73	31425	31.90	39.06
2021	119064	20550	20.86	39623	33.28	4.33
2022	121805	2741	2.30	43860	36.01	8.20
2023	129515	7710	6.33	52395	40.45	12.33

资料来源：根据国家统计局发布的历年全国规模以上文化及相关产业企业营业收入情况整理。

（四）按产业类型划分的文化产业企业营业收入发展趋势

按文化制造业、文化批发和零售业、文化服务业三大产业划分，可以发现，从2020年开始，文化服务业营业收入占比位居第一，位居第二的是文化制造业，第三是文化批发和零售业。2020年文化制造业营业收入为37378亿元，在全国规模以上文化及相关产业企业营业收入中的占比为37.94%；2023年文化制造业营业收入为40962亿元，占比31.63%。与2020年比，2023年文化制造业营业收入增加了3584亿元，但占比下降了6.31个百分点，2020～2023年文化制造业营业收入年均增长率为3.10%。

2020年文化批发和零售业营业收入为15173亿元，占比15.40%；2023年营业收入为20814亿元，占比16.07%。与2020年比，2023年文化批发和零售业营业收入增加了5641亿元，占比增加了0.67个百分点。从年均增长率看，2020～2023年文化批发和零售业营业收入年均增长率为11.11%，高于文化制造业营业收入年均增长率 8.01 个百分点。

2020 年文化服务业营业收入为 45964 亿元，占比 46.66%；2023 年营业收入为 67739 亿元，占比 52.30%。与 2020 年比，2023 年文化服务业营业收入增加了 21775 亿元，占比增加了 5.64 个百分点。从年均增长率看，2020~2023 年文化批发和零售业营业收入年均增长率为 13.80%，分别高于文化制造业及文化批发和零售业 10.70 个百分点和 2.69 个百分点（见表 6）。

表 6　2018~2023 年全国规模以上文化及相关产业企业分产业类型的营业收入情况

单位：亿元，%

年份	文化制造业		文化批发和零售业		文化服务业	
	营业收入	占比	营业收入	占比	营业收入	占比
2018	38074	42.66	16728	18.74	34454	38.60
2019	36739	42.41	14726	17.00	35159	40.59
2020	37378	37.94	15173	15.40	45964	46.66
2021	44030	36.98	18779	15.77	56255	47.25
2022	44781	36.76	19376	15.91	57648	47.33
2023	40962	31.63	20814	16.07	67739	52.30

资料来源：历年《中国文化及相关产业统计年鉴》。

以上数据说明，文化服务业营收能力强，在分产业类型中的占比高，而且年均增长率快于其他两个类型的产业。从文化服务业所包含的行业看，其所含新业态多，技术迭代快，文化服务业高质量发展的势头良好。文化批发和零售业所包含的行业既有新变化也存在阻碍发展的老问题，如新的销售模式（发售权改革）、新的销售渠道（直播、网购等）使文化批发和零售业营业收入具有较高的增长率；而文化制造业企业、产品有的需要更新的技术，有的企业仍然是传统企业，技术迭代和固定资产更新需要时间和资金，更需要政策支持。目前，我国文化装备制造业涉及多个工业领域，主要包括数字创意技术设备制造、数字产品制造和传统文化装备制

造三大类别，涵盖了《文化及相关产业分类（2018 年）》文化装备生产统计中的 6 个主要种类，文化装备制造业具备发展新质生产力的战略潜力，其高科技含量和高附加值特性对文化产业链的完善和创新起到重要推动作用。

（五）文化核心领域营业收入发展特征

文化核心领域包括新闻信息服务、内容创作生产、创意设计服务、文化传播渠道、文化投资运营、文化娱乐休闲服务六大行业。从总趋势看，文化核心领域企业的营业收入在全国规模以上文化及相关产业企业营业收入中的占比逐年提升。2020 年六大文化核心领域企业的营收占总营收的 61.21%，2023 年为 64.84%，2023 年比 2020 年提高了 3.63 个百分点；2020～2023 年，六大文化核心领域企业的营收年均增长率为 11.68%，比同期全国规模以上文化及相关产业企业营业收入年均增长率（9.55%）高出 2.13 个百分点。数据说明，六大文化核心领域企业是全国规模以上文化及相关产业企业的主力。进一步分析可以发现，在六大文化核心领域中，各领域企业营业收入以及发展差异也十分显著。

1. 新闻信息服务行业企业营业收入发展特征

2020 年，新闻信息服务行业企业营业收入为 9382 亿元，2023 年营业收入为 17243 亿元，营业收入提高了 7861 亿元，占比提高了 4.97 个百分点。2020～2023 年，新闻信息服务行业企业营业收入年均增长率为 22.49%。2023 年是新闻信息服务行业实施媒体融合整体推进的第十年。新闻信息服务行业营业收入强势增长，主要有三个方面的因素。一是目前省级以上媒体机构已经构建融媒体传播体系，拥有技术、资金、人力等优势。二是数字化转型加速，通过网络平台和社交媒体渠道分发内容，扩大受众范围，增加用户在线时间，社会公众增加了对新闻内容的需求，从而提高了新闻网站流量和广告收入。三是近年来新闻信息服务行业订阅模式有了新的发展趋势，许多新闻机构开始转向订阅模式，提供付费内容，为行业带来了新的收入来源。可以预见，在新质生产力发展模式下，新闻信息服务行业技术创新以及迭代加速，将帮助新闻机构更好地生产个性化内容，提高用户体验，新闻信息服务行业企业营业收入会进一步提升。

2. 内容创作生产行业企业营业收入发展特征

内容创作生产行业涉及传统的报纸及新兴的短视频、音频和图文等多种形式的创作与发布，还涉及汽车、房产、旅游、教育、时尚、科技、财经和娱乐等领域。2018~2023年，内容创作生产行业企业营业收入占比一直处在30%以上，在六大文化核心领域中处于最高位。但是进入"十四五"以后，内容创作生产行业企业营业收入占比出现了下降趋势，与2020年比较，2023年占比下降了4.95个百分点。2020~2023年内容创作生产行业企业营业收入年均增长率为6.69%，低于新闻信息服务行业企业同期年均增长率（22.49%）15.8个百分点，发展形势不容乐观。随着移动互联网的普及，内容创作生产行业的主要平台已经从传统的门户网站、论坛转向了短视频、音频、图文等新型媒体。此外，内容创作生产行业的发展趋势显示，人工智能技术在内容创作生产领域的应用越来越广泛，用户对内容品质和专业性的要求也在不断提高。内容创作生产行业面临的挑战之一是内容原创能力不足。此外，随着流量红利的逐渐消退，内容创作生产行业也在朝着品牌化和专业化的方向发展，这意味着内容创作者和平台需要更加注重内容质量提升和品牌形象建设。

3. 创意设计服务行业营业收入发展特征

2023年创意设计服务行业企业营业收入为21249亿元，占比25.30%；2020年营业收入为15645亿元，占比25.95%。与2020年相比，2023年创意设计服务行业企业营业收入提高了5604亿元，但占比下降了0.65个百分点。从年均增长率看，2020~2023年创意设计服务行业企业营业收入年均增长率为10.74%，低于新闻信息服务行业（22.49%）11.75个百分点。相关研究显示，当前，创意设计服务行业发展面临的突出矛盾有三个：一是直接融资比重低，资金成本和时间成本普遍较高。以数字创意产业发展为例，数字创意产业集群空间分布不够合理，无法将大型企业与中小企业的优势发挥到最大,对于大公司而言,平台内空间资源紧张,无法满足企业扩大生产规模的用地需求;而对于中小企业而言,过高的平台空间成本问题亟待解决。① 二是企业实力有限创新力不足,一些文化创意企业的亏损面较大,整体效益呈下滑趋势。三是专业人才短缺。数字创意产业属于新兴领域,而且随着科技不断进步,市场竞争越来越激烈,要求从业人员具备更高水平的专业技能和更加敏锐的商业头脑。然而现实情况不容乐观,人才的不足直接影响了产业的创新能力提高和长远发展。

4. 文化传播渠道行业企业营业收入发展趋势

2023 年文化传播渠道行业企业营业收入为 14797 亿元,占比 17.62%;2020 年营业收入为 10428 亿元,占比 17.29%。与 2020 年比,2023 年营业收入提高了 4369 亿元,占比提高了 0.33 个百分点,占比变动不大。从年均增长率看,2020~2023 年文化传播渠道行业企业营业收入年均增长率为 12.37%,低于新闻信息服务行业企业(22.49%)10.12 个百分点,比创意设计服务行业企业营业收入年均增长率(10.74%)高 1.63 个百分点。当前文化传播渠道行业发展面临的主要问题包括三个方面。第一,数字技术发展对文化传播渠道行业的影响日益突出。新兴业态如网络视听、游戏等领域加速迭代,如人工智能技术在创意、影视、娱乐等领域的应用,对传统文化传播渠道构成了挑战。第二,知识产权保护意识不足。文化传播渠道行业在快速发展的同时,薄弱的知识产权保护意识在一定程度上限制了创意和创新的发展。第三,市场需求和趋势变化的不确定性。文化传播渠道行业的需求特征和偏好正在发生变化,从业人员只有适应新的需求行为和需求趋势,才能保持竞争力。要解决当前存在的问题,必须鼓励和支持文化传播渠道行业的技术升级,提高传播效率和质量,完善文化市场体系,建立公平竞争的市场环境,激发文化传播渠道行业的发展活力。

---

① 唐奕等:《大连数字创意产业发展现状与对策研究》,《现代工业经济和信息化》2023 年第 8 期。

5. 文化投资运营行业企业营业收入发展特征

2023年文化投资运营行业企业营业收入为669亿元，占比0.80%，2020年营业收入为451亿元，占比0.75%。与2020年比，2023年营业收入提高了218亿元，占比提高了0.05个百分点，占比变动不大。从年均增长率看，2020~2023年文化投资运营行业企业营业收入年均增长率为14.05%，低于新闻信息服务行业企业（22.49%）8.44个百分点，与创意设计服务行业企业（10.74%）、文化传播渠道行业企业（12.37%）比，分别高出3.31个、1.68个百分点。文化投资运营行业企业营业收入占比不大，但是该行业对促进文化产品的生产和流通、满足人民群众的文化需求具有重要作用，是文化产业实现经济和社会双重效益的重要途径。

6. 文化娱乐休闲服务行业企业营业收入发展特征

2023年文化娱乐休闲服务行业企业营业收入为1758亿元，占比2.09%；2020年营业收入为1115亿元，占比1.85%。与2020年比，2023年营业收入提高了643亿元，占比提高了0.24个百分点。从年均增长率看，2020~2023年文化娱乐休闲服务行业企业营业收入年均增长率为16.39%，低于新闻信息服务行业企业（22.49%）6.10个百分点，与创意设计服务行业企业（10.74%）、文化传播渠道行业企业（12.37%）、文化投资运营行业企业（14.05%）比，年均增长率分别高出5.65个、4.02个、2.34个百分点（见表7）。数据说明，文化娱乐休闲服务行业企业营业收入不高，但是年均增长速度不低，近年来随着社会的发展和科技的进步，文化娱乐休闲服务行业的内容和形式也在不断丰富和多样化。

表7　2018~2023年全国规模以上文化及相关产业核心领域企业营业收入及占比情况

单位：亿元；%

核心领域	2018年		2019年		2020年		2021年		2022年		2023年	
	收入	占比	收入	占比	收入	占比	收入	占比	收入	占比	收入	占比
新闻信息服务	8099	16.36	6800	13.47	9382	15.56	13715	18.72	14464	19.31	17243	20.53
内容创作生产	18239	36.85	18585	36.82	23275	38.60	25163	34.35	26168	34.94	28262	33.65
创意设计服务	11069	22.36	12276	24.32	15645	25.95	19565	26.71	19486	26.02	21249	25.30

续表

核心领域	2018 年		2019 年		2020 年		2021 年		2022 年		2023 年	
	收入	占比	收入	占比	收入	占比	收入	占比	收入	占比	收入	占比
文化传播渠道	10193	20.59	11005	21.81	10428	17.29	12962	17.69	13128	17.53	14797	17.62
文化投资运营	412	0.83	221	0.44	451	0.75	547	0.75	504	0.67	669	0.80
文化娱乐休闲服务	1489	3.01	1583	3.14	1115	1.85	1306	1.78	1141	1.52	1758	2.09

资料来源：历年《中国文化及相关产业统计年鉴》。

（六）东中西部及东北地区文化产业发展差异

中国地域辽阔，不同地区的经济发展水平存在较大差异。东部沿海地区由于历史、地理和政策的优势，经济发展较为迅速；而中西部地区以及东北地区经济发展相对滞后。中国各地区的文化传统、历史背景和社会习俗各有特色，基于这种经济发展水平的差异性和文化多样性特征，有必要进行区域文化产业发展差异性考察。

2023 年，东部地区规模以上文化及相关产业企业营业收入为 101223 亿元，占比 78.16%；2020 年营业收入为 73943 亿元，占比 75.06%。与 2020 年相比，2023 年营业收入提高了 27280 亿元，占比提高了 3.10 个百分点。从年均增长率看，2020~2023 年东部地区规模以上文化及相关产业企业营业收入年均增长率为 11.04%。

2023 年中部地区规模以上文化及相关产业企业营业收入为 15394 亿元，占比 11.89%；2020 年营业收入为 14656 亿元，占比 14.88%。与 2020 年比，2023 年营业收入提高了 738 亿元，占比下降了 2.99 个百分点。从年均增长率看，2020~2023 年中部地区规模以上文化及相关产业企业营业收入年均增长率为 1.65%。

2023 年西部地区规模以上文化及相关产业企业营业收入为 11688 亿元，占比 9.02%；2020 年营业收入为 9044 亿元，占比 9.18%。与 2020 年比，2023 年营业收入提高了 2644 亿元，占比下降了 0.16 个百分点。从年均增长率看，2020~2023 年西部地区规模以上文化及相关产业企业营业收入年均增长率为 8.92%。

2023 年东北地区规模以上文化及相关产业企业营业收入为 1210 亿元，占比 0.93%；2020 年营业收入为 872 亿元，占比 0.89%。与 2020 年比，2023 年营业收入提高了 338 亿元，占比提高了 0.04 个百分点。从年均增长率看，2020~2023 年东北地区规模以上文化及相关产业企业营业收入年均增长率为 11.54%（见图 2、表 8）。

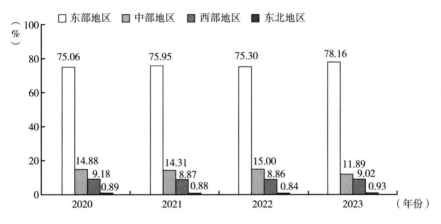

图 2　2020~2023 年按区域划分规模以上文化及相关产业企业营业收入占比

数据说明，全国规模以上文化及相关产业企业营业收入主要由东部地区贡献，东部地区的文化产业营收能力较强。与东部地区相比，2023 年中部地区规模以上文化及相关产业企业营业收入只有东部地区的 15.21%；西部地区规模以上文化及相关产业企业营业收入只有东部地区的 11.55%，东北地区规模以上文化及相关产业企业营业收入只有东部地区的 1.20%，东、中、西部及东北地区文化产业发展不平衡现象非常明显。从年均增长率看，2020~2023 年，东、中、西部及东北地区规模以上文化及相关产业企业营业收入年均增长率分别为 11.04%、1.65%、8.92%、11.54%，由高到低排列，分别是东北地区、东部地区、西部地区、中部地区。

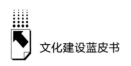

表8　2018~2023年按区域划分规模以上文化及相关产业企业营业收入

单位：亿元，%

年份	东部地区		中部地区		西部地区		东北地区	
	收入额	同比增速	收入额	同比增速	收入额	同比增速	收入额	同比增速
2018	68688	—	12008	—	7618	—	943	—
2019	63702	-7.26	13620	13.42	8393	10.17	909	-3.61
2020	73943	16.08	14656	7.61	9044	7.76	872	-4.07
2021	90429	22.30	17036	16.24	10557	16.73	1042	19.50
2022	91714	1.42	18269	7.24	10793	2.24	1029	-1.25
2023	101223	10.37	15394	-15.74	11688	8.29	1210	17.59

注：本报告根据国家统计局公布的历年数据利用环比增长的方法计算同比增长率，没有调整数据；2024年1月30日国家统计局发布的《2023年全国规模以上文化及相关产业企业营业收入增长8.2%》中得出"2023年东部地区规模以上文化企业实现营业收入101223亿元，比上年增长8.7%；中部地区15394亿元，增长3.6%；西部地区11688亿元，增长10.0%；东北地区1210亿元，增长5.4%。整体来看西部地区增速最快"的结论，但是没有公布如何调整前一年数据以及相应的计算方法。

资料来源：历年《中国文化及相关产业统计年鉴》。

特别需要注意的是，中部地区的文化产业发展问题。在2023年全国规模以上文化及相关产业企业营业收入中，中部地区的占比为11.89%；2020~2023年中部地区规模以上文化及相关产业企业营业收入年均增长率只有1.65%，与2022年比，2023年营业收入下降了2875亿元，导致2020~2023年营业收入年均增长率大大低于其他地区。如果只看2020~2022年中部地区规模以上文化及相关产业企业营业收入，年均增长率为11.65%，即2021年、2022年中部地区规模以上文化及相关产业企业的营业收入呈现较好的增长态势。从目前发展的趋势看，2024年中部地区已经转换思路，探讨新发展模式，促使文化产业营业收入回升向好，预计"十四五"末期文化产业将取得一定发展成效。

四　文化发展与自信：认知认同、获得感与满意度

2023年，在思想理论创新与"十四五"规划引领下，文化领域积极落

实一系列相关政策，推进文化事业和文化产业高质量发展。本报告的前三部分利用国家文化发展的宏观数据回顾性分析了文化事业、文化产业所取得的成绩，但是宏观数据难以测度社会公众对当今文化建设高质量发展的获得感以及满意度。为此，本部分基于连续10年的大规模文化发展现状问卷调查结果，了解分析社会公众对文化建设高质量发展的感知度、获得感以及满意度。调查问卷包括习近平文化思想的学习贯彻以及公共文化服务发展、文化产业发展、文化遗产保护传承利用、文化和旅游发展科技创新、全媒体融合创新、文化和旅游融合发展"六大体系"内容，主要目的是分析社会公众对文化建设高质量发展的新需求、新特征，探索进一步提升认知认同度、获得感、满意度的策略和路径。

本次调查获得有效样本6260份，形成"中国文化发展现状调查（2023~2024）"数据库。本报告针对调查问卷中量表部分的44个题项，利用因子分析方法进行信效度检验，剔除了3个题项，保留了41个题项，形成了12个维度的因子（具体见附录一）。之后，进行结果性和影响性因子甄别判断，假设A1、A2、A3为被影响变量（也称结果性变量），假设B1、B2、B3、B4、B5、B6、B7、B8、B9为影响性变量（也称过程性变量），试图通过分析变量间的关系，探讨社会公众对文化建设高质量发展的认知认同度、获得感、满意度。为了方便分析，本报告将降维分类题项、变量名、组均值以及信效度检验值制成表9。

表9 降维分类题项、变量名、组均值以及信效度检验值

序号	题项（组）	题数（个）	变量名（因子命名）	组均值	α系数	KMO值	解释率（%）
1	T1-T3	3	A1. 文化渊源和文明信念认同	4.502	0.673	0.654	60.54
2	T4-T6	3	A2. 文化自信获得感	4.410	0.707	0.673	63.10
3	T7-T10	4	A3. 文化建设目标达成满意度	4.241	0.717	0.737	53.81
4	T11-T13	3	B1. 生态文明建设获得感	4.396	0.663	0.656	59.73
5	T14、T16-T18	4	B2. 文化对外交流评价	4.367	0.696	0.746	52.32
6	T19、T21	2	B3. 文物保护文化需求投入感知	3.744	0.599	0.500	69.78

序号	题项 （组）	题数 （个）	变量名 （因子命名）	组均值	α 系数	KMO 值	解释率 （%）
7	T22-T25,T44	5	B4. 文化传播科技创新与安全	4.297	0.738	0.804	49.90
8	T26-T30	5	B5. 文旅市场发展与整治评价	4.315	0.768	0.824	51.99
9	T31-T33	3	B6. 群众文化活动感知	4.256	0.658	0.654	59.42
10	T34,T35,T37	3	B7. 公共文化建设参与	4.236	0.709	0.670	63.28
11	T36,T38-T40	4	B8. 基层文化发展现状评价	4.170	0.710	0.742	53.68
12	T41-T42	2	B9. 文明建设与整治评价	4.216	0.614	0.500	72.15
	总题数	41	样本总体	4.263	0.914	0.959	67.31

资料来源：根据调查问卷数据整理计算。

（一）文化渊源和文明信念认同

一国的国民能够理解现代文明与古代文明的渊源，一方面说明国民重视并继承了历史文化遗产，能够认识到古代文明对现代社会的深远影响；另一方面说明国民具有强烈的历史意识，有能力理解文明的连续性。从国家层面看，国民对国家的认同感和归属感不仅体现了国家的文化软实力，也是综合国力的重要组成部分。

附录一表 9 包括的 3 个题项分别表达中华文明与文化发展的"独特性与自主性"（T1）、中国现代文明与古代中国的"渊源性"（T2）、中华各民族文化的"融合性"（T3）等观点，主要测度社会公众对中华文化发展的渊源和现代社会倡导的文明要素与文化发展目标的认同情况。从认同水平看，"融合性"（T3）的均值为 4.56，"渊源性"（T2）的均值为 4.53，"独特性与自主性"（T1）的均值为 4.42。与组均值 4.502 比，T2、T3 均值显著高于组均值，T1 均值显著低于组均值。数据说明，在文化建设发展中，社会公众对"渊源性""融合性"的认同度较高，但是对于"独特性与自主性"的认同存在分歧。由此可知，倡导社会公众形成共同的信念，真正建立文化自信，还有很长的路要走，还有很多的工作要做，在目前国内国际环境复杂多样的情况下，部分群体的价值观和生活方式受到影响，他们对中华优秀传统文化和价值观的认同感减弱。

（二）文化自信获得感

附录一表 10 包括的 3 个题项，主要测度社会公众对文化建设发展和社会文明提升的"获得感"（T4）、党的领导与幸福生活关系（T5）、培育和践行社会主义核心价值观对增强文化自信的影响（T6）等观点的认同，即主要从政治的角度观察社会公众对文化自信的获得感。

一是被调查者对 T5 的认同度均值为 4.54，显著高于组均值 4.410。数据说明，社会公众对党的正确领导与幸福生活关系的认同水平很高，获得感很强。同时说明，近年来文化建设领域坚持和加强党中央集中统一领导，坚持人民至上、一切为了人民，把人民的利益放在首位，人民群众坚决拥护党中央集中统一领导。二是被调查者对 T6 的认同度均值为 4.40，显著低于被调查者对 T5 的认同水平，与组均值比，不具有显著差异。即被调查者对培育和践行社会主义核心价值观能够提升文化自信的认同度和组均值处在同一水平。数据说明，对 T6 的认同度还有很大的提升空间，培育和践行社会主义核心价值观的实践创新路径有待进一步探索。三是被调查者对 T4 的认同度最低，且显著低于其他两个题项。数据表现出来的问题可能表达的意义是，近年来由于社会经济发展缓慢以及新冠疫情的影响，社会公众的获得感、幸福感、安全感提升缓慢，需要在发展经济的同时，注重提高人民的生活水平，确保人民共享发展成果。要进一步加强社会主义核心价值观的宣传教育，增强国民的文化自信。特别是基层要扎实落实民生实事，提升社区（村）公共服务水平，增强社会公众的归属感和幸福感。同时，在公民教育中，要进一步鼓励个人素质提升，倡导健康文明的生活方式。

（三）文化建设目标达成满意度

通过了解社会公众对文化发展目标的认知，有助于引导文化工作者和社会公众进行有目的、有方向的文化创新活动，推动文化内容、形式和传播手

段的创新。而调查社会公众对文化建设目标达成的满意度，可以验证文化发展策略和措施的实际效果。

附录一表11检验结果显示，被调查者对T8、T10两个题项观点的认同度较高，均值都为4.33。检验结果表明，被调查者对T8、T10的认同度均值显著高于T7、T9。T7、T9两个题项分别表达的是培育和践行社会主义核心价值观深入人心及我国文化强国建设非常关键，经济增长速度可以慢一点，文化建设不能松懈的观点。检验结果表明，被调查者对T7、T9两个题项的认同度均值不仅显著低于T8、T10，而且低于组均值4.241。数据表明，经过努力，社会公众对"十四五"文化发展目标的认知、了解以及"四史"学习提高政治站位和文化品位的观点有较高的认同度，值得肯定和总结经验；但是对培育和践行社会主义核心价值观的思想文化工作以及正确处理文化强国建设和发展经济问题的满意度（认同度）不高，需要认真研究背后的原因。关于如何认知发展经济与建设文化强国之间的关系，是一个复杂的经济与社会发展问题，往往不能用一两个题项进行测度判断。但是不可否认，近年来我国在经济转型发展中遇到了一定的困难和阻力，给社会公众带来的困扰不容忽视。

（四）影响文明信念、文化自信、目标达成满意度的因素分析

为了进一步探讨哪些因素影响社会公众对文化建设发展的评价，影响社会公众对文化发展渊源和文明信念的认同，文化自信获得感、目标达成满意度（因变量）的提升，本报告将已经降维的9个因子作为影响因素（自变量），建立多元线性回归模型[1]进行因果分析。

1. 影响文化渊源和文明信念认同的因素

表10中A1模型表明，文化渊源和文明信念认同主要受生态文明建设获得感、文化对外交流评价、文化传播科技创新与安全、文旅市场发展与整

---

[1] 多元线性回归模型的关系式：$Y=\beta_0+\beta_1 x_1+\beta_2 x_2+\cdots\cdots+\beta_j x_i+\varepsilon$ 式中，Y 是因变量，β_j （$j=0$, 1, $\cdots$, n）是回归系数，x_i （$i=1$, 2, $\cdots$, n）是自变量，ε 是残差。将3个因变量和9个自变量分别代入模型，建立3个回归模型，分析9个自变量对3个因变量的影响。

治评价、文明建设与整治评价等五个方面因素的影响。其中，文化对外交流评价是非常重要的影响因素，即当该维度的认同评价提升一个单位时，文化渊源和文明信念认同度会提升 30.50%；其次是生态文明建设获得感，即当该维度的认同评价提升一个单位时，文化渊源和文明信念认同度会提升 18.40%；再次是文旅市场发展与整治评价和文化传播科技创新与安全，当这两个维度的认同评价分别提升一个单位时，文化渊源和文明信念认同度分别提升 12.20% 和 12.00%；影响最小的是文明建设与整治评价，对文化渊源和文明信念认同度提升的贡献率为 7.50%。

其一，从文化对外交流评价维度看，其主要测度社会公众对"一带一路"与人文交流、文化产品国际需求、文旅市场规范与文化"走出去"、文化产品创新与"走出去"的认同度。从其所包含的 4 个可操作性题项看，T17、T18 两个题项测度的是"应然"认知问题，T14、T16 两个题项测度的是"实然"认知问题。可以发现，"应然"认知的两个题项在不同检验水平下的均值均显著高于组均值；而"实然"认知问题中，T14 的认同度均值处于最高水平，并且显著高于组均值，但是 T16 的认同度均值显著低于组均值。[①] 数据说明，中国文化对外交流，坚守传统与现代融合、守正创新的发展方向以及"一带一路"文化对外开放和人文沟通所取得的成绩得到了社会公众的认可。从现实情况看，2023 年我国出入境文化交流处于恢复期，国外对中国文旅产品的消费明显下降，面对新的形势与趋势，文化对外交流相关的服务和文旅产品要进一步转型、升级、创新，以走出低谷，步入高质量发展的轨道。

其二，生态文明建设获得感维度所包含的可操作性题项主要测度社会公众对我国生态保护成效的认同度。从调查结果看，我国生态文明建设获得了巨大的社会效益，社会公众对过去几年生态文明建设的成效予以肯定。特别是美丽中国、美丽乡村建设，有力推动了中国社会文化与生态文明建设，使社会公众的获得感明显提升，十分明显地正向影响了社会公众的文化渊源和

---

① 具体检验的数据与结果见本书附录一，下同。

文明信念认同。

其三，文旅市场发展与整治评价实际上是指文旅市场整治、市场信誉与形象、融合发展等因素对文化渊源和文明信念认同的影响。从宏观数据看，本报告第二部分关于新型公共文化空间建设助力城市形象更新和乡村振兴的内容，第三部分关于近几年文旅市场整治取得显著性效果的内容都能说明文化建设高质量发展的宏观环境向好发展。2024年的调查中，被调查者对"乡村文旅融合发展，地方特色文化挖掘，需要坚持原生态发展原则"的观点认同度较高，说明人们的感知度和获得感与宏观环境转型向好存在正向因果关系。但是不可忽视，我国文旅融合发展还处在初级阶段，所以有待进一步探索文旅融合发展路径，兼顾经济效益和社会效益，并实现发展良性循环。比如，在文化和旅游产品数字化转型创新过程中，要进一步融入智能化技术，突出互动性、体验性和参与性。

其四，从文化传播科技创新与安全维度包含的可操作性题项看，文化数字资源保护创新，利用大数据保护文化产品消费安全，博物馆、展览馆、艺术馆展出设备科技含量提高等因素显著影响社会公众的文化渊源和文明信念认同。这个因果关系表明，在文化建设中，通过科技创新，可以利用更好的方式、更加新颖的形式展示中华文化，提升社会公众对中华文化的认同感和自豪感，进而提升社会公众对中华文明与文化发展的"独特性与自主性"、中国现代文明与古代中国的"渊源性"、中华各民族文化的"融合性"等信念的认同。

其五，从文明建设与整治评价维度包含的可操作性题项看，环境保护与社会文明发展认知以及乡村振兴与文明生活习惯养成两个题项，涉及人与环境、人与社会发展之间的文化和文明关系。数据显示，该维度对社会公众的文化渊源和文明信念认同产生积极影响，同时说明，进一步加强社会文明建设与整治，对文化渊源和文明信念认同提升有较大推动作用。

2.影响文化自信获得感的因素

表10中A2模型表明，影响文化自信获得感的因素是多方面的，在给定的9个维度影响因素中，有7个维度影响因素对文化自信获得感产生显著影响。首先，影响最大的是生态文明建设获得感，当生态文明建设获得感认

同评价提高一个单位时，文化自信获得感提高 26.10%；其次是文化对外交流评价，当该维度认同评价提高一个单位时，文化自信获得感提高18.50%；再次是文旅市场发展与整治评价，当该维度认同评价提高一个单位时，文化自信获得感提高 16.90%；又次是公共文化建设参与，当该维度认同评价提高一个单位时，文化自信获得感提高 12.90%。此外群众文化活动感知、文化传播科技创新与安全、基层文化发展现状评价三个维度分别提高一个单位，文化自信获得感分别提高 8.40%、5.20%、3.20%。文物保护文化需求投入感知、文明建设与整治评价对文化自信获得感不具有显著影响。

数据说明，其一，多维度文化建设工作的推进，对文化自信获得感提升产生十分明显的影响。其二，在 A2 模型中，生态文明建设获得感、文化对外交流评价、文化传播科技创新与安全、文旅市场发展与整治评价 4 个维度对文化自信获得感的影响与 A1 模型有同等的解释意义，在此不再赘述。其三，在 A2 模型中，公共文化建设参与维度认同评价提升一个单位可提升社会公众文化自信获得感 12.90%，有重要意义。公共文化建设参与维度以社会公众对公共文化服务成效、基层文艺活动成效、文化与乡村振兴的认知认同度为测度目标，从调查结果看，该维度确实取得了明显的成效。社会公众在各类活动中感受到中华文化和地方文化传承发展的魅力，从参与能力的提升发展到个体文化素养的提高，最后实现社会文明素质的提升。但是需要提及的是，调查也发现"村级（社区）春晚""村级（社区）运动会"等基层文化活动并不普及，基层文化活动典型案例推广不够。挖掘乡土文化促进乡村振兴的效果也不太明显，需要进一步拓展思路，寻找方法进一步推广基层文化活动。其四，群众文化活动感知维度对文化自信获得感的影响效应为8.40%，影响力不大，需要引起重视。该维度主要测度"四馆"建设成效、群众文艺团队发展情况。从调查结果看，被调查者对文化云平台是展示文物和传播文物价值的重要途径的观点认同度最高，对文化馆在普及全民艺术中的作用认同度相对较低，对群众文艺活动的丰富性认同度也较低。群众文化活动感知度对提升文化自信获得感的影响不理想，可能的原因是，目前社会公众对文化生活需求的质量要求正在发生变化，新的时期要以新的形式和创新方式，将文化馆建成普及全民艺术的重要场所，文化馆在丰富群众文艺活动上下功夫才能提高社会公众文化自信获得感。其五，文化传播科技创新与安全维度对文化自信获得感的影响效应相对较低，仅为 5.20%，可能是因为社会公众对文化与文明的认同基于对文化文明历史渊源的认知，而文化自信获得感往往基于对现实的文化自信所包含内容的不同理解。其六，基层文化发展现状评价维度对文化自信获得感的影响效应最低，仅为 3.20%，同时在 A1 模型中不具有显著影响。从该维度可操作性题项看，被调查者对大家唱群众歌咏活动的普及以及相关文化活动在基层所发挥的作用认同度均值显著低于组均值。从历年的调查结果看，城市和乡镇文化建设都有"空心"或者"缺失"的问题。因此，在城市文化建设中，要发挥社区组织的凝聚作用，重视群众文化需求变化，提高文化活动的质量；在乡镇文化建设中，要提供更充足的文化资源，将乡土文化建设与乡村振兴有机结合。

3. 影响文化建设目标达成满意度的因素

表 10 中 A3 模型表明，在给定的 9 个维度影响因素中，有 8 个维度影响因素对文化建设目标达成满意度产生显著影响。首先，影响最大的还是生态文明建设获得感，当该维度认同评价提高一个单位时，文化建设目标达成满意度提高 22.10%；其次是文化对外交流评价，当该维度认同评价提高一个单位时，文化建设目标达成满意度提高 19.10%；再次是文旅市场发展与整治评价，当该维度认同评价提高一个单位时，文化建设目标达成满意度提高 14.50%；又次是公共文化建设参与，当该维度认同评价提高一个单位时，文化建设目标达成满意度提高 10.10%；最后，文化传播科技创新与安全、基层文化发展现状评价、群众文化活动感知三个维度认同评价分别提高一个单位时，文化建设目标达成满意度分别提高 9.30%、9.20%、7.10%。文物保护文化需求投入感知维度对文化建设目标达成满意度的影响效应较弱，仅为 3.60%。同时，文明建设与整治评价维度对文化建设目标达成满意度不具有显著影响。

数据说明，生态文明建设获得感的提升不仅对文化渊源和文明信念认同、文化自信获得感有非常显著的影响，而且对文化建设目标达成满意度有十分重要的影响。文化对外交流评价维度也不可小觑。在3个模型中，该维度对A1模型的影响位居第一，对A2、A3模型的影响处于第二位。生态文明建设获得感、文化对外交流评价、文化传播科技创新与安全、文旅市场发展与整治评价等维度对文化建设目标达成满意度的影响与A1、A2模型有同等的解释意义。在A3模型中，文物保护文化需求投入感知维度对文化建设目标达成满意度的影响效应虽然较弱，但是有十分重要的解释意义。从文物保护文化需求投入感知维度所包含的可操作性题项看，其主要测度社会公众文物保护意识（T19）、文化建设投入的感知度（T21）。从2个题项的认同度均值看，T19的认同度均值显著高于T21。数据说明，2023~2024年，社会公众的文物保护性开发意识显著增强，但是对投入感知及"非遗社区"的挖掘认同度不高，因此需要提高社会公众对文化建设投入的感知度和基层"非遗社区"的认同度。从拟合优度（R^2）看，A3模型的拟合优度要好于A2模型，这个结果可以说明，一方面，人们对"十四五"文化发展目标实现的信心要高于文化自信获得感；另一方面，从长远看，实现"十四五"文化发展目标的终极目的之一是牢固树立文化自信，文化自信获得感是文化自信的民意和基础，所以回归结果还启示我们，坚定不移地走文化自信的发展道路既是一个理论问题，又是一个实践问题，还是一个战略问题。因此我们要坚守初心使命，认真扎实地在各个领域的各个方面培育和践行社会主义核心价值观，形成高尚的社会风气，助力文化兴国、文化强国目标的实现。

表10 文化建设发展对文化渊源和文明信念认同、文化自信获得感、文化建设目标达成满意度的回归结果

项目	A1. 文化渊源和文明信念认同		A2. 文化自信获得感		A3. 文化建设目标达成满意度	
	β系数	T值	β系数	T值	β系数	T值
截距	1.008 ***	20.216	0.461 ***	9.903	0.165 ***	3.681
B1. 生态文明建设获得感	0.184 ***	12.896	0.261 ***	18.642	0.221 ***	16.534
B2. 文化对外交流评价	0.305 ***	18.932	0.185 ***	12.084	0.191 ***	13.057
B3. 文物保护文化需求投入感知	s.n	s.n	s.n	sn	0.036 ***	6.494

续表

项目	A1. 文化渊源和文明信念认同		A2. 文化自信获得感		A3. 文化建设目标达成满意度	
	β系数	T值	β系数	T值	β系数	T值
B4. 文化传播科技创新与安全	0.120 ***	7.297	0.052 ***	3.163	0.093 ***	5.885
B5. 文旅市场发展与整治评价	0.122 ***	7.343	0.169 ***	9.967	0.145 ***	8.982
B6. 群众文化活动感知	s.n	s.n	0.084 ***	6.480	0.071 ***	5.746
B7. 公共文化建设参与	s.n	s.n	0.129 ***	10.113	0.101 ***	8.323
B8. 基层文化发展现状评价	s.n	s.n	0.032 ***	2.576	0.092 ***	7.760
B9. 文明建设与整治评价	0.075 ***	9.708	s.n	s.n	s.n	s.n
F	1007.199 ***		1090.770 ***		1093.403 ***	
R^2	0.446		0.550		0.583	
$D.W$	1.970		2.014		2.001	

注：*** 表示 $p<0.01$；s.n 表示影响系数和 T 值没有通过显著性检验。

五 应对文化建设发展新挑战的对策思考

（一）加大政策供给应对文化发展不确定性挑战

如前所述，文化发展政策供给不足主要表现为：文化资源开发和行业标准指导方面政策力度不大，针对文化领域科技迭代升级的专项政策供给需要进一步完善；在国际交流方面，需要更加宽松的政策营造良好的国际文化交流氛围。如何应对这些挑战呢？首先要重视专门研究机构或智库对文化发展的趋势、挑战和机遇等不确定性因素的分析。目前，随着全球化和信息技术的发展，不同文化价值观念的交流和碰撞日益频繁，导致主流文化价值观受到挑战；受到经济、社会、技术等多方面因素的影响，社会公众的文化消费需求多变，难以准确预测；文化产业受市场影响较大，经济波动、消费习惯变化等因素导致文化产业发展不稳定；等等。为了更好地担负新的文化使命，既要确保政策前瞻性和连续性，又要推动政策创新，鼓励地方政府根据本地文化特色和发展需求，制定差异化的文化发展政策。同时，完善文化法律法规体系，为文化发展提供法治保障。还要加大投入，激励文化产业拓展国际市场。比如增加财政投入，设立文化发展基金，支持文化产业和文化事业的发展。通过税收优惠、补贴等方式，激励企业和个人参与文化创作与传播。用最优惠的政策，支持文化企业"走出去"，促进国内外文化交流与合作，提升中华文化的国际影响力。

（二）开辟新路径、探索新方法，解决发展不平衡、社会力量参与度低的问题

区域文化事业发展不平衡是一个老问题，但是新型公共文化空间建设作为公共文化事业发展的新形式，省际差异大、社会力量参与度较低是新问题。如何面对这些新旧问题和挑战呢？回顾国家制定的文化发展相关政策不难发现，从顶层设计看，历来都是根据不同地区文化事业的发展现状，制定针对性的政策，加大对欠发达地区的支持力度。但是由于虹吸效应，东部地区文化产业发展总是走在前列，引领全国文化事业的发展。对此本报告认为，在制定新的措施时，不仅要对中西部及东北地区实施优惠政策，还要为参与公共文化事业的社会力量提供财政补贴和税收优惠，激发其参与积极性。特别是在建设新型公共文化空间的项目中，政府应与社会力量建立合作机制，通过购买服务、公私合作等吸引社会力量参与。同时，利用互联网和数字技术，推广线上新型公共文化空间服务。支持和培育文化类社会组织与志愿者团体，鼓励其参与新型公共文化空间相关服务项目，打造具有地方特色的文化品牌，提高新型公共文化空间的吸引力和影响力。此外，需要增强地方政府建设新型公共文化空间的责任意识，在顶层设计中，建立健全新型公共文化服务的评估标准、评估体系，加强社会公众对服务效能的评价和监督，加强对公共文化事业发展满意度的调研，及时反馈问题，推广好的经验和做法，将社会公众喜欢、投资不大，具有灵活性、公益性的新型公共文化空间做大做强，从而使公共文化事业在新的历史时期发挥更大的作用。

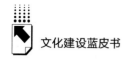

（三）提高核心竞争力，应对文化产业发展面临的问题与挑战

内容创作生产领域内容原创能力不足和创意设计服务行业发展乏力的问题，具体表现为：一是知识产权的保护和行业规范问题；二是创作者的专业技能和创新能力不足问题。对于第一个问题，主要对策有提高创作者的知识产权保护意识，强调原创的重要性。从目前看，鼓励原创内容生产和传播的行业标准正在规范完善。对于创作者专业技能和创新能力不足的问题，要建立激励机制，鼓励相关文化产业企业，通过设立原创奖项，激励创作者进行创新；打造有利于原创内容发展的平台，为创作者提供展示和交流的空间。在经济和社会的转型期，人们对文化产品有了更多的新需求、新期盼。要为创作者提供与现实需求相适应的交流平台，鼓励不同行业、不同领域的合作，拓宽创作视野和素材来源渠道。同时，要利用国家艺术基金，为原创项目提供资金支持，降低创作风险。需要提及的是，从目前看，内容创作生产和创意设计服务企业还面临专业人才短缺、市场无序竞争问题。为了发挥产业集群作用，引导市场有序竞争，不仅需要从顶层设计中寻找答案，而且需要在底层逻辑中发现问题。内容创作生产、创意设计服务行业的风险转移以及创新人才培养是一个战略性问题，国家要有长远的战略目标，行业和企业需要建立长效机制。

（四）提高文化发展满意度和增强文化自信的策略

对于提高社会公众的文化发展满意度而言，需要精细化、多样化、多层次的文化产品供给和服务，以满足不同群体的需求。同时，要完善公共文化服务体系，如图书馆、博物馆、文化中心等，使之成为社会公众享受文化发展成果、提高感知度的最佳空间。目前，社会公众对图书馆、博物馆、文化中心的文化服务需求较大，公众对博物馆的需求"热度"也前所未有，各地也采取了相应的措施满足公众需求，但还是不能完全满足公众的需要。特别是县级及以下文化馆、博物馆、图书馆的发展，还处在典型县域发展得好、多数县域不温不火的状态。因此，在文化发展项目规划和实施中，要鼓励公众参与，使文化"四馆"的发展更贴近民众。要进一步发展"云博馆"，丰富"云文化活动"，提高文化供给的多样性，注重文化产品质量的提升，推动文化发展与乡村振兴和美丽城市建设等战略有机结合，使人们增强认同感、获得感，进而提高满意度。

对于增强社会公众的文化自信，除了要进一步结合本地实际丰富培育和践行社会主义核心价值观的文化活动外，还要结合实际进行传统文化教育，弘扬民族优秀传统文化，增强中华文化认同感。特别是加强对文化遗产的保护和传承，让公众感受民族文化的独特魅力。比如，让中华优秀传统文化进一步嵌入生活环境，体现在生活中、展示在娱乐中，润物细无声地增强社会公众的文化自信。同时，要鼓励在传统文化基础上进行创新，使传统文化与现代生活相结合，焕发新的活力。特别是要在基层多开展各种形式的文化活动，如艺术节、书展、电影节等，展示文化成就。媒体应多报道文化领域的正面信息和成就，提升公众的文化自豪感。利用新媒体和传统媒体，广泛传播优秀文化，增强公众的文化认知。通过国际交流，推广中华文化，提升国家文化软实力。鼓励公众参与文化活动，如社区文化活动、群众艺术活动等，让公众成为文化建设的主体。发展文化志愿服务，让更多人通过实际行动参与文化传承和发展。通过这些措施，可以逐步增强社会公众的文化自信和获得感，形成全社会共同参与文化建设、共同享受文化发展成果的良好局面。此外，在试点的基础上，建立文化自信评价体系和评价指标，定期评估公众的文化自信水平。开展舆情监测，防止个别地方将增强文化自信的实践虚无化、形式化。

分类报告

B.2

"中国文化发展现状（2023~2024）"问卷调查及样本分析

张智敏　张彦龙*

摘　要： 2023~2024年，湖北大学高等人文研究院社会调查中心组织开展了"中国文化发展现状（2023~2024）"问卷调查。调查采用线上线下相结合的方式，旨在了解中国文化发展状况，特别是《"十四五"文化发展规划》的实施情况，问卷调查公众对公共文化服务、文化产业发展、文化遗产保护等"六大体系"建设的认同度和满意度。通过对问卷及样本进行地理信息可视化与频数分析，发现受访者在文化消费、信息获取、民生关注度等方面存在显著差异，样本的离散性特征显著。同时，利用词频分析、共现矩阵和关联规则等方法，对"数字化、智能化""高质量发展"等受到广泛

* 张智敏，湖北大学师范学院（田家炳教育学院）教授、硕士生导师，湖北大学高等人文研究院、中华文化发展湖北省协同创新中心研究员，主要研究方向为教育与经济、公共文化发展管理、人口老龄化；张彦龙，湖北大学高等人文研究院智库平台建设办公室主任，中华文化发展湖北省协同创新中心助理研究员，主要研究方向为数据挖掘、信息检索、数据可视化。

关注的热词进行分析，梳理出三大高正关联板块与三大高负关联现象。研究发现，数字化技术对经济与民生的赋能作用显著，公众对环境议题和民生问题的关注度持续上升，文化发展与经济发展的协同性、技术创新驱动下的文化融合、社会结构变迁引发的多维矛盾成为2023~2024年文化发展的核心议题。由此，本报告提出应加强技术与文化的深度融合创新，提高公共文化服务保障能力，优化社会治理对文化热点的响应机制，以科技赋能和制度设计应对复杂社会挑战。

关键词： 中国文化发展　公共文化服务　文化产业　文化遗产保护

为了解2023~2024年中国文化发展状况，特别是《"十四五"文化发展规划》和相关文件的落实情况，以及习近平文化思想贯彻落实情况，湖北大学高等人文研究院社会调查中心（以下简称"调查中心"）于2023年11月至2024年5月进行了"中国文化发展现状（2023~2024）"问卷调查。此次调查采取了委托调研公司在线推送问卷和对重点人群有针对性地开展线下调研相结合的方式，取得了预期的调研成果，为《中国文化发展报告》的研创提供了事实依据与数据支持。

此次调查由湖北大学高等人文研究院名誉院长、中华文化发展湖北省协同创新中心主任江畅教授主持，由调查中心负责组织实施。此次调查问卷的设计在总结了近年调研工作经验的基础上，征集《中国文化发展报告》研创人员的意见和建议，根据研创目标，经过筛选、整理而最终形成。问卷有单选题、多选题、测量题（量表题）三种题型。

一　问卷及样本分析

问卷设置了单选题7道，主要了解被调查者的性别、年龄、学历、职业、收入和文化消费支出状况，以及利用手机获取文化资讯的时间差异等基

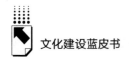

本信息。多选题一共有 30 道，测量题（量表题）一共有 44 道。调查和测量的内容涵盖了人们对文化发展的总体感知与评价，以及对公共文化服务发展体系、文化产业发展体系、文化遗产保护传承利用体系、文化和旅游发展科技创新体系、全媒体融合创新体系、文化和旅游融合发展体系"六大体系"建设现状的认同度、满意度。

1. 对文化发展的总体感知与评价

具体内容包括人们对文化发展、党的领导与文化自信（制度优势、文化优势、成就优势、本质优势）的获得感以及对新时代文化发展的新要求、新期待，对培育和践行社会主义核心价值观成效、"四史"教育与文化发展的感知与评价。

2. 对公共文化服务建设的认知与评价

具体内容包括人们对城乡文化广场、文化馆、图书馆、艺术馆建设发展的感知，对基层文化设施标准化建设水平与服务质量改进成效的评价，对数字文化服务平台功能实现度与资源可及性以及群众文化活动的满意度，对基层社区文化建设、文艺活动成效、文化活动发展与特殊群体文化需求的关注度。

3. 对文化产业与创新发展的认同与评价

具体内容包括人们对文旅市场融合发展与创新、文化市场主体活力、产品创新度、市场信用体系建设等关键要素的问题与整治情况的评价，对文旅产品需求偏好、文旅消费水平、乡村文旅融合发展、文化产业与经济发展的认同与评价。

4. 对文化工程建设与文明水平提升的认同与获得感评价

重点考察人们对重大文化工程建设的知晓度，对公共文化建设工程、非遗建设工程、红色文化保护工程、文化惠民工程、基层文化建设与乡村振兴中文化建设的获得感。

5. 对中国文化发展的国际视野的感知与认知评价

具体内容包括人们对中国文化发展国际影响力的感知度，对"一带一路"建设发展与国际文化交流、跨境旅游文化传播效能、现代科技媒体发展与文化对外交流和传播成果的评价。

6. 对新媒体传播和发展的认同与评价

具体内容包括人们对融媒体发展、传播，文化科技建设，大数据整合与风险管理，文化数字监管与文化资源保护，文化产品与文化品牌的认同和评价，对国产影片创新、文化大数据资源保护利用情况的认知，对全媒体融合创新在文化发展中的实践成效与民众认知以及对文化品牌网络传播的认同度。

7. 对文旅融合高质量发展的感知与评价

具体内容包括人们对文旅市场融合发展与创新、地方经济发展的双向驱动效应、生态文明与美丽中国建设、美丽乡村文化与文明建设、地方文化与特色文化挖掘的感知与评价。

为了分析被调查者对调查内容的认同度、关注度、获得感以及对相关问题的不同感受和评价，测量题（量表题）采用自陈式答题方式，按照李克特量表的五级区分度，用1~5进行度量，即"非常不同意"、"不同意"、"不清楚"、"同意"和"非常同意"，分别用1、2、3、4、5表示。在做具体统计分析时，可以根据研究需要进行认同或不认同（"同意"或"不同意"）的概率分析，也可以进行认同度、关注度、获得感等的水平以及差异分析。

此次问卷调查有效样本涉及31个省（区、市）和香港特别行政区、澳门特别行政区、台湾省及海外华人。国内样本来源涉及321个市（州、盟、地区）、1503个县（市、区、旗）、3284个街道（镇、乡）、4667个社区（村），国外样本来源涉及新西兰、澳大利亚、秘鲁。

按照国家职业分类和《中国文化发展报告》的研创需求，此次问卷调查对被调查者的职业进行了分类，具体分为工人、农民、专业技术人员、党政机关工作人员、教师、学生、服务行业从业人员、企业管理人员、国家党群机关及企事业单位负责人、自由职业者10个类别。

在此次问卷调查中，问卷的推送与回收全面实现了无纸化、数字化和网络化。具体实施过程中，采用了以下两种形式：一是高研院与广州见数科技

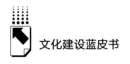
有限公司签订委托合同，明确提出相关要求和调查规范，通过该公司平台建立在线问卷模板，进行网络配对抽取样本，被调查者在线完成问卷填写并提交后，平台自动回收数据，平台再将采集回收的原始数据提交给调查中心。二是为解决调研公司所覆盖的被调查者（网民）年龄分布偏态问题，根据往年在线调查经验，调查中心利用腾讯问卷平台自行创建网络版问卷。组织专业调查人员，采用"一对一"及"人机互动"的方式，对50岁及以上的被调查者进行调查。调查人员向被调查者详细说明调查目的，讲解填写要求和注意事项，并及时解决其在填写过程中遇到的问题，协助其完成问卷。调查中心组织专业人员对源数据进行初步检查，创建SPSS数据模板，通过设置测谎题检验以及大样本与小样本对比检验，剔除无效问卷，最终确定有效问卷数量。

此次调查回收问卷6332份，经过严格的有效性检查和数据清洗，剔除72份无效问卷，有效问卷为6260份，有效问卷占回收问卷的比重为98.86%。为了更有效地利用和挖掘调研成果，调查中心委托湖北大学师范学院（田家炳教育学院）张智敏教授建立了数据分析模板，对回收的问卷进行系统分析并构建数据库，绘制了数据可视化云图以及基础数据和基本数据分析表、数据合成表等，对分类数据做了大量的差异性检验。

在6260份有效问卷样本中，属于城市（县及以上）的被调查者共4768人，占比76.17%；属于农村（乡镇及以下）的被调查者共1492人，占比23.83%。男性人数为3001人，占比47.94%；女性人数为3259人，占比52.06%，样本中女性略多于男性，性别比基本平衡。

按10岁一组进行分组，各年龄组人数分布如下：19岁及以下（最小年龄为18周岁）占6.79%，20~29岁占39.12%，30~39岁占31.73%，40~49岁占12.65%，50~59岁占7.40%，60岁及以上（最大年龄为78岁）占2.32%。被调查者的年龄集中在20~39岁，平均年龄为32岁（2021年为34岁），年龄中位数为31岁（2021年为32岁），众数为26岁。从整体看，被调查者年龄趋于年轻，"青年化"的年龄结构与当前网民年龄结构现状有很大的关联性。

根据《第54次中国互联网络发展状况统计报告》，从网民规模来看，截至 2024 年 6 月，网民城乡结构显示，城镇占 72.3%，农村占 27.7%；年龄结构显示，30~39 岁、40~49 岁、50~59 岁网民占我国总体网民比例分别为 19.3%、16.7% 和 19.0%，高于其他年龄段群体。[①] 此次问卷调查采取组织专门调查人员对年龄 50 岁及以上的群体进行重点调查的方式，一定程度上矫正了被调查者的年龄分布偏态问题。

为了使被调查者更具代表性，调查中心通过平台推送问卷时，设定了特定的年龄起始点，同时采用禁止重复 IP 地址填写的技术手段，有效避免了"网虫"恶意填写的问题；同时，为了提升调查对象的离散性，调查中心对区域问卷填写数量设定上限，从而提升样本离散性。从样本的区域分布情况来看，调查的覆盖面广，且样本的离散性特征显著。

为了分析样本在行政区划之间的分布特征以及在调查时被调查者居住（停留）、集聚或者离散的特征，调查中心将所获得的 6260 个有效样本，按样本来源的行政区划和按 IP 地址的经纬度分布，分别绘制了"样本分省份分布图"和"样本 IP 地址经纬度分布图"[②]。从样本在全国行政区划中的分布看，广东省的样本最多，占 12.19%；湖北省（3.07%）、江西省（3.16%）、湖南省（3.87%）、云南省（3.98%）、河北省（4.19%）、四川省（4.58%）、江苏省（5.62%）、河南省（5.73%）、北京市（6.12%）、山东省（6.26%）、上海市（6.36%）11 个省市的样本，占比居于 3.07%~6.36%，西藏、青海、宁夏、海南、甘肃 5 个省区的样本较少，占比均在 1% 以下；其他 14 个省（区、市）的样本占比居于 1.33%~2.96%。港澳台地区样本合计占 0.37%，另有部分海外样本，数量在统计学上不具有代表性。

在对样本 IP 地址经纬度分布特征进行分析时发现，以经典的黑河—腾冲线为界，该线以北获取的样本数量显著少于该线以南地区。究其原因，黑河—腾冲线以北地区人口密度相对低于该线以南地区，且经济发展水平与科

---

① 《第 54 次中国互联网络发展状况统计报告》，中国互联网络信息中心网站，2024 年 8 月 29 日，https：//www.cnnic.net.cn/NMediaFile/2024/0911/MAIN1726017626560DHICKVFSM6.pdf。

② 根据我国《地图管理条例》的相关规定，具体分布图没有在本报告中列出，若需查看分布图，请与湖北大学高等人文研究院联系。

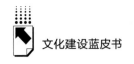

技应用程度也不及该线以南地区。换言之，此次调查的样本分布情况，与我国人口分布格局相契合，亦与我国经济发展态势相呼应。

样本的职业分布离散性好，样本职业占比由高到低依次为：学生占25.21%，企业管理人员占22.91%，专业技术人员占16.87%，服务行业从业人员占8.71%，自由职业者占6.58%，教师占5.89%，工人占5.10%，党政机关工作人员占4.84%，农民占2.06%，国家党群机关及企事业单位负责人占1.84%，样本达到了预期的职业覆盖面。

样本中高学历人数居多，受过高等教育的人数占样本总人数的90%以上。高学历人数占比比2021年增加12.14个百分点。此外，初中及以下学历人数占3.59%，高中（中专）学历人数占5.99%。

从样本的月收入构成看，月收入由低到高分布情况依次是：3000元及以下占25.21%，3001~5000元占17.14%，5001~8000元占21.76%，8001~10000元占14.52%，10000元以上占21.37%。样本人均月收入为6475.99元（3000以下取值2000元，10000元以上取值12000元），与2021年的调查样本人均月收入6015.93元比，增加了460.06元。

在数智化时代背景下，智能手机已然成为人们获取资讯的核心工具，其使用频率与时长仍呈现高位增长态势。从被调查者一天中通过手机了解资讯的时间分布看，选择占比由高到低依次是，3~5小时占43.26%，1~2小时占31.68%，6~8小时占14.41%，8小时以上占6.21%，1小时以下占4.44%。2小时及以下的人数占比（36.12%）与2021年（48.80%）相比有所减少；3小时及以上人数占比（68.88%）有所增加，人们用手机上网的时间明显增加。

从被调查者一年中的文娱、旅游消费支出情况看，1000元以内占31.01%，1000~2999元占25.91%，3000~4999元占16.85%，5000~10000元占15.21%，1万元以上占11.02%，呈现"低消费，高占比"的特征。样本的人均年消费支出为3841.42元、人均月消费支出为320.12元，与2021年调查样本的人均年消费支出2636.43元、人均月消费支出219.70元相比，分别提升了1204.99元、100.42元。

二 年度热词分析

年度热词也称年度流行语，它是网络年度热词或者流行语的结合体。年度流行语已经成为凝聚年度时代大背景、社会大环境和生命大体悟的一种文化新景观。年度流行语可以作为社会的一面镜子，帮助我们对过去一年文化发展新景观进行"全景式的解读"和"总览式的回顾"[①]。它不仅反映了社会的关注焦点，还揭示了文化、科技、环境和经济发展等多个领域的内在联系。

（一）热词排序分析

此次问卷调查设置了 20 个热词作为备选，供被调查者选出 10 个流行词语，并通过词频分析、共现矩阵、关联分析等方法进行了深入分析。从被调查者选择的结果看，"数字化、智能化""核污染""高质量发展""人口老龄化""新时代文明创建实践""巴以冲突""大数据""一带一路""房价""杭州亚运会"等热词进入前 10，具体见表 1。

被调查者选择"数字化、智能化"的占比[②]为 83.93%，选择"核污染"的占比为 82.09%，选择"高质量发展"的占比为 68.21%，选择"人口老龄化"的占比为 61.05%，选择"新时代文明创建实践"的占比为 60.56%，选择"巴以冲突"的占比为 59.33%，选择"大数据"的占比为 57.92%，选择"一带一路"的占比为 56.13%，选择"房价"的占比为 55.42%，选择"杭州亚运会"的占比为 55.38%。图 1 是根据词频绘制的可视化云图。

---

① 倪昕怡：《浅析 2020 年度流行语"内卷"的形成原因和流行趋势》，《汉字文化》2021 年第 18 期。

② 指选择人数占有效样本比重。

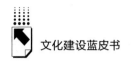

表1 2023年受到广泛关注的热词排序（多选）

单位：人，%

排序	分类	人数	占有效样本比重	占选择人次比重	排序	分类	人数	占有效样本比重	占选择人次比重
1	数字化、智能化	5254	83.93	8.40	11	绿色发展	3426	54.73	5.48
2	核污染	5139	82.09	8.22	12	东方甄选	3274	52.30	5.24
3	高质量发展	4270	68.21	6.83	13	ChatGPT	3225	51.52	5.16
4	人口老龄化	3822	61.05	6.11	14	美丽中国	2674	42.72	4.28
5	新时代文明创建实践	3791	60.56	6.06	15	显眼包	2221	35.48	3.55
6	巴以冲突	3714	59.33	5.94	16	村超	1992	31.82	3.19
7	大数据	3626	57.92	5.80	17	多巴胺	1945	31.07	3.11
8	"一带一路"	3514	56.13	5.62	18	党史学习	1414	22.59	2.26
9	房价	3469	55.42	5.55	19	债务危机	1315	21.01	2.10
10	杭州亚运会	3467	55.38	5.54	20	考古新发现	982	15.69	1.57

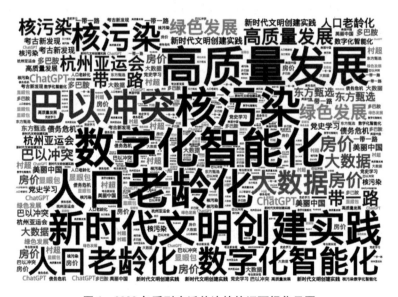

图1 2023年受到广泛关注的热词可视化云图

不同机构在选择流行语时，既有共同关注的热点，也有各自侧重的领域。这些流行语不仅记录了当年的社会变迁，也反映了不同社会群体的价值观念和生活方式。2023 年 12 月《咬文嚼字》编辑部发布"十大流行语"："新质生产力""双向奔赴""人工智能大模型""村超""特种兵式旅游""显眼包""搭子""多巴胺××""情绪价值""质疑××，理解××，成为××"①；国家语言资源监测与研究中心"2023 年十大流行语"包括高质量共建"一带一路"、全球文明倡议、数字中国、杭州亚运会、核污染水、巴以冲突、大语言模型、村超等。

通过对比分析，此次问卷调查的年度流行词语有明显的年度特征和创新特征。在年度特征方面，如"数字化、智能化"热词，折射出以人工智能大模型 ChatGPT 为代表的人工智能技术应用进入了一个全新时代，数字化、智能化技术应用的发展，将改变人类的生产生活甚至思维方式。从时代背景看，"数字化、智能化"热词获选率排名第一，与 2023 年国家提出的转变发展模式，拓展数字化、智能化应用场景等理念和思路有密切的关系。在创新特征方面，如"新时代文明创建实践"与"高质量发展"有紧密的联系，"人口老龄化"与"房价"有紧密的联系，"债务危机"与"房价"有紧密的联系，即这些热词的关联性与 2023 年提出发展新质生产力和创新发展的宏观背景有关，也与年度文化创新发展和社会经济发展的特征有关。

一是"数字化、智能化"。2023 年 2 月 27 日，中共中央、国务院印发《数字中国建设整体布局规划》，提出数字中国建设的整体框架，"数字化、智能化"将全面赋能经济社会发展，反映我国在数字化和智能化领域取得了显著进展，表明人工智能等新兴技术正引领我们进入一个全新的时代，技术的进步将深刻改变人类的生产方式、生活方式乃至思维方式，催生以数字化、智能化为特征的新文化现象，因此引起了人们的高度关注。

二是"核污染"。2023 年 8 月 24 日，日本政府和东京电力公司启动了福岛第一核电站核污染水排海项目，引起了国际社会的广泛关注和担忧，此

---

① 《2023 年十大流行语发布》，"中国新闻网"微信公众号，2023 年 12 月 4 日，https://mp.weixin.qq.com/s/qWPwxbalRbSHaWqdF8ipJA。

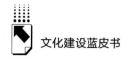
举对海洋环境和国际法治构成严重挑战，将对环境和生物造成长期影响①。公众对海洋生态和人类健康受到的威胁给予了高度重视，核污染水排海问题不仅引起了广泛关注，也预示着人们的环保意识和生态保护文化将得到进一步的发展和强化，或将形成新的环保思维文化。

三是"高质量发展"。2023 年 3 月 5 日下午，习近平总书记参加十四届全国人大一次会议江苏代表团审议，集中系统地阐述了全面建设社会主义现代化国家的首要任务——"高质量发展"。"经济运行持续回升向好，高质量发展基础巩固夯实"表明党和国家领导人高度重视"高质量发展"在国家层面的战略意义，人们也意识到在新的社会经济发展时期，高质量发展不仅是经济增长的一种方式，更是一种发展理念和文化，已经深入人心，并在经济生活中发挥重要作用。

四是"人口老龄化"。该词连续多年入选"十大热词"，《2023 年度国家老龄事业发展公报》显示，截至 2023 年末，全国 60 周岁及以上老年人口29697 万人，占总人口的 21.1%，65 周岁及以上老年人口占比达 15.4%。另据公报，截至 2023 年末，全国共支出老年福利资金 421.7 亿元、养老服务资金 223.2 亿元。说明国家近几年推出的一系列积极应对人口老龄化的政策产生了培育积极养老文化的社会效应。

五是"新时代文明创建实践"。该词的入选反映了落实《"十四五"文化发展规划》、实施文明创建工程的绩效。《"十四五"文化发展规划》明确提出，"以实施文明创建工程为抓手，推动文明培育、文明实践、文明创建不断深入"，并创新开展各类精神文明创建活动，如文明城市、文明村镇、文明单位、文明家庭、文明校园建设及未成年人思想道德工作等，并拓展新时代文明实践中心。同时说明，人们已经认识到在中国式现代化建设中，具有新时代特色的文明创建实践活动具有不可替代的重要作用。

六是"巴以冲突"。巴以冲突依然是国际社会关注的焦点。2023 年 10

---

① 《日本 24 日启动福岛第一核电站核污染水排海》，新华网，2023 年 8 月 24 日，http：//www.news.cn/world/2023-08-24/c_ 1129820490. htm。

月 7 日新一轮巴以冲突爆发，[①] 引起了国际社会广泛的关注和担忧。

七是"大数据"。2023 年 10 月 25 日，国家数据局正式揭牌成立，12 月 31 日，国家数据局联合 16 个部门发布了《"数据要素×"三年行动计划（2024—2026 年）》，为大数据的深度应用和产业发展提供了明确的方向和政策支持，进一步推动了大数据在经济社会各领域的广泛应用，使得人们对数据的概念更加明确，对数据的经济性、安全性意识明显提升。

八是"一带一路"。2023 年是"一带一路"倡议提出十周年，中国成功举办了第三届"一带一路"国际合作高峰论坛，习近平主席出席论坛开幕式并发表主旨演讲，提出了中国支持高质量共建"一带一路"的八项行动，从实践层面推动了"一带一路"建设。此外媒介传播的高频率、国际社会的高参与度、建设成果的高显示度，使人们对共建"一带一路"的认知和认同显著提升。

九是"房价"。这一热词的上榜反映了房地产市场的波动和房价问题对普通民众生活的巨大影响。房价的波动和调控政策的调整一直是公众关注的焦点。2023 年，全国百城商品住宅成交规模低位再降，延续筑底行情。尽管政策环境已接近 2014 年最宽松阶段，但居民收入预期弱、房价下跌预期仍在等因素依然扰乱市场修复节奏[②]。住房问题不仅是经济问题，更是社会问题，它关系千家万户的生活质量和幸福感。因此，房价问题已经成为社会文化中不可忽视的一部分，影响着人们的价值观和生活方式。

十是"杭州亚运会"。作为一项国际性体育盛事，由于受新冠疫情影响延期，杭州亚运会的举办引起了广泛的关注和期待。这是党的二十大胜利召开之后我国举办的规模最大、水平最高的国际综合性体育赛事。这不仅是对杭州这座城市的一次国际展示，也是对中国体育事业和国际形象的一次提

[①]《巴以冲突出现升级态势 哈马斯宣布对以采取新一轮军事行动》，新华网，2023 年 10 月 7 日，https：//www.xinhuanet.com/world/2023-10/07/c_ 1129902759.htm。

[②]《中指研究院：当前政策环境已接近 2014 年最宽松阶段，明年楼市恢复仍依赖于购房者预期能否修复》，新浪财经，2023 年 12 月 9 日，https：//finance.sina.com.cn/jjxw/2023-12-09/doc-imzxitxm6914683.shtml。

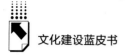
升。亚运会的筹备和举办过程中，相关的文化、旅游、经济活动被激活，形成一种以体育精神为核心的文化现象，促进了体育文化的发展和传播。

此次问卷调查的年度热词结果与《咬文嚼字》列出的"十大流行语"相比，更有社会文化新现象的说明意义，与国家语言资源监测与研究中心发布的"2023年十大流行语"更加接近。通过对这些热词的分析可以发现，社会文化现象的形成往往与社会经济发展、国际关系、环境保护、人口结构变化等因素紧密相关。这些热词不仅反映了公众的关注点，也揭示了社会文化的发展趋势和变化情况。

（二）热词关联分析

关联分析是一种能反映两种因素之间关联性的数据挖掘规则，在关系数据或其他信息载体中，查找存在于项目集合或对象集合之间的频繁模式、关联性、相关性或因果结构的技术。[1] 关联规则的强度和意义可以通过支持度、置信度和提升度来衡量。这些指标能够测量词语间的非对称关联特征，分析热词间的协同出现特征，有效衡量两个事件同时发生的概率与其独立发生概率的比值关系。同时，消除二元变量处理的失真，解决线性相关假设的不适配问题，有效捕捉不对称关联关系，有效克服相关系数在词频共现分析中的局限性。

通过引入提升度和置信度双指标构建热词关联评估体系，如果词A、词B的提升度和置信度都较高，那么可以认为词A和词B之间存在较强的关联关系。这种方法可以用于发现文本中的潜在模式和关系，在文本分析中发现词语的共现关系。

提升度用于衡量词A出现对词B出现的概率增益效应，表达式为：

$$\text{Lift}(A \rightarrow B) = \frac{P(A \cap B)}{P(A) \cdot P(B)} = \frac{N \cdot \text{Count}(A \cap B)}{\text{Count}(A) \cdot \text{Count}(B)}$$

---

① 参见《中国大百科全书》第三版网络版，https：//www.zgbk.com/ecph/words？SiteID = 1&ID = 509979&Type = bkzyb&SubID = 223149。

其中 N 表示总样本量（$N=6260$）；Count（A）表示包含词 A 的文本数量；Count（B）表示包含词 B 的文本数量；Count（A∩B）表示同时包含词 A 和词 B 的文本数量。

若 Lift＝1，表示词 A 与词 B 独立出现无关联；若 Lift>1 表示正向关联，词 A 出现时词 B 出现概率是基础概率的 Lift 倍；若 Lift<1 表示负向关联，词 A 出现会抑制词 B 的出现。

置信度用于反映关联规则的可靠性，表达式为：

$$\text{Conf}(A \rightarrow B) = \frac{\text{Count}(A \cap B)}{\text{Count}(A)}$$

若 Conf≥0.6 表示强规则（共现具有稳定性）；若 0.4≤Conf<0.6 表示具有潜在关联，需结合 Lift 结果进一步判断，若 Conf<0.4 表示弱关联，说明可能为偶然现象。

运用分析方法，通过检查相关矩阵表，可以识别出高正相关和高负相关的词对，并据此进行进一步的分析。分析发现"新时代文明创建实践"与"高质量发展"、"一带一路"等政策性术语表现出显著的共现关系；技术类术语如"数字化、智能化"与"大数据"在语料中呈现正相关，验证了技术集群概念的协同演化特征；关联模式均在相关矩阵中得到呈现。

1. 高正相关热词

（1）文化经济协同板块

"新时代文明创建实践""高质量发展""一带一路""绿色发展""考古新发现""美丽中国""党史学习"（Lift＝1.05~1.14，Conf≥0.64）。本组概念紧密相连，均属国家战略话语体系，体现了文化与经济发展的融合，表明了在中国式现代化的进程中，文化发展与经济增长之间的联系。在追求高质量发展的过程中，文化的力量和文明的进步被视为重要的推动因素，显示了文化自信与国际合作之间的紧密联系，反映了中国在全球文化交流和经济合作中的活跃角色，印证了生态文明建设作为中华文明现代化进程的核心要素地位，在社会认知中已形成"绿水青山就是金山银山"等意识形态

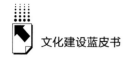

关联。

（2）技术融合创新集群

在数字经济领域，"数字化、智能化"与"大数据"的互动较多（Lift＝1.01，Conf＝0.81），交叉提升特征反映高新技术的融合扩散，构成数字经济基础技术矩阵，显示了数字化转型与大数据应用之间的密切联系，反映了人工智能技术在新时代的重要性。"数字化、智能化"与"绿色发展"形成的跨领域关联（Lift＝1.04，Conf＝0.87）值得注意，说明环保和绿色能源等议题受到重视，公众已认识到数字化技术对绿色转型的赋能作用。

（3）民生问题耦合网络

"人口老龄化"与"债务危机"展现最显著的正向关联（Lift＝1.15，Conf＝0.70），一方面反映了公众对养老保障财政压力的担忧，另一方面提示社会成本转嫁的认知共识。二者又与"房价"形成二次关联，这一组合可能指向了人口结构变化对房地产市场的潜在影响，特别是在养老需求和居住环境改善方面，亦可能构建"老龄化—债务压力—住房负担"的民生问题认知链。

此外，"显眼包"与"多巴胺"虽具有理论最高提升度（Lift＝1.685），但置信度仅为0.52，这类弱实质关联的高曝光现象，反映了网络流行语的"梗式传播"特征与青年亚文化传播中的标签化泛用特征，提示我们警惕网络传播存在语义稀释。

2. 高负相关热词

（1）国际议题对冲现象

"巴以冲突"与"绿色发展"的显著负向关联（Lift＝0.81，Conf＝0.48），形成强烈的对比，反映了公众对于国际冲突与环境保护的不同关注点。巴以冲突代表了国际政治的紧张局势，而绿色发展则强调可持续性和环境保护。这种负相关性表明，在冲突背景下，环境保护、可持续发展等积极议题被边缘化，地缘冲突在公众认知中产生明显的议题挤出效应。

"核污染"与"美丽中国"（Lift＝0.91，Conf＝0.39）反映了公众对核污染问题的担忧，以及对建设美丽中国的强烈愿望，两者在公众关注点上形成了一种对比。核污染通常与环境破坏和生态危机相关联，而"美丽中国"则强调生态文明建设和环境保护，同时表明在核污染问题日益严重的背景下，公众对美丽中国建设的关注提高和呼声增强。

（2）技术期望落差预警

"ChatGPT"与"数字化、智能化"（Lift＝0.97，Conf＝0.69）关联显著偏弱，作为人工智能技术的一种应用，ChatGPT与数字化、智能化的发展趋势一致的同时，提升度略小于1，ChatGPT代表颠覆性创新，而数字化、智能化更多指向渐进性创新，表明ChatGPT对数字化、智能化的推动普及作用相对有限。ChatGPT的讨论更多局限于内容生成领域，生成式AI在内容生产场景横向爆发，却很难形成流程再造等纵深场景。

（3）网络文化话语冲突

"人口老龄化"与"多巴胺"、"显眼包"异常排斥（Lift＝0.84，Conf＝0.51；Lift＝0.81，Conf＝0.50），反映了严肃社会问题与娱乐化表达间的语境鸿沟，人口老龄化涉及社会结构变化和老年人口增加带来的挑战，多巴胺在心理学与网络流行语中的语义异化导致分析偏差，而显眼包通常指那些在社交媒体上非常活跃、引人关注的人或事物，表明公众在关注社会养老压力等社会问题时，对网络流行文化的关注度相对下降，两者在公众关注点上存在一定的对立。

三　结语

此次问卷调查通过线上线下相结合的方式，覆盖了不同性别、年龄、学历、职业和收入层次的公众，样本具有广泛的代表性。问卷设计科学合理，涵盖了文化发展的多个维度，重点测量了公众对"六大体系"建设现状的认同度和满意度。问卷样本分析揭示文化发展"六大体系"建设的公众认知图景，调查结果显示，公众对文化发展的总体感知较为积极，但对部分领域的满意度仍有提升空间。数据表明，文化消费支出与收入水平呈正相关，且公众对数字化、智能化技术在文化领域的应用关注度较高。

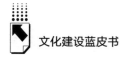
通过对年度热词的深度调查与关联分析研究，实现了社会焦点与文化趋势的解码。可以清晰地看到，这些词语不仅承载了年度特征和创新趋势，还更深层次揭示了社会文化发展的多维交织态势。从热词的排序来看，"数字化、智能化"位居第一，显示出数字技术对经济社会发展的全面赋能。排名第二的"核污染"说明公众对环境和健康的担忧。此外，"人口老龄化"和"房价"问题持续受到关注，反映了社会结构变化和民生问题的重要性。这些热词在文本中的紧密联系，不仅反映了公众的关注点，也揭示了社会文化的发展趋势。关联分析结果显示，高正相关的词对体现了文化与经济的深度融合，反映了技术创新对文化发展的推动作用；高负相关的词对显示国际议题与可持续发展冲突现象，网络文化话语的冲突暴露出代际文化割裂、青年亚文化表达与老龄化议题沟通的结构性断裂，反映了严肃社会问题与娱乐化表达间的语境鸿沟。

基于上述分析，建议进一步促进文化与经济的融合，加强文化建设，推动文化产业与实体经济的深度融合，提升国家文化软实力和国际影响力；加强科技伦理和数据安全教育，建议在高校和科研机构中加强相关领域的伦理和安全教育，培养具备良好职业道德和技术素养的专业人才，以应对技术发展带来的挑战；推动绿色发展政策，建议政府和企业加大环保投入，推动绿色技术和可持续发展战略，提升公众的环保意识和参与度；关注老龄化社会的需求，加大对老年人社会保障和健康服务的投入，完善养老服务体系，提升老年人的生活质量，缓解社会结构变化带来的压力。

B.3
中国公共文化服务
发展报告（2023~2024）

蔡利平*

摘　要： 近年来，随着城市化进程的加快和信息技术的不断发展，公共文化服务的需求持续增长，我国在推动公共文化服务领域创新改革的同时，不断优化公共文化资源配置、提升公共文化服务水平、加强公共文化产品供给，以满足群众的精神生活需求。2022~2023 年，我国公共文化服务成就主要表现在公共文化空间建设数量与服务质量双提升、博物馆等文化云平台的数字化建设成效明显、群众文化活动作用突出、红色文化保护成效显著、村级文化活动丰富多彩等方面。然而，尽管自"十四五"规划实施以来我国公共文化发展取得了一定成绩，但是还存在一些问题，主要包括公共文化服务专业化与规范化水平有待提高、公共文化服务标准不完善与监督检查力度不足、公共文化活动覆盖面窄与普及成效不理想等问题。为此，应当加强公共文化服务人才队伍建设，促进公共文化服务专业化；扎实执行公共文化服务标准，加强公共文化服务机构的监督评估；继续推进公共文化服务数字化建设，扩大公共文化活动覆盖面。

关键词： 公共文化服务　数字化　专业化

---

* 蔡利平，湖北大学高等人文研究院助理研究员、哲学学院博士研究生，主要研究方向为伦理学、政治哲学。

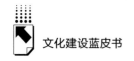
本报告主要分析 2022~2023 年中国公共文化服务发展现状，总结公共文化服务取得的主要成就，剖析其存在的问题，并有针对性地提出对策建议。

一　中国公共文化服务供给的基本情况

（一）公共文化服务供给总体情况

2022~2023 年，各级政府及相关部门制定了一系列公共文化服务政策，主要涉及基础设施建设、服务标准提升、财政资金保障、专项人才培养等方面，为推动我国公共文化服务高质量发展提供了政策保障。

一是关于公共文化服务的相关政策指导、规划及要求。一方面，国家层面出台了一系列具有指导性的政策文件，如《"十四五"文化发展规划》《"十四五"公共文化服务体系建设规划》《文化和旅游部　国家发展改革委　财政部关于推动公共文化服务高质量发展的意见》等。另一方面，大多数省份也出台或修订了与公共文化服务相关的政策，如《北京市公共文化服务保障条例》《山西省公共文化服务保障条例》《关于推动湖北省公共文化服务高质量发展的实施意见》《安徽省"十四五"公共服务规划》等。

二是关于公共文化服务规范标准、财政支持及专项人才培养的管理办法、实施方案。主要包括《国家基本公共服务标准（2023 年版）》《非物质文化遗产数字化保护　数字资源采集和著录》《汉文古籍版式描述规范》《博物馆运行评估办法》《博物馆运行评估标准》《公共图书馆系统古籍类文物定级指南》《中央支持地方公共文化服务体系建设补助资金管理办法》《央属文物保护利用项目资金管理办法》《国家非物质文化遗产保护资金管理办法》《文化和旅游部办公厅　中国银联股份有限公司关于实施 2023 年"百城百区"金融支持文化和旅游消费行动计划的通知》《乡村文化和旅游带头人支持项目实施方案（2023—2025 年）》《文化和旅游部办公厅关于开展 2023 年度文化和旅游系统青年科研人才扶持计划的通知》《文化和旅游部办公厅关于开展2022年度文化和旅游系统青年科研人才扶持计划的通知》《文化和旅游部办公厅关于实施2023年全国美术馆青年策展人扶持计划的通知》等。

三是有关公共文化服务数字化建设的规划、工作方案。如中共中央、国务院印发的《数字中国建设整体布局规划》，明确提出推进文化数字化发展的战略要求，不断提升公共文化服务数字化水平；国家发展改革委发布的《产业结构调整指导目录（2024年本）》，首次将国家文化专网及国家文化大数据体系列入鼓励类目录，为文化数字化发展提供了政策支持；《文化和旅游部关于公布第一批全国智慧旅游沉浸式体验新空间培育试点名单的通知》《互联网上网服务行业上云行动工作方案》，进一步推动文化数字化技术的应用和发展。

四是关于新型公共文化空间、群众性文化活动、非物质文化遗产保护的实施方案、管理政策。如《关于持之以恒推动乡镇综合文化站创新发展的实施方案》《中央宣传部办公厅 文化和旅游部办公厅关于推动实体书店参与公共文化服务的通知》《"春雨工程"——文化和旅游志愿服务边疆行计划实施方案》等政策文件，强化了城乡公共文化服务阵地建设，拓展了新型公共文化空间；《"大地欢歌"全国乡村文化活动年工作方案》《文化和旅游部办公厅关于组织开展2023年公共图书馆、文化馆服务宣传周活动的通知》等政策文件，丰富了人民群众的文化生活；《文化和旅游部关于推动非物质文化遗产与旅游深度融合发展的通知》《关于推动传统工艺高质量传承发展的通知》《文化和旅游部办公厅关于开展2023年"文化和自然遗产日"非遗宣传展示活动的通知》等政策文件，继续加强非物质文化遗产保护，增强人民群众的非物质文化遗产保护意识。

五是关于文物保护的管理办法与规划。主要包括《国家考古遗址公园管理办法》《革命文物主题陈列展览导则（试行）》《中华人民共和国水下文物保护管理条例（2022年修订）》《三峡文物保护利用专项规划》《国家文物局 国家民族事务委员会关于充分运用革命文物资源铸牢中华民族共同体意识的意见》《长江文化保护传承弘扬规划》《廊桥保护三年行动计划

（2023—2025）》《水下考古工作规程（2023 年）》《关于加强文物科技创新的意见》《东北抗联革命文物保护利用三年行动计划（2023—2025 年）》《国家重点地区考古标本库房建设指南（试行）》《国家文物局办公室　国家发展改革委办公厅关于加强国家重点地区考古标本库房建设管理的通知》《国家文物局办公室　国家林业和草原局办公室关于建好红色草原　协同推进革命文物与草原生态保护的通知》《关于鼓励和支持社会力量参与文物建筑保护利用的意见》《关于办理妨害文物管理等刑事案件若干问题的意见》《"十四五"考古工作专项规划》等政策文件。

（二）公共文化服务财政投入情况

2023 年，全国文化和旅游事业费主要投入在县及县以下和东部地区，但与 2022 年相比，县及县以下和东部地区文化和旅游事业费占比都有所下降。从城乡分布情况来看，县以上文化和旅游事业费为 597.65 亿元，比2022 年增加 53.36 亿元，增长 9.80%；县及县以下文化和旅游事业费为682.75 亿元，比 2022 年增加 24.14 亿元，增长 3.67%。2023 年县以上文化和旅游事业费增速比县及县以下高 6.13 个百分点。城乡文化和旅游事业费的结构发生了变化，即县以上文化和旅游事业费占比提高 1.43 个百分点，县及县以下文化和旅游事业费占比下降 1.43 个百分点，说明县及县以下文化和旅游事业费还需要进一步提高。从区域分布情况来看，2023 年东部地区、中部地区、西部地区的文化和旅游事业费均有所提升，其中东部地区占比为 43.74%，比 2022 年下降 1.36 个百分点，中部地区和西部地区占比分别提高 0.15 个百分点和 1.41 个百分点（见表 1）。

表 1　2005~2023 年全国文化和旅游事业费按城乡和区域分布情况

单位：亿元，%

项目		2005 年	2010 年	2015 年	2020 年	2022 年	2023 年
总量	全国	133.82	323.06	682.97	1088.26	1202.90	1280.40
	县以上	98.12	206.65	352.84	500.98	544.29	597.65
	县及县以下	35.70	116.41	330.13	587.28	658.61	682.75

	项目	2005 年	2010 年	2015 年	2020 年	2022 年	2023 年
总量	东部地区	64.37	143.35	287.87	491.60	542.50	560.00
	中部地区	30.58	78.65	164.37	269.80	302.60	324.10
	西部地区	27.56	85.78	193.87	301.60	328.10	367.40
占比	全国	100.00	100.00	100.00	100.00	100.00	100.00
	县以上	73.32	63.97	51.66	46.03	45.25	46.68
	县及县以下	26.68	36.03	48.34	53.97	54.75	53.32
	东部地区	48.10	44.37	42.15	45.17	45.10	43.74
	中部地区	22.85	24.35	24.07	24.79	25.16	25.31
	西部地区	20.59	26.55	28.39	27.71	27.28	28.69

注：自 2020 年以来，文化和旅游发展统计公报的数据主要保留一位小数，为保持数据的一致性，本报告统一保留两位小数。部分数据因四舍五入，存在总项与分项合计不等的情况。

资料来源：中华人民共和国文化和旅游部编《中华人民共和国文化和旅游部 2019 年文化和旅游发展统计公报》，2020；中华人民共和国文化和旅游部编《中华人民共和国文化和旅游部 2023 年文化和旅游发展统计公报》，2024。

2023 年，文化和旅游事业费为 1280.40 亿元，比 2022 年增加 77.50 亿元，增速为 6.44%；文化和旅游事业费占国家财政的比重为 0.47%（见表 2）。"十四五"期间，文化和旅游事业费占国家财政的比重稳定在 0.46%左右，与"十三五"期间相比，有所提高，说明国家对文化和旅游事业的支持力度在不断加大。

表 2　2013~2023 年全国文化和旅游事业费基本情况

单位：亿元，%

年份	文化和旅游事业费	文化和旅游事业费占国家财政的比重
2013	530.49	0.38
2014	583.44	0.38
2015	682.97	0.39
2016	770.69	0.41
2017	855.80	0.42
2018	928.33	0.42
2019	1065.75	0.45
2020	1088.26	0.44

续表

年份	文化和旅游事业费	文化和旅游事业费占国家财政的比重
2021	1132.88	0.46
2022	1202.90	0.46
2023	1280.40	0.47

资料来源：中华人民共和国文化和旅游部编《中国文化文物和旅游统计年鉴 2024》，国家图书馆出版社，2024。

2023 年，全国人均文化和旅游事业费为 90.83 元，比 2022 年增加 5.7元，增速为 6.70%。总体而言，2013~2023 年，全国人均文化和旅游事业费呈现持续增长的趋势，受疫情影响，2020 年全国人均文化和旅游事业费增速为 1.33%，比 2019 年大幅下降 13.01 个百分点（见图 1）。

图 1　2013~2023 年全国人均文化和旅游事业费及增速情况

资料来源：中华人民共和国文化和旅游部编《中华人民共和国文化和旅游部 2019 年文化和旅游发展统计公报》，2020；中华人民共和国文化和旅游部编《中国文化文物和旅游统计年鉴 2023》，国家图书馆出版社，2023；中华人民共和国文化和旅游部编《中国文化文物和旅游统计年鉴 2024》，国家图书馆出版社，2024。

（三）公共文化服务机构及从业人员情况

全国文化文物机构数量及从业人员数量在经过 2017~2019 年的短暂下

滑后，2020 年开始出现明显增长。2023 年，全国文化文物机构有 30.42 万个，比 2022 年减少 2.47 万个；从业人员数量为 448.22 万人，比 2022 年减少 0.15 万人（见图 2）。数据表明，2023 年全国文化文物机构数量与从业人员数量均呈现下降趋势，其中机构数量下降明显。

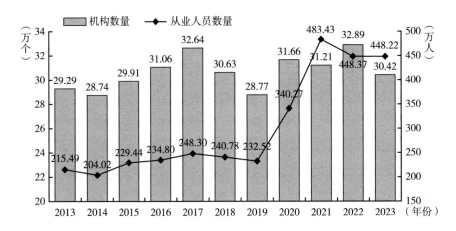

图 2　2013~2023 年全国文化文物机构数量及从业人员数量情况

资料来源：2014~2024 年，国家统计局编《中国统计年鉴》，中国统计出版社。

2023 年，全国公共图书馆有 3246 个，比 2022 年减少 57 个，从业人员数量为 60961 人，比 2022 年增加 221 人；文化馆（站）有 43752 个，比 2022 年增加 129 个，从业人员有 199188 人，比 2022 年增加 3362 人；艺术表演团体有 17781 个，比 2022 年减少 1958 个，从业人员数量为 385162 人，比 2022 年减少 30045 人；艺术表演场馆有 3060 个，比 2022 年减少 139 个，从业人员有 55116 人，比 2022 年减少 11698 人。

就机构数量来说，除了文化馆（站）有小幅增长外，公共图书馆、艺术表演团体、艺术表演场馆数量均呈下降趋势，其中艺术表演团体数量下降最为明显，其增速为-9.92%；艺术表演场馆数量下降速度次之，其增速为-4.35%；公共图书馆数量下降速度最慢，其增速为-1.73%。就从业人员数量来说，公共图书馆、文化馆（站）呈现缓慢增长趋势，艺术表演团体、艺术表演场馆均呈现下降趋势，其中艺术表演场馆从业人员数量下降最明显，增速为-17.51%（见表3）。值得注意的是，公共图书馆数量减少，但从业人员数量有所增加，这可能与图书馆服务多元化及功能拓展相关。

表3 2022~2023年全国主要公共文化服务机构数量与从业人员数量及增速

指标		2022年	2023年	增长速度（%）
公共图书馆	机构数量（个）	3303	3246	-1.73
	从业人员数量（人）	60740	60961	0.36
文化馆（站）	机构数量（个）	43623	43752	0.30
	从业人员数量（人）	195826	199188	1.72
艺术表演团体	机构数量（个）	19739	17781	-9.92
	从业人员数量（人）	415207	385162	-7.24
艺术表演场馆	机构数量（个）	3199	3060	-4.35
	从业人员数量（人）	66814	55116	-17.51

资料来源：国家统计局编《中国统计年鉴2024》，中国统计出版社，2024；国家统计局编《中国统计年鉴2023》，中国统计出版社，2023。

2023年，从全国主要公共文化服务机构专业技术人才职称结构来看，除美术馆、公共图书馆和文化馆外，其他几类公共文化服务机构的专业技术人才、具有高级职称与中级职称人员数量均呈现缓慢下降趋势。其中，美术馆专业技术人才、具有高级职称与中级职称人员数量增速较快，分别为7.13%、6.14%、9.32%；博物馆专业技术人才数量增速较慢，为-2.54%；文化和旅游部门所属艺术表演场馆具有高级职称与中级职称人员数量增长较慢，增速分别为-7.99%、-5.07%；除美术馆外，其他主要公共文化服务机构具有中级职称人员数量均呈现负增长。全国公共图书馆专业技术人才数量为41897人，其中具有中高级职称的人员共计26986人，占专业技术人才的比例为64.41%；文化馆（站）专业技术人才数量为76601人，其中具有中高级职称的人员共计26276人，占专业技术人才的比例34.30%；博物馆专业技术人才数量为42516人，其中具有中高级职称的人员共计27185人，占专业技术人才的比例为63.94%；美术馆专业技术人才数量为4208人，其中具有中高级职称的人员共计2824人，占专业技术人才的比例为 67.11%；文化和旅游部门所属艺术表演团体专业技术人才数量为 75314 人，其中具有中高级职称的人员共计 45541 人，占专业技术人才的比例 60.47%；文化和旅游部门所属艺术表演场馆专业技术人员数量为 6059 人，其中具有中高级职称的人员共计 2750 人，占专业技术人才的比例 45.39%（见表 4）。数据表明，2023 年全国主要公共文化服务机构工作人员的专业化水平越来越高，但仍需进一步提升，特别是文化馆（站）与文化和旅游部门所属艺术表演场馆具有中高级职称人员占专业技术人员的比例不足 50%。

表 4 2022~2023 年全国主要公共文化服务机构专业技术人才职称结构

单位：人，%

指标		2022 年	2023 年	增长速度
公共图书馆	专业技术人才	41719	41897	0.43
	高级职称	7850	7985	1.72
	中级职称	19103	19001	−0.53
文化馆(站)	专业技术人才	77128	76601	−0.68
	高级职称	7868	8114	3.13
	中级职称	18262	18162	−0.55
博物馆	专业技术人才	43623	42516	−2.54
	高级职称	9637	9473	−1.70
	中级职称	18236	17712	−2.87
美术馆	专业技术人才	3928	4208	7.13
	高级职称	1058	1123	6.14
	中级职称	1556	1701	9.32
文化和旅游部门所属艺术表演团体	专业技术人才	76974	75314	−2.16
	高级职称	18805	18562	−1.29
	中级职称	28026	26979	−3.74
文化和旅游部门所属艺术表演场馆	专业技术人才	6065	6059	−0.10
	高级职称	851	783	−7.99
	中级职称	2072	1967	−5.07

资料来源：中华人民共和国文化和旅游部编《中国文化文物和旅游统计年鉴 2023》，国家图书馆出版社，2023；中华人民共和国文化和旅游部编《中国文化文物和旅游统计年鉴 2024》，国家图书馆出版社，2024。

（四）公共文化服务主要机构的供给情况

1. 公共图书馆

2023 年，除实际持证活跃读者数、计算机台数、电子阅览室终端数呈现负增长外，其余指标均呈现正向增长趋势。2023 年，公共图书馆举办培训班数、总流通人次、组织各类讲座次数增长速度均超过 40%，其中举办培训班 105494 个，增长速度最为显著，增速为 48.28%；总流通人次增速次之，为 46.97%；组织各类讲座次数增长速度较快，为 40.34%。总藏量、阅览室座席数、当年购买的报刊种类增长速度均低于 10%（见表 5）。

表 5 2022~2023 年全国公共图书馆基本情况

指标	2022 年	2023 年	增长速度（%）
总藏量（万册件）	135959	143609	5.63
当年购买的报刊种类（万种）	100.4	100.6	0.20
实际持证活跃读者数（万人）	12229	10707	-12.45
总流通人次（万人次）	78970	116061	46.97
#书刊文献外借人次	24894	33044	32.74
书刊文献外借次（万册次）	60719	78299	28.95
组织各类讲座次数（次）	85592	120122	40.34
举办展览（个）	55537	67888	22.24
举办培训班（个）	71144	105494	48.28
计算机（台）	222810	216262	-2.94
#电子阅览室终端数	137380	131576	-4.22
阅览室座席数（万个）	155.2	168.0	8.25

资料来源：国家统计局编《中国统计年鉴 2024》，中国统计出版社，2024；国家统计局编《中国统计年鉴 2023》，中国统计出版社，2023。

2. 群众文化机构

2023 年，除计算机台数呈负增长外，其余指标呈现正向增长。其中，举办训练班的数量增长速度较快，增加 46.9 万次，增长速度为 53.30%；组织文艺活动的数量增长速度同样较快，比 2022 年增加 85.3 万次，增长速度为 53.08%；举办展览个数比 2022 年增加 7.2 万个，增长速度为 40.45%。从参加活动人次来看，参加文艺活动、培训、展览的人次均呈现较大幅度增长，增长速度均超过 50%，其中参加文艺活动人次增长幅度最大，为 103.43%。馆办老年大学、群众业余文艺团体等指标呈现缓慢增长的态势（见表 6）。

表 6　2022~2023 年全国群众文化机构基本情况

指标	2022 年	2023 年	增长速度（%）
组织文艺活动（万次）	160.7	246.0	53.08
举办训练班（万次）	88.0	134.9	53.30
举办展览个数（万个）	17.8	25.0	40.45
参加文艺活动人次（万人次）	68474	139298	103.43
参加培训人次（万人次）	6811	10462	53.60
参观展览人次（万人次）	19872	32673	64.42
馆办文艺团体演出场次（万场次）	10.3	14.9	44.66
馆办老年大学（个）	643	651	1.24
群众业余文艺团体（万个）	46.4	47.7	2.80
计算机（万台）	36.5	34.8	-4.66
馆办文艺团体（个）	9322	9843	5.59

资料来源：国家统计局编《中国统计年鉴 2024》，中国统计出版社，2024；国家统计局编《中国统计年鉴 2023》，中国统计出版社，2023。

3.文物业机构

2023 年，全国文物业本年从有关部门接收文物数、参观人次均较 2022 年大幅增长，增长速度均超过 100%，其中参观人次增长速度最快，增速为 119.26%；而藏品数、本馆藏品征集数、举办陈列展览数、实际使用房屋建筑面积均呈现负向增长，特别是藏品数，比 2022 年减少 6132022 件/套，增长速度为-10.89%（见表 7）。

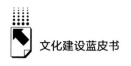

表7　2022~2023年全国文物业机构基本情况

指标	2022年	2023年	增长速度(%)
藏品(件/套)	56304279	50172257	-10.89
本年从有关部门接收文物数(件/套)	111146	222587	100.27
本馆藏品征集数(件/套)	348019	347898	-0.03
举办陈列展览(个)	32357	29933	-7.49
参观人次(万人次)	63973	140266	119.26
实际使用房屋建筑面积(万平方米)	5195	4825	-7.12

资料来源：国家统计局编《中国统计年鉴2024》，中国统计出版社，2024；国家统计局编《中国统计年鉴2023》，中国统计出版社，2023。

4.艺术业机构

2023年，全国艺术表演团体基本情况如表8所示。其中，政府采购的公益演出活动演出场次增长速度最快，为422.73%；政府采购的公益演出活动观众人次增长速度次之，为186.23%；国内演出观众人次的增长速度最慢，为21.12%。

表8　2022~2023年全国艺术表演团体基本情况

指标	2022年	2023年	增长速度(%)
演出场次(万场次)	166.1	254.2	53.04
国内演出观众人次(万人次)	74021	89654	21.12
政府采购的公益演出活动演出场次(万场次)	13.2	69.0	422.73
政府采购的公益演出活动观众人次(万人次)	9897.7	28330.5	186.23

资料来源：国家统计局编《中国统计年鉴2024》，中国统计出版社，2024；国家统计局编《中国统计年鉴2023》，中国统计出版社，2023。

2023年，全国艺术表演场馆的座席数、艺术演出场次均呈现负增长，特别是艺术演出场次比2022年减少17.0万场次，增长速度为-29.06%；艺术演出观众人次为12273万人次，比2022年增加6417万人次，增长速度为109.58%（见表9）。

表 9　2022~2023 年全国艺术表演场馆基本情况

指标	2022 年	2023 年	增长速度（%）
座席数（个）	2468261	2136425	-13.44
艺术演出场次（万场次）	58.5	41.5	-29.06
艺术演出观众人次（万人次）	5856	12273	109.58

资料来源：国家统计局编《中国统计年鉴 2024》，中国统计出版社，2024；国家统计局编《中国统计年鉴 2023》，中国统计出版社，2023。

二　中国公共文化服务取得的主要成就与存在的问题

（一）公共文化服务取得的主要成就

1. 公共文化空间建设数量与服务质量双提升

2023 年，全国公共文化空间在建设数量、服务质量方面都有所提升，推动城乡公共文化服务体系均衡发展。截至 2023 年 9 月，全国已建成 3.35 万个类型多样的新型公共文化空间①，相比 2022 年，公共文化空间的建设数量有了显著增长。各级政府制定并实施了新型公共文化空间服务和管理标准规范，依托图书馆、文化馆总分馆等公共文化空间，融入非遗、艺术普及、阅读、旅游服务等功能，在公共文化空间开展丰富的群众文化活动，进一步丰富了基层群众的文化生活。

作为公共公文空间的重要组成部分，文化馆在培育普及全民艺术、丰富群众精神文化生活、提升社会文化素养等方面的作用日益凸显。在调查中，针对"文化馆已经成为培育普及全民艺术的重要场所，越来越受到人们的关注"这一问题，选择"非常同意"与"同意"的调查对象占有效样本的比重为 88.94%，而选择"非常不同意"与"不同意"的调查对象

---

① 李斯、张皓珏、陈一：《我国新型公共文化空间发展现状与未来展望》，《图书情报知识》2024 年第 4 期。

占有效样本的比重为2.43%（见表10）。数据表明，民众对"文化馆已经成为培育普及全民艺术的重要场所，越来越受到人们的关注"这一观点具有较高认同度。

表10　对"文化馆已经成为培育普及全民艺术的重要场所，
越来越受到人们的关注"观点的认同统计

单位：人，%

分类	样本数	占有效样本比重	累计有效比重
非常不同意	23	0.37	0.37
不同意	129	2.06	2.43
不清楚	540	8.63	11.06
同意	3293	52.60	63.66
非常同意	2275	36.34	100.00
总计	6260	100.00	—

资料来源：湖北大学高等人文研究院、中华文化发展湖北省协同创新中心"中国文化发展现状调查（2023~2024）"数据库。

2. 博物馆等文化云平台的数字化建设成效明显

博物馆等文化云平台作为公共文化服务数字化的有效抓手，通过数字技术对文物藏品、古籍等进行数字化采集和整理，将博物馆的丰富藏品转化为数字资源，为人们带来沉浸式的观展体验，进一步增强了人们的参与感和体验感。在对"博物馆等文化云平台已经成为展示文物和传播文物价值的重要途径"这一问题调查中，选择"非常同意"与"同意"的调查对象占有效样本的比重为92.18%，而选择"非常不同意"与"不同意"的调查对象占有效样本的比重为1.84%（见表11）。数据表明，民众对博物馆等文化云平台持肯定态度，博物馆等文化云平台成为展示文物和传播文物价值的重要途径。

表 11　对"博物馆等文化云平台已经成为展示文物和传播文物价值的重要途径"观点的认同统计

单位：人，%

分类	样本数	占有效样本比重	累计有效比重
非常不同意	28	0.45	0.45
不同意	87	1.39	1.84
不清楚	374	5.97	7.81
同意	3221	51.45	59.27
非常同意	2550	40.73	100.00
总计	6260	100.00	—

资料来源：湖北大学高等人文研究院、中华文化发展湖北省协同创新中心"中国文化发展现状调查（2023~2024）"数据库。

为进一步了解民众对公共文化服务水平提高的感知度，比较文化馆、云博物馆等文化平台，以及群众文艺团队对受众的影响，本报告将问卷中的"T31. 文化馆已经成为培育普及全民艺术的重要场所，越来越受到人们的关注""T32. 博物馆等文化云平台已经成为展示文物和传播文物价值的重要途径""T33. 近几年，基层群众文艺团队和骨干明显增加，群众文艺活动越来越丰富"3 个题项进行差异检验分析。差异检验结果显示，T32 的均值为 4.31，显著高于总均值 4.256 和其他两项均值（见表 12）。这说明相对于其他两个题项，民众对博物馆等文化云平台具有更高的正向评价，数字技术在促进公共文化服务水平提高中发挥了重要作用。

表 12　对群众文化活动感知的差异检验结果

题项	样本数	均值	均值差	t 值	p 值
T31. 文化馆已经成为培育普及全民艺术的重要场所,越来越受到人们的关注	6260	4.22	-0.031 ***	-3.428	0.001
T32. 博物馆等文化云平台已经成为展示文物和传播文物价值的重要途径	6260	4.31	0.050 ***	5.821	0.000

续表

题项	样本数	均值	均值差	t 值	p 值
T33. 近几年,基层群众文艺团队和骨干明显增加,群众文艺活动越来越丰富	6260	4.24	-0.020**	-2.134	0.033
总　体	6260	4.256			

注: ** 表示 p<0.05, *** 表示 p<0.01。
资料来源:湖北大学高等人文研究院、中华文化发展湖北省协同创新中心"中国文化发展现状调查(2023~2024)"数据库。

3. 群众文化活动作用突出

群众文化活动是社会主义精神文明建设的重要组成部分,在提升文化素养、促进社会文明建设、弘扬主流价值观等方面发挥重要作用。在调查过程中,本报告从基层文艺活动、广场舞活动、大家唱群众歌咏活动三个方面调研人们对群众文化活动作用的认可度。

一是群众文化活动对提升文化素养的作用评价。在对"基层文艺活动明显提高了群众的审美品位,提升了人们的文化素质"这一问题调查中,选择"非常同意"与"同意"的调查对象占有效样本的比重为90.24%,而选择"非常不同意"与"不同意"的调查对象占有效样本的比重为2.43%(见表13)。数据表明,基层文艺活动提高了群众的审美品位,提升了人们的文化素质。

表 13 对"基层文艺活动明显提高了群众的审美品位,
提升了人们的文化素质"观点的认同统计

单位: 人, %

分类	样本数	占有效样本比重	累计有效比重
非常不同意	31	0.50	0.50
不同意	121	1.93	2.43
不清楚	459	7.33	9.76

分类	样本数	占有效样本比重	累计有效比重
同意	3222	51.47	61.23
非常同意	2427	38.77	100.00
总计	6260	100.00	—

资料来源：湖北大学高等人文研究院、中华文化发展湖北省协同创新中心"中国文化发展现状调查（2023~2024）"数据库。

二是群众文化活动对社会文明建设的作用评价。在对"广场舞活动极大地丰富了群众文化生活，对社会文明建设的作用越来越大"这一问题调查中，选择"非常同意"和"同意"的调查对象占有效样本的比重为87.10%，而选择"非常不同意"和"不同意"的调查对象占有效样本的比重为4.87%（见表14）。数据表明，作为主要的群众文化活动，广场舞极大地丰富了群众的文化生活，对社会文明建设的作用越来越大。

表 14 对"广场舞活动极大地丰富了群众文化生活，
对社会文明建设的作用越来越大"观点的认同统计

单位：人，%

分类	样本数	占有效样本比重	累计有效比重
非常不同意	51	0.81	0.81
不同意	254	4.06	4.87
不清楚	503	8.04	12.91
同意	3091	49.38	62.28
非常同意	2361	37.72	100.00
总计	6260	100.00	—

资料来源：湖北大学高等人文研究院、中华文化发展湖北省协同创新中心"中国文化发展现状调查（2023~2024）"数据库。

三是群众文化活动对弘扬主流价值观的作用评价。在对"大家唱群众歌咏活动影响力越来越大，弘扬主流价值观的作用越来越大"这一问题调查中，选择"非常同意"与"同意"的调查对象占有效样本的比重为

85.00%，而选择"非常不同意"与"不同意"的调查对象占有效样本的比重为2.79%（见表15）。数据表明大家唱群众歌咏活动影响力越来越大，弘扬主流价值观的作用越来越大。

表15 对"大家唱群众歌咏活动影响力越来越大，弘扬主流价值观的
作用越来越大"观点的认同统计

单位：人，%

分类	样本数	占有效样本比重	累计有效比重
非常不同意	34	0.54	0.54
不同意	141	2.25	2.79
不清楚	764	12.20	14.99
同意	3214	51.34	66.34
非常同意	2107	33.66	100.00
总计	6260	100.00	—

资料来源：湖北大学高等人文研究院、中华文化发展湖北省协同创新中心"中国文化发展现状调查（2023~2024）"数据库。

4. 红色文化保护成效显著

在对"近几年身边的红色文化保护的评价"这一问题调查中，选择"革命遗址保护修缮明细完善""革命文物馆藏内容更加丰富""革命文物馆藏科技含量更高"和"沉浸体验式展现水平明显提升"的调查对象占有效样本比重分别为81.81%、82.84%、82.04%、74.81%，而选择"红色文化的保护没有大的变化"的调查对象占有效样本比重仅为19.28%（见表16）。可见，民众对红色文化保护工作成效的认可度比较高。

表16 对"近几年身边的红色文化保护的评价"统计（多选题）

单位：人，%

题项	人数	占有效样本比重	占选择人次比重
A. 革命遗址保护修缮明细完善	5121	81.81	24.01
B. 革命文物馆藏内容更加丰富	5186	82.84	24.31
C. 革命文物馆藏科技含量更高	5136	82.04	24.08

题项	人数	占有效样本比重	占选择人次比重
D. 沉浸体验式展现水平明显提升	4683	74.81	21.95
E. 红色文化的保护没有大的变化	1207	19.28	5.66
选择人次总计	21333	—	100.00

资料来源：湖北大学高等人文研究院、中华文化发展湖北省协同创新中心"中国文化发展现状调查（2023~2024）"数据库。

为进一步了解人们对红色文化保护的评价，本报告对 A、B、C、D、E 五个题项进行了差异检验分析。差异检验结果表明，A、B、C 题项的均值分别为 1.82、1.83、1.82，显著高于总均值 1.804（去掉题项 E），而 D 的均值为 1.75，显著低于总均值（见表 17）。这说明近几年在传承与保护红色文化的过程中，革命遗址保护修缮、革命文物馆藏内容和科技含量方面做得比较好，但沉浸体验式展现水平仍需提升，应进一步加强公共文化服务数字化建设。

表 17　对"近几年身边的红色文化保护的评价"差异检验结果

题项	样本数	均值	均值差	t 值	p 值
A. 革命遗址保护修缮明细完善	6260	1.82	0.136***	27.899	0.000
B. 革命文物馆藏内容更加丰富	6260	1.83	0.146***	30.729	0.000
C. 革命文物馆藏科技含量更高	6260	1.82	0.138***	28.537	0.000
D. 沉浸体验式展现水平明显提升	6260	1.75	0.066***	12.043	0.000
E. 红色文化的保护没有大的变化	6260	1.19	−0.489***	−98.101	0.000
总　体	6260	1.682	—	—	—

注：*** 表示 $p < 0.01$。

5. 村级文化活动丰富多彩

2023 年，为深入实施乡村振兴战略，丰富农村文化生活，文化和旅游部、农业农村部、国家乡村振兴局举办"大地欢歌"全国乡村文化活动年。各地打造了一系列以"村晚"为主线的群众文化活动，在演出内容和呈现形式上做到有亮点、有突破、有特色，不仅为群众提供了展示自我、参与文

化活动的平台，也为推动乡村文化振兴注入新的动力。

村级文化活动在推动乡村振兴中扮演重要角色，通过开展内容丰富、形式多样的群众文化活动，极大地丰富乡村居民的精神文化生活，促进乡村社会和谐发展，进而推动乡村振兴。在调查中，关于"对村级（社区）春晚、村级（社区）运动会极大地推进乡村振兴"这一问题的调查，选择"非常不同意"和"不同意"的调查对象占比为 2.77%，而选择"非常同意"和"同意"的调查对象占比为 86.60%（见表 18）。数据表明，人们普遍认为村级（社区）春晚、村级（社区）运动会等公共文化活动极大地推进乡村振兴。

表 18　对"村级（社区）春晚、村级（社区）运动会极大地推进乡村振兴"观点的认同统计

单位：人，%

分类	样本数	占有效样本比重	累计有效比重
非常不同意	36	0.58	0.58
不同意	137	2.19	2.77
不清楚	666	10.64	13.41
同意	3158	50.45	63.85
非常同意	2263	36.15	100.00
总计	6260	100.00	—

资料来源：湖北大学高等人文研究院、中华文化发展湖北省协同创新中心"中国文化发展现状调查（2023~2024）"数据库。

（二）公共文化服务存在的问题

1. 公共文化服务专业化与规范化水平有待提高

图书馆、博物馆、科技馆以及红色革命基地等公共文化服务场所在提供文化服务、普及知识等方面发挥重要作用。在调查中，本报告对"图书馆、博物馆、科技馆以及红色革命基地等公共文化服务场所服务的评价"这一问题，设置了"A. 有青年志愿者指引参观者""B. 有志愿者为参观者义务讲解""C. 青年志愿者的指引和讲解很专业""D. 志愿者在指引和讲解中挂牌服务很规范""E. 志愿者的指引和讲解等相关服务训练有素""F. 志愿者的服务专业素质有待提高"6个题项。调查结果显示，选择 A、B、C、D、E 选项的调查对象占有效样本比重高于或接近70%，其中选择 A 选项的调查对象占有效样本比重高达78.04%，而选择 F 选项的调查对象占有效样本比重仅为17.81%（见表19）。这说明，大多数人对图书馆、博物馆、科技馆以及红色革命基地等公共文化服务场所服务具有较高的正向评价。

表19 对"图书馆、博物馆、科技馆以及红色革命基地等公共文化服务场所服务的评价"统计（多选题）

单位：人，%

题项	人数	占有效样本比重	占选择人次比重
A. 有青年志愿者指引参观者	4885	78.04	20.75
B. 有志愿者为参观者义务讲解	4832	77.19	20.53
C. 青年志愿者的指引和讲解很专业	4053	64.74	17.22
D. 志愿者在指引和讲解中挂牌服务规范	4327	69.12	18.38
E. 志愿者的指引和讲解等相关服务训练有素	4328	69.14	18.39
F. 志愿者的服务专业素质有待提高	1115	17.81	4.74
选择人次总计	23540	—	100.00

资料来源：湖北大学高等人文研究院、中华文化发展湖北省协同创新中心"中国文化发展现状调查（2023~2024）"数据库。

为进一步了解人们对主要公共文化服务场所服务的评价，本报告对 A、B、C、D、E 5个题项进行了差异检验分析。差异检验结果表明，A、B 题项均值分别为1.78、1.77，显著高于总均值1.716，而 C、D、E 题项均值分别为1.65、1.69、1.69，显著低于总均值（见表20）。数据说明，虽然志愿者指引和义务讲解方面取得一定成效，但指引与讲解的专业化、规范化水平有待提高，需进一步加强对志愿者的专业培训，提高其指引和讲解能力，确保服务的规范化和专业化。

表20 对"图书馆、博物馆、科技馆以及红色革命基地等公共文化服务场所服务的评价"差异检验结果

题项	样本数	均值	均值差	t值	p值
A. 有青年志愿者指引参观者	6260	1.78	0.064 ***	12.297	0.000
B. 有志愿者为参观者义务讲解	6260	1.77	0.056 ***	10.536	0.000
C. 青年志愿者的指引和讲解很专业	6260	1.65	− 0.069 ***	− 11.352	0.000
D. 志愿者在指引和讲解中挂牌服务规范	6260	1.69	− 0.025 ***	− 4.244	0.000
E. 志愿者的指引和讲解等相关服务训练有素	6260	1.69	− 0.025 ***	− 4.218	0.000
总 体	6260	1.716	—	—	—

注：*** 表示 p<0.01。

资料来源：湖北大学高等人文研究院、中华文化发展湖北省协同创新中心"中国文化发展现状调查（2023~2024）"数据库。

2. 公共文化服务标准不完善与监督检查力度不足

为了解人们对"基层（社区）综合性文化服务中心现状的评价"，本报告分别围绕服务标准、服务质量、文化服务数字化程度、相关部门的监督检查、满足居民精神文化需求的导向性 5 个方面设置了 5 个题项，并对此进行了差异检验分析。差异检验结果显示，B、C 题项的均值分别为 1.82、1.79，显著高于总均值 1.698；E 题项的均值为 1.70，与总均值接近；而 A、D 题项的均值分别为 1.56、1.63，显著低于总均值（见表21）。这一结果说明，人们对基层（社区）综合性文化服务中心的服务质量、文化服务数字化程度、满足居民精神文化需求的导向性具有正向评价，对文化服务中心的服务标准和监督检查的认可度较低，需进一步促进公共文化服务标准化建设，加强对文化服务中心的监督检查。

表21 对"基层（社区）综合性文化服务中心现状的评价"差异检验结果

题项	样本数	均值	均值差	t值	p值
A. 一般都有服务标准的要求	6260	1.56	− 0.143 ***	− 22.698	0.000
B. 服务质量在不断提升	6260	1.82	0.124 ***	25.532	0.000
C. 文化服务数字化程度越来越高	6260	1.79	0.089 ***	17.211	0.000

题项	样本数	均值	均值差	t 值	p 值
D. 相关部门对文化服务中心有监督检查	6260	1.63	-0.072 ***	-11.766	0.000
E. 满足居民精神文化需求的导向性越来越明显	6260	1.70	0.004	0.650	0.516
总　体	6260	1.698	—	—	—

注：*** 表示 $p<0.01$。

资料来源：湖北大学高等人文研究院、中华文化发展湖北省协同创新中心"中国文化发展现状调查（2023~2024）"数据库。

3. 公共文化活动覆盖面窄与普及成效不理想

在对"所居住的社区（镇、村）开展下列活动情况的评价"这一问题调查中，本报告设置了"A. 有县级及以上部门组织公益性地方戏、地方剧演出""B. 根据传统节日不定期举办具有地方特色的演出活动""C. 村（居）民委员会或民间团体（个人）组织的演出""D. 有"'网红'推手，推介本地特产或介绍本地风土人情""E. 以上活动都没有"5 个题项，并进行了差异检验分析。数据表明，除了选择 B 题项的调查对象占有效样本比重超过 50% 以外，其他题项占有效样本比重均低于 50%（见表22），这说明基层公共文化活动覆盖范围有限。

表 22　对"所居住的社区（镇、村）开展下列活动情况的评价"统计（多选题）

单位：人，%

题项	人数	占有效样本比重	占选择人次比重
A. 有县级及以上部门组织公益性地方戏、地方剧演出	2657	42.44	21.18
B. 根据传统节日不定期举办具有地方特色的演出活动	4107	65.61	32.74
C. 村(居)民委员会或民间团体(个人)组织的演出	3017	48.19	24.05
D. 有"网红"推手,推介本地特产或介绍本地风土人情	2179	34.81	17.37
E. 以上活动都没有	586	9.36	4.67
选择人次总计	12546	—	100.00

资料来源：湖北大学高等人文研究院、中华文化发展湖北省协同创新中心"中国文化发展现状调查（2023~2024）"数据库。

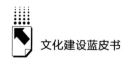
为进一步了解人们对"所居住的社区（镇、村）开展下列活动情况的评价"，本报告对 A、B、C、D 4 个题项进行了差异检验分析。差异检验结果表明，B 题项的均值为 1.66，显著高于总均值 1.478，而 A、D 的题项均值分别为 1.42、1.35，显著低于总均值（见表 23）。数据表明，社区（镇、村）在传统节日举办的具有地方特色的演出活动受到居民的欢迎和好评，但县级及以上部门组织的公益性地方戏、地方剧演出及"网红"推手在推介本地特产或介绍本地风土人情方面的工作效果不佳，需进一步提高县级及以上部门组织的公益性地方戏、地方剧演出频率，探索更有效的途径推介本地特产或介绍本地风土人情，以满足居民的文化需求。

表 23　对"所居住的社区（镇、村）开展下列活动情况的评价"
差异检验结果

题项	样本数	均值	均值差	t 值	p 值
A. 有县级及以上部门组织公益性地方戏、地方剧演出	6260	1.42	−0.054 ***	3.752	0.000
B. 根据传统节日不定期举办具有地方特色的演出活动	6260	1.66	0.178 ***	42.482	0.000
C. 村（居）民委员或民间团体（个人）组织的演出	6260	1.48	0.004 ***	12.817	0.532
D. 有"网红"推手,推介本地特产或介绍本地风土人情	6260	1.35	−0.130 ***	−8.788	0.000
总　　体	6260	1.478			

注：*** 表示 p<0.01。"E"选项选择占比非常低，且无实际操作性意义，此选项不参与差异比较。
资料来源：湖北大学高等人文研究院、中华文化发展湖北省协同创新中心"中国文化发展现状调查（2023～2024）"数据库。

随着社会的进步和人民生活水平的提高，群众文化活动日益丰富多彩，成为人民群众精神文化生活的重要组成部分。政府和社会各界越来越重视文化活动的普及与推广，希望通过开展更加多样化的文化活动，提高人民群众的文化素养和审美水平。大家唱群众歌咏活动作为一种易于参与、形式灵活的文化活动，自然成为推广的重点之一。在对"老年人合唱节已转向不同

年龄的人参与大家唱群众歌咏活动"这一问题中，选择"非常同意"与
"同意"的调查对象占有效样本比重仅为 75.08%（见表 24）。数据表明，
民众对老年人合唱节转向大家唱群众歌咏活动的认可度需进一步提高。

表 24 对"老年人合唱节已转向不同年龄的人参与大家唱
群众歌咏活动"观点的认同统计

单位：人，%

分类	样本数	占有效样本比重	累计有效比重
非常不同意	43	0.69	0.69
不同意	207	3.31	4.00
不清楚	1310	20.93	24.93
同意	2819	45.03	69.95
非常同意	1881	30.05	100.00
总计	6260	100.00	—

资料来源：湖北大学高等人文研究院、中华文化发展湖北省协同创新中心"中国文化发展现状
调查（2023~2024）"数据库。

在调查中，通过对"T36. 老年人合唱节已转向不同年龄的人参与大家唱
群众歌咏活动""T38. 社区图书馆（阅览室）的建设和管理，应该'以人为
中心'""T39. 广场舞活动极大地丰富了群众文化生活，对社会文明建设的
作用越来越大""T40. 大家唱群众歌咏活动影响力越来越大，弘扬主流价值观
的作用越来越大"4 个题项进行差异检验分析，结果显示 T36、T40 的均值分
别为 4.00、4.15，显著低于总均值 4.170（见表 25）。这一结果说明，基层文化
活动普及效果不理想，需进一步加强人们喜闻乐见的文化活动的传播与普及。

表 25 对"基层文化发展现状的评价"差异检验结果

题项	样本数	均值	均值差	t 值	p 值
T36. 老年人合唱节已转向不同年龄的人参与大家唱群众歌咏活动	6260	4.00	-0.166 ***	-15.610	0.000
T38. 社区图书馆（阅览室）的建设和管理，应该"以人为中心"	6260	4.33	0.159 ***	18.708	0.000

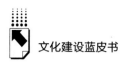

续表

题项	样本数	均值	均值差	t 值	p 值
T39. 广场舞活动极大地丰富了群众文化生活，对社会文明建设的作用越来越大	6260	4.19	0.021 **	2.071	0.038
T40. 大家唱群众歌咏活动影响力越来越大，弘扬主流价值观的作用越来越大	6260	4.15	−0.017 *	−1.755	0.079
总　　体	6260	4.170			

注：* 表示 p<0.10，** 表示 p<0.05，*** 表示 p<0.01。

资料来源：湖北大学高等人文研究院、中华文化发展湖北省协同创新中心"中国文化发展现状调查（2023~2024）"数据库。

三　对策建议

结合我国公共文化服务发展现状、主要成就及存在的问题，本报告提出以下对策建议。

（一）加强公共文化服务人才队伍建设，促进公共文化服务专业化

习近平总书记指出："人才是创新的第一资源，人才资源是我国在激烈的国际竞争中的重要力量和显著优势。"① 公共文化服务水平的提升离不开专业的文化人才，建设一支优秀的人才队伍，有利于持续稳步推进公共文化服务各项工作，提升公共文化服务人才的整体素质和专业化水平，推动文化事业繁荣发展。一是建立灵活的柔性人才引入机制，通过政策引导、公开招聘、定向培养等方式引进高层次文化服务人才，鼓励、支持文化人才投身公共文化服务事业，进一步优化公共文化服务人才队伍结构。二是制定完善的公共文化人才培养机制，定期组织开展职业培训和业务轮训，培训一批中青年文化业务骨干，建立公共文化服务人才资源库，实行跟踪培养管理，加强公共文化机构与高校、职业院校等的合作，不断提升公共文化服务人才的专

---

① 《习近平谈治国理政》第四卷，外文出版社，2022，第538页。

业素养和综合能力，为公共文化服务的持续开展提供坚实的人才保障。三是建立健全志愿服务机制和组织体系，不断壮大公共文化服务志愿者队伍，鼓励志愿者积极参与公共文化服务活动，吸引包括大学生、退休干部、文化文艺工作爱好者等各类社会群体参与公共文化服务建设，同时加强对文化志愿者的培训和指导，确保志愿者服务的专业化与规范化。四是建立健全人才激励机制，完善公共文化服务人才的薪酬、福利等制度，吸引和留住基层人才，并制定科学的人才评价标准和公平竞争机制，为公共文化服务人才提供职业发展空间和晋升机会，激励人才积极工作、创新服务。

（二）扎实执行公共文化服务标准，加强对公共文化服务机构的监督评估

一方面，执行并推广公共文化服务标准是提升公共文化服务质量、确保人民群众享受优质公共文化服务的重要举措。一是充分发挥政府在制定公共文化服务标准中的主导作用，鼓励和支持公共文化服务机构按照《"十四五"公共文化服务体系建设规划》《国家基本公共服务标准（2023年版）》以及各级政府制定的相关公共文化服务标准开展服务，推动公共文化服务规范化、专业化和均等化发展。二是建设一批示范性的公共文化服务设施和服务项目，通过示范引领，推动文化服务机构积极采纳和推广公共文化服务标准。三是加强公共文化服务标准的推广与应用，广泛宣传公共文化服务标准的重要性，同时开展公共文化服务标准的培训，提高公共文化服务人员的专业素质和服务意识。另一方面，公共文化服务机构作为公共文化服务供给的重要阵地，在提高公共文化服务效能的同时，要加强对自身的监管与评估，确保公共文化服务精准实施、高效落地。一是建立健全公共文化服务体系的监督问责机制，创新监管评估模式，制定精细化、可量化的评估指标，坚持自我评估、第三方评估相结合，针对重点领域与任务开展专项评估，通过动态监督与定期评估更加全面、准确地了解公共文化服务机构的实际情况和存在的问题，并采取相应措施加以改进。二是建立健全公共文化服务体系的绩效机制，强化监督评估结果的应用，将公共文化服务评估纳入政府绩效考核

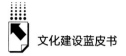

框架，依据监督评估结果优化公共文化服务机构的资源配置，加大对优秀公共文化服务机构的支持力度，发挥其示范引领作用。三是拓宽群众参与公共文化服务监督评估渠道，畅通群众诉求、意见表达渠道，充分发挥群众监督、媒体监督的积极作用，提升群众的参与感和满意度，确保公共文化服务工作成效和服务质量。

（三）继续推进公共文化服务数字化建设，扩大公共文化活动覆盖面

随着移动互联网与数字技术的不断进步，为满足群众日益增长的多元化精神文化需求，需加快推进公共文化服务的数字化建设，进一步扩大公共文化活动覆盖面，为群众提供丰富且全面的公共文化服务。一是充分发挥科技的正面效应，实现科技与文化的有机融合。以信息技术为支撑，积极开发数字文化产品，强化公共数字文化设施建设，大力推动"互联网+公共文化"工程、数字文化惠民工程，加快数字图书馆、数字博物馆、数字文化馆、数字电影院、基层公共数字文化设施等建设，为群众提供更为便捷的数字文化服务。二是构建公共文化服务数字化平台和网络体系，全面提升公共文化服务的数字化水平。要积极打造互联互通的公共文化服务网络与数字文化资源库，依托国家公共数字文化工程服务平台、公共文化服务云平台、文化大数据平台等重要网络平台，加快推进公共文化机构数字化建设，建立共建共享、互联互通的公共文化数字化服务体系，不断提升公共文化服务数字化建设的质量与成效。三是加强公共文化活动的宣传与推广。应充分地发挥线上线下相结合的优势，利用互联网、大数据、新媒体等手段，将分散的公共文化资源通过数字化的方式整合在一起，打造一批具有影响力的公共文化活动品牌，提高活动的知名度。同时要加大公共数字文化资源面向群众的推送力度，向群众提供精准、个性化的公共文化服务，扩大公共文化服务的覆盖面和影响力。

B.4
中国文化产业发展报告（2023~2024）

陶文佳　刘　妍　何欣瑶*

摘　要： 本报告通过对 2022~2024 年我国文化及相关产业进行分析，发现我国文化产业发展在相关政策的支持和扶持之下，实现触底反弹、增速稳定、发展势头良好，文化新业态已经成为文化产业发展的新动能。本报告按行业固定资产投资对文化产业进行分析，发现在文化产业的九大行业中存在投资发展不平衡的问题；对文化产业按类型划分发现，文化制造业企业在从业人员数、资产总额、利润总额等方面表现欠佳；文化批发零售业的整体发展趋势向好；文化服务业企业快速增长，生产效率显著提高。通过分析人们对文化新业态发展成效的认同状况，本报告发现公众对文化新业态的认同度需要提升。针对文化新业态发展存在的问题，本报告建议通过优化投资环境、激发市场需求、提升供给质量，进一步推动文化产业转型升级。

关键词： 文化产业　文化新业态　数字化战略

一　中国文化产业总体状况

2022~2024 年，中国文化产业总体保持稳定发展态势，部分行业特别是互联网文化产业发展迅猛，成为我国文化产业发展的新增长点，数字文化创

---

* 陶文佳，湖北大学哲学学院副院长、副教授，中华文化湖北省协同创新中心研究员，湖北省道德与文明研究中心副研究员，主要研究方向为伦理学、外国哲学；刘妍，湖北大学哲学学院 2022 级硕士研究生；何欣瑶，湖北大学哲学学院 2021 级本科生。

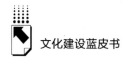

意、"互联网+文化产业"等新业态在一定程度上抓住了人们对互联网相关服务需求大增的机会。

（一）文化产业相关政策、法规

2021年，文化和旅游部发布《"十四五"文化和旅游发展规划》，围绕文化创新、产业发展、文化传承与传播等多方面提出了一系列具体任务与目标。其中，文化产业在"十四五"期间向高质量发展转型，提升产业规模、结构、质量和效益是重中之重。该规划明确提出，要通过推动产业优化升级，使文化产业增加值占GDP的比重不断提升，进一步优化产业结构、激发市场活力，通过创新和科技手段，优化文化产业链，提升文化产品的质量和国际竞争力。为实现上述战略目标，该规划特别强调了文化创新发展的重要性，创新是文化产业提升竞争力的关键动力。而推动文化与其他相关产业融合发展，是文化产业升级的重要路径。需要加大对文化创意产业的扶持力度，鼓励文化创意产品和服务创新发展，提升文化产品的原创性和品质。利用数字技术推动文化产品创新和跨界融合，发展数字文化产业。该规划明确提出"建设全媒体传播体系"的战略目标，强调新一代信息技术在其中具有重要的引领作用，同时积极鼓励并引导网络文化的创作生产，致力于提升文化服务的数字化水平，打造具有前瞻性的数字化平台。

2022~2024年，为贯彻落实上述规划的要求，国家在信息化和数字化领域出台了一系列与文化产业相关的政策，旨在推动文化产业的数字化转型，提升数字技术在文化生产、传播和消费中的作用。这些政策不仅聚焦于基础设施建设，还推动了技术创新与文化产业深度融合，促进了文化创意产业的高质量发展。

国家政策明确将文化产业的数字化转型作为发展重点，并通过具体规划和行动计划为文化产业提供了有力的政策支持。例如，《关于推进实施国家文化数字化战略的意见》提出，国家将推动文化内容创作、数字版权保护、文化消费等各个环节的数字化升级。通过大数据、人工智能等技术，提升文化产业链的效率，尤其是在版权管理、创作工具、文化产品分发平台等方面实现突破。这一计划为文化产业的数字化转型提供了明确的目标和实施路径，有助于加快数字技术在文化产品和服务中的广泛应用。

智慧旅游作为文化产业数字化转型的重要组成部分，在政策中也得到了高度关注。《智慧旅游创新发展行动计划》强调，通过信息技术创新推动旅游与文化产业的深度融合，打造数字化文化旅游产品。政策明确提出，推动旅游景区、博物馆等文化旅游场所的数字化升级，发展虚拟旅游、数字博物馆等新型文化体验形式。这一行动计划不仅为文化旅游业的数字化转型提供了支持，也为提升文化产业的创新能力和市场竞争力注入新的动力。

在数字文化产品方面，《数字中国建设整体布局规划》进一步明确了数字文化产品的发展方向，提出鼓励企业开发基于云计算、大数据、人工智能等技术的数字文化内容，如虚拟现实（VR）、增强现实（AR）、数字化文物等。这一规划为数字文化产品的开发与市场化应用提供了政策保障，并推动文化产业链条中各个环节的数字化和智能化发展，促进文化创意与科技的深度融合。

总的来看，2022~2024年国家在推动文化产业数字化转型的政策实施中，重点关注数字技术与文化产业深度融合，通过加强基础设施建设、加大对创新技术应用的支持力度，全面提升文化产业的数字化水平。这些政策促进了文化内容的创新与多元化发展，为文化产业的高质量、可持续发展提供了坚实保障。

"十四五"规划还注重促进文化消费，扩大内需是推动文化产业高质量发展的重要途径。通过政策引导和市场机制，培育新的文化消费模式，促进文化消费的扩大和升级。政策引导、市场监管等手段的采用，可以推动文化消费结构优化，鼓励多样化的文化消费形态，增强城乡居民的文化消费能力。而推动建立健全文化消费促进政策，完善文化消费激励机制，可以鼓励文化企业推出更多面向普通大众的文化消费产品和服务，营造良好的文化消费氛围。在"十四五"规划的引导下，国家出台《关于加强剧本娱乐经营场所管理的通知》《关于促进乡村民宿高质量发展的指导意见》《文化和旅游部关于推动在线旅游市场高质量发展的意见》以及《关于释放旅游消费

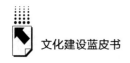

潜力推动旅游业高质量发展的若干措施》等政策，这些政策围绕消费市场的内容监管、相关资质要求、服务规范和安全保障、信用体系建设以及基础设施建设等方面展开。这些规定和指导意见对推动文化消费市场平稳有序发展，提升文化消费供给、激发文化市场特别是新市场活力提供了重要的政策保障。在此背景下，《关于推动文化产业高质量的若干经济政策》提出支持夜间经济、沉浸式体验消费、非遗消费等新型文化消费模式，增强文化消费市场的活力。

2022～2024年，国家进一步推动文化金融体系建设。例如，《关于金融支持文化和旅游行业恢复发展的通知》鼓励银行、投资机构加大对文化产业的金融支持力度，为中小文化企业提供更多融资渠道，推动行业创新发展。这一发展是近年来国家层面支持文化产业的新思路，值得对其进行持续关注。

对2022～2024年国家及相关部门对文化产业相关政策的分析可以看到，《"十四五"文化产业发展规划》的战略重点在于创新，特别是通过数字技术创新带动文化产业提质升级，为文旅等各传统行业注入新的发展动力，文化产业新业态的产生和发展更要通过科技与数字化理念实现。文化产业数字化发展程度如何，将极大地影响我国文化产业在"十四五"期间能否实现其建设目标。因此，文化产业的数字化转型状况需要重点关注。

（二）文化产业发展概况

本报告依据2023年文化及相关产业发展规模、文化新业态发展情况两方面的相关数据，以及国家统计局对我国2023～2024年文化及相关产业部分数据的初步统计，对2022～2023年我国文化产业的整体发展状况进行回顾，并摸清文化产业各领域发展的基本情况。

1.文化及相关产业发展规模

文化及相关产业的增加值、年末从业人员、资产总额以及营业收入等指标是分析文化产业发展规模的重要指标。本报告将通过文化及相关产业增加值及其占GDP的比重（产业产出能力），以及不同类别文化及相关产业年末从业人员（就业吸纳能力）、资产总计（投资规模）、营业收入（营收能力）等指标的变动情况，具体分析 2022~2023 年我国文化产业发展概况。

表 1 显示，2022 年文化及相关产业增加值为 53782 亿元，比 2021 年增加 1397 亿元。2014~2018 年，文化及相关产业增加值同比增速稳定在 10% 以上（分别为 12.20%、10.90%、13.03%、15.08%、16.21%）；2020 年同比增速大幅滑落到 1.31%；2021 年迅速反弹到 16.55%；2022 年同比增速又出现大幅回落，仅有 2.67%；2023 年，同比增速重新恢复到 10.56%。我们有理由相信，文化及相关产业的发展具有一定的韧性，经过未来几年的调整，文化及相关产业会呈现稳定的发展态势。

表 1 还显示，文化及相关产业增加值占 GDP 的比重从 2014 年的 3.81% 增长到 2023 年的 4.59%，整体呈现上升趋势，即便是在受到新冠疫情冲击较大的 2020~2022 年，文化及相关产业增加值占 GDP 的比重仍然保持稳定。2014~2016 年，文化及相关产业增加值占 GDP 的比重增速稳步上升，2017 年回落到 3.40%，2018 年反弹至 5.16%，这一增速在 2019 年下降到 0.45%。受到疫情影响，2020~2022 年文化及相关产业增加值占 GDP 的比重增速均处于较低水平，特别是 2020 年和 2022 年均出现负增长（增速分别为 -1.56%、-2.19%），说明疫情对文化及相关产业产出能力产生显著影响，导致其对整个国民经济的贡献度较低。让人感到欣慰的是，2023 年文化及相关产业增加值占 GDP 的比重增速出现回升，达到 2.91%。这说明文化及相关产业在 2023 年有明显的复苏迹象，对国民经济的贡献度有较大提升。

表 1　2014~2023 年文化及相关产业增加值及其占 GDP 的比重

单位：亿元，%

年份	增加值	增加值同比增速	占 GDP 的比重	占 GDP 的比重同比增速
2014	24538	12.20	3.81	3.25
2015	27235	10.90	3.95	3.67
2016	30785	13.03	4.12	4.30
2017	35427	15.08	4.26	3.40

续表

年份	增加值	增加值同比增速	占 GDP 的比重	占 GDP 的比重同比增速
2018	41171	16.21	4.48	5.16
2019	44363	7.75	4.50	0.45
2020	44945	1.31	4.43	-1.56
2021	52385	16.55	4.56	2.93
2022	53782	2.67	4.46	-2.19
2023	59464	10.56	4.59	2.91

注：2023 年 GDP 为 1294272 亿元，此数据来源于《中华人民共和国 2023 年国民经济和社会发展统计公报》。

资料来源：国家统计局社会科技和文化产业统计司、中宣部文化体制改革和发展办公室编《中国文化及相关产业统计年鉴 2022》，中国统计出版社，2022；国家统计局社会科技和文化产业统计司、中宣部文化改革发展局编《中国文化及相关产业统计年鉴 2023》，中国统计出版社，2023；《2023 年全国文化及相关产业增加值占 GDP 比重为 4.59%》，国家统计局网站，2024 年 12 月 30 日，https://www.stats.gov.cn/sj/zxfb/202412/t20241230_1957934.html。

即便如此，我们还需要看到文化产业在恢复过程中依旧面临不少困难，特别是在全球经济不确定性和国内消费待提振的背景下，文化产业规模性增长仍然承受压力。未来，文化产业需要在政策支持、市场拓展和创新驱动等方面继续努力，以实现更稳健的增长和更高的 GDP 占比。

如表 2 所示，2020~2023 年我国文化及相关产业的年末从业人员、资产总计和营业收入呈现不同的发展趋势。总体来看，年末从业人员在 2020~2023 年呈现波动上升趋势，并在 2023 年达到峰值；而资产总计和营业收入呈现持续增长的态势。

在年末从业人员方面，与 2021 年的 1946.99 万人相比，2022 年年末从业人员数量减少至 1898.29 万人，下降 2.50%。2023 年，文化及相关产业年末从业人员数量回升至 2237.71 万人，增长 17.88%。2023 年文化产业在逐步恢复的过程中，其劳动力需求有所增加。

在资产总计方面，2021~2022 年文化及相关产业资产总计保持增长态势，由 29.75 万亿元上升至 31.59 万亿元，增长 6.18%。2023 年，文化及相关产业资产总计达到 32.77 万亿元，增长 3.74%，从资产总计来看，行业

表2 2020~2023年不同类别文化及相关产业年末从业人员、资产总计和营业收入

单位：万人，万亿元

类别	年末从业人员				资产总计				营业收入			
	2020年	2021年	2022年	2023年	2020年	2021年	2022年	2023年	2020年	2021年	2022年	2023年
总计	1893.79	1946.99	1898.29	2237.71	27.42	29.75	31.59	32.77	13.90	16.38	16.55	17.87
文化制造业	582.92	583.58	550.39	557.06	4.33	4.51	4.63	4.55	4.46	5.25	5.19	4.63
文化批发和零售业	163.17	166.92	167.22	202.32	1.96	2.08	2.17	2.39	2.32	2.83	2.92	3.08
文化服务业	1147.70	1196.49	1180.68	1478.33	21.13	23.15	24.79	25.83	7.12	8.30	8.44	10.16

注：为保持数据的一致性，本报告统一保留两位小数。部分数据因四舍五入，存在总计与分项合计不等的情况，各项数据与官方发布数据一致。

资料来源：国家统计局社会科技和文化产业统计司，中宣部文化体制改革和发展办公室编《中国文化及相关产业统计年鉴 2022》，中国统计出版社，2022；国家统计局社会科技和文化产业统计司，中宣部文化改革发展局编《中国文化及相关产业统计年鉴 2023》，中国统计出版社，2023；国家统计局社会科技和文化产业统计司，中宣部文化改革发展局编《中国文化及相关产业统计年鉴 2024》，中国统计出版社，2024。

规模在扩张，但是增长动力有所减弱。

在营业收入方面，2021~2022年营业收入从16.38万亿元增加至16.55万亿元，增长1.04%；2023年营业收入为17.87万亿元，增长7.98%，增幅与2022年相比，提高6.94个百分点。

根据以上文化及相关产业年末从业人员、资产总计和营业收入数据，2021~2022年，尽管年末从业人员数量有所减少，但资产总计和营业收入保持增长态势，产业的整体效率和人均生产效率都在提高。进入2023年，文化产业迎来显著的恢复性增长。年末从业人员数量迅速回升，资产总计、营业收入进一步提升。文化产业作为国民经济增长的重要支柱，对国民经济的支撑作用在不断增强。

2. 文化新业态发展情况

文化新业态通过数字技术推动文化产业转型，是传统文化与新兴商业模式的结合。伴随数字化浪潮，虚拟文化产品、在线演艺、数字文创等新兴业态逐渐占据文化产业的核心地位。这些新业态不仅体现出文化消费方式的变化，更是文化传播和产业结构调整的重要标志。《文化和旅游部关于推动数字文化产业高质量发展的意见》明确提出，要加大对数字文化产业的政策支持力度，推动文化产业创新发展，并通过技术创新和商业模式革新，形成以数字文化内容为核心的产业体系。该文件提出了促进数字文化产业健康发展的目标和路径，强调在推动文化新业态发展的同时，要注重技术赋能，增强产业的竞争力和创新力，同时要加速数字文化资源的整合，推动优质内容与技术相结合，从而促进产业多元化发展。在此政策指引下，文化产业的新业态得以蓬勃发展，并且在优化产业链、提高文化产品附加值方面取得显著进展。

如图1所示，2012~2021年，我国文化产业新业态营业收入呈现稳步增长趋势，从6439亿元增至46950亿元。分阶段来看，2012~2015年文化新业态快速发展，营业收入从6439亿元增加到13765亿元，增长113.78%。这一阶段，数字文化产业逐渐进入市场，尤其是互联网技术的普及推动在线娱乐、数字图书等新业态发展，新业态营业收入在文化及相关产业中的占比从8.30%提升至12.20%。2016~2019年，文化新业态营业收入增速有所放缓，2016年文化新业态营业收入增速有所下降，2019年营业收入突破3万亿元，2020年达到38456亿元，增长27.52%。2021~2023年，文化新业态营业收入占文化及相关产业营业收入的比重分别为28.70%、30.30%、40.50%，在2024年达到41.80%。但是2021~2023年文化新业态营业收入增速有所放缓，分别为22.09%、6.72%、4.57%，2024年增速回升至12.76%（见表3）。

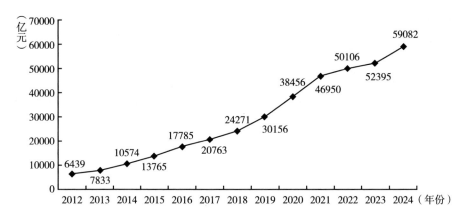

图1　2012~2024年文化产业新业态营业收入

表3　2012~2024年文化产业新业态营业收入及其占比

单位：亿元，%

年份	营业收入	同比增速	占比
2012	6439	—	8.30
2013	7833	21.65	9.40
2014	10574	34.99	10.80
2015	13765	30.18	12.20
2016	17785	29.20	13.90
2017	20763	16.74	15.50
2018	24271	16.90	18.60
2019	30156	24.25	22.30

年份	营业收入	同比增速	占比
2020	38456	27.52	27.70
2021	46950	22.09	28.70
2022	50106	6.72	30.30
2023	52395	4.50	40.50
2024	59082	12.76	41.80

注：新业态特征明显的16个行业小类分别是广播电视集成播控，互联网搜索服务，互联网其他信息服务，数字出版，其他文化艺术业，动漫、游戏数字内容服务，互联网游戏服务，多媒体、游戏动漫和数字出版软件开发，增值电信文化服务，其他文化数字内容服务，互联网广告服务，互联网文化娱乐平台，版权和文化软件服务，娱乐用智能无人飞行器制造，可穿戴智能文化设备制造，其他智能文化消费设备制造。

资料来源：国家统计局社会科技和文化产业统计司、中宣部文化改革发展局编《中国文化及相关产业统计年鉴2023》，中国统计出版社，2023；《2023年全国规模以上文化及相关产业企业营业收入增长8.2%》，国家统计局网站，2024年1月29日，https：//www.stats.gov.cn/sj/zxfb/202401/t20240129_1946971.html？utm_source＝chatgpt.com；《2024年全国规模以上文化及相关产业企业营业收入增长6.0%》，国家统计局网站，2025年1月27日，https：//www.stats.gov.cn/sj/zxfb/202501/t20250127_1958489.html。

通过对2022~2024年文化新业态的营业收入进行分析，可以看出，文化新业态已经进入一个相对成熟的发展阶段。从整体趋势来看，尽管2022~2024年文化新业态营业收入增速有所回落，但在文化及相关产业营业收入中的占比持续上升，文化新业态具有强大的生命力。我们有理由相信，随着政策引导的持续深入，文化新业态将成为推动文化产业高质量、创新性发展的主导力量。

二　文化产业按行业、类型划分的投入产出分析

文化产业作为一个国家的支柱产业，需要许多规范的指标进行衡量，我国文化产业发展的历史不长，但是作为文化和经济发展的重要组成部分，其投入产出也是衡量文化产业发展和国民经济结构性增长的重要指标。

（一）文化及相关产业固定资产投资概况

1. 按行业类别分文化及相关产业固定资产投资增长差异分析

从固定资产投资情况来看，如表4所示，2022年我国文化及相关产业固定资产投资增长7.60%，比2021年的增速快2.40个百分点，说明2022年我国文化及相关产业固定资产投资规模有所扩大。按行业类别分，2022年文化消费终端生产、文化投资运营、内容创作生产、文化辅助生产和中介服务、文化娱乐休闲服务、文化传播渠道6个行业固定资产投资增速为正，分别为28.30%、18.60%、11.00%、6.80%、1.50%、0.40%；新闻信息服务、文化装备生产和创意设计服务行业的固定资产投资增速为负，分别为-12.30%、-9.40%、-5.10%。2023年，我国文化及相关产业固定资产投资增长4.10%，相比2022年7.60%的增速有所放缓，下降3.5个百分点。这表明，尽管文化及相关产业固定资产投资仍保持增长态势，但增速有所放缓，反映出整体经济环境的调整与市场投资趋于谨慎。在具体行业中，文化投资运营、内容创作生产、文化传播渠道、文化装备生产的增速为正，分别为14.30%、14.10%、4.00%、3.30%。数据说明，2023年文化投资运营行业固定资产投资增速最高，达到14.30%，显示出该行业固定资产投资持续稳定的增长态势。同时，内容创作生产行业的固定资产投资增速也保持在14.10%，展现出该行业对资本投资具有较强的吸引力。此外，文化传播渠道固定资产投资增幅增加3.60个百分点，文化装备生产固定资产投资增速由负转正，说明这两个行业的投资潜力显现。然而，文化娱乐休闲服务、文化消费终端生产、文化辅助生产和中介服务行业固定资产投资的增速与上年相比，呈现大幅下降，分别出现-2.50%、-1.30%、-0.10%的负增长，说明这三个行业的固定资产投资在经历高速增长后进入调整期。此外，新闻信息服务、创意设计服务两个行业的固定资产投资增速仍为负，增速分别为-5.20%、-11.50%，延续了上年的下降趋势。

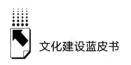

表4 2020~2023年按行业类别分文化及相关产业固定资产投资增长情况

单位：%

年份	总计	新闻信息服务	内容创作生产	创意设计服务	文化传播渠道	文化投资运营	文化娱乐休闲服务	文化辅助生产和中介服务	文化装备生产	文化消费终端生产
2020	-5.30	-17.80	-2.50	-4.60	-6.00	12.00	-8.80	-14.30	12.20	-9.70
2021	5.20	2.60	7.80	13.40	2.00	17.70	-3.50	16.20	5.40	12.50
2022	7.60	-12.30	11.00	-5.10	0.40	18.60	1.50	6.80	-9.40	28.30
2023	4.10	-5.20	14.10	-11.50	4.00	14.30	-2.50	-0.10	3.30	-1.30

资料来源：国家统计局社会科技和文化产业统计司、中宣部文化体制改革和发展办公室编《中国文化及相关产业统计年鉴2022》，中国统计出版社，2022；国家统计局社会科技和文化产业统计司、中宣部文化改革发展局编《中国文化及相关产业统计年鉴2023》，中国统计出版社，2023；国家统计局社会科技和文化产业统计司、中宣部文化改革发展局编《中国文化及相关产业统计年鉴2024》，中国统计出版社，2024。

可以看出，2022年有六大行业固定资产投资处于正增长状态，有三大行业处于负增长状态。2023年，固定资产投资处于正增长状态的行业减少为4个，处于负增长状态的行业有5个。分行业来看，各行业的固定资产投资发展不平衡。那么行业内部的投入产出有怎样的差异呢？又有哪些特征呢？需要进一步分析。

2. 文化及相关产业内部固定资产投资的差异与特征分析

第一，内容创作生产和文化投资运营两个行业固定资产投资发展较好。根据表4数据，内容创作生产行业的固定资产投资在2021~2023年分别实现7.80%、11.00%和14.10%的增长，展现出强劲的增长潜力。这一增长不仅反映了市场对高质量内容需求的持续上升，也体现了内容创作生产行业强劲的发展态势，预示着其有望成为整个文化产业发展的重心之一，值得业界关注。文化投资运营行业的固定资产投资表现也不错。2021~2022年，分别增长17.70%和18.60%。2023年该行业的固定资产投资增速为14.30%，增速有所放缓，尽管如此，其仍是文化及相关产业九大行业中固定资产投资增幅最大的行业。数据说明，文化投资运营展现出强大的发展潜力，特别是在新兴文化产品和服务的创新层面，如数字娱乐、虚拟现实、文化旅游等。

第二，文化传播渠道、文化装备生产行业的固定资产投资呈现波动增长态势。2021 年，文化传播渠道固定资产投资小幅上升。2021~2023 年，该行业固定资产投资增速分别为 2.00%、0.40%、4.00%。这表明，近年来文化传播渠道固定资产投资保持稳定增长态势。从投资特征来看，文化传播渠道的投资越来越注重数字化转型和创新项目，如流媒体服务、数字内容创作等。文化装备生产行业的固定资产投资在 2020 年和 2021 年分别达到12.20% 和 5.40%。这表明文化装备生产行业在市场中具有较强的吸引力。2022 年，该行业固定资产投资增速明显下滑，出现 9.40% 的负增长，反映出该行业投资热情开始减退。2023 年，文化装备生产行业的固定资产投资增速回升至 3.30%，成功实现止跌回稳。它标志着在文化产业数字化转型的背景下，文化装备的生产和创新已逐渐从传统的物理设备向数字技术和智能设备转型。

第三，文化娱乐休闲服务、文化消费终端生产、文化辅助生产和中介服务行业固定资产投资增速呈现较大波动。文化娱乐休闲服务行业固定资产投资增长在 2022 年迎来转折点，2020 年和 2021 年固定资产投资出现负增长（增速分别为 -8.80%、-3.50%），2022 年固定资产投资增速首次达到1.50%，但 2023 年固定资产投资增速再度回落至 -2.50%。这种波动的现象表明，文化娱乐休闲服务行业的投资信心仍然不足，投资热度未完全恢复。从文化消费终端生产行业的固定资产投资来看，2022 年我国发布的一系列扶持政策，为文化消费终端生产行业投资注入强劲动力，促使其固定资产投资实现大幅增长，其增速达到 28.30% 的高点。2023 年，文化消费终端生产行业的固定资产投资后续乏力，其投资额与上年比不升反降，其增速降至 -1.30%。数据说明，文化消费终端乏力导致文化消费终端生产行业固定资产投资规模收缩。从文化辅助生产和中介服务行业来看，2020 年增速为-14.30%，其主要原因是受到疫情的冲击。2021 年，该行业固定资产投资增长 16.20%，扭转了 2020 年负增长的局面；2022 年，该行业固定资产投资

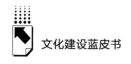

增速为6.80%，保持增长态势；但2023年该行业固定资产投资增速又滑落至-0.10%。文化辅助生产和中介服务行业固定资产投资的波动，反映出行业发展的不确定性以及市场需求的波动性。

第四，新闻信息服务、创意设计服务行业的固定资产投资没有改变持续下滑的局面。2020年新闻信息服务行业固定资产投资增速为-17.80%，2021年短暂回升至2.60%，2022年增速再度回落到-12.30%，2023年虽然固定资产投资增速下滑的幅度有所收窄，但仍处于-5.20%的负增长状态。数据表明，尽管2023年新闻信息服务行业固定资产投资下降幅度有所收窄，但其投资增长动力尚显不足，要实现向好发展，仍需经历较长时间的探索与努力。2021年创意设计服务行业固定资产投资增长13.40%，但此前的2020年固定资产投资增速为-4.60%，此后的2022年、2023年固定资产投资增速都是负值，分别为-5.10%、-11.50%。相关资料显示，2023年创意设计服务行业资本流出严重，上游国家资本替代外资、中游原材料进口价格上涨、下游消费动力不足等因素导致该行业固定资产投资乏力。创意设计服务行业固定资产投资是检验文化产业结构升级与高质量发展的重要指标，对创意设计服务行业的固定资产投资情况需要特别关注。

2020~2023年文化及相关产业固定资产投资分行业类别来看，内容创作生产、文化投资运营等行业展现出一定的韧性，而新闻信息服务、创意设计服务行业仍需突破瓶颈。未来还需关注文化装备生产等重点行业存在的问题，以推动文化产业全面协调发展。政策精准施策与市场创新驱动相结合，将是实现文化产业全面协调发展的关键路径。

（二）按产业类型分规模以上文化及相关产业企业基本情况

文化及相关产业按产业类型划分为文化制造业、文化批发和零售业、文化服务业。如表5所示，本节主要从企业单位数、年末从业人员、资产总额、利润总额4个方面进行投入产出分析。

表5　2020~2023年按产业类型分规模以上文化及相关产业企业基本情况

类别	年份	文化制造业	文化批发和零售业	文化服务业	总计
企业单位数（个）	2020	19479	11183	33251	63913
	2021	21099	12169	35090	68358
	2022	21809	13158	36805	71772
	2023	20815	14392	39631	74838
年末从业人员（万人）	2020	384.48	51.12	352.65	788.25
	2021	390.55	52.47	364.70	807.72
	2022	365.54	52.81	353.97	772.32
	2023	321.99	53.47	351.03	726.49
资产总额（亿元）	2020	35096.22	12784.73	108320.41	156201.36
	2021	37401.45	13894.10	120118.72	171414.27
	2022	39233.54	14765.82	132335.98	186335.34
	2023	36831.42	16105.24	146319.71	199256.37
利润总额（亿元）	2020	2124.66	570.28	5953.71	8648.65
	2021	2508.93	689.53	5917.96	9116.42
	2022	2204.39	570.04	6595.47	9369.90
	2023	1795.44	744.50	9432.49	11972.43

资料来源：国家统计局社会科技和文化产业统计司、中宣部文化体制改革和发展办公室编《中国文化及相关产业统计年鉴2022》，中国统计出版社，2022；国家统计局社会科技和文化产业统计司、中宣部文化改革发展局编《中国文化及相关产业统计年鉴2023》，中国统计出版社，2023；国家统计局社会科技和文化产业统计司、中宣部文化改革发展局编《中国文化及相关产业统计年鉴2024》，中国统计出版社，2024。

1. 文化制造业企业投入产出基本情况

图2显示，文化制造业企业单位数在2021年和2022年有所增加，2020年企业单位数为19479个，2021年为21099个，2022年为21809个。从增长率来看，2022年比2021年下降4.95个百分点。2023年企业单位数为20815个，比上年减少4.56%。但是从整体趋势来看，2020~2023年企业单位数是增加的，增加1336个，增长6.86%。

从文化制造业资产总额来看，2020年资产总额为35096.22亿元，2021年为37401.45亿元，2021年资产总额增长6.57%；2022年资产总额为39233.54亿元，增加4.90%；2023年资产总额为36831.42亿元，下降6.12%。

文化制造业年末从业人员数和利润总额呈现先升后降的波动趋势。2020

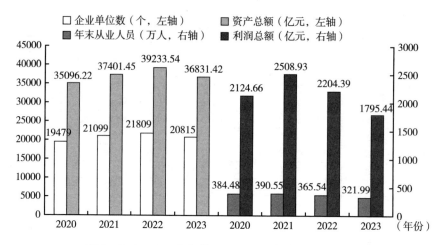

图2 2020～2023年规模以上文化制造业企业基本情况

资料来源：国家统计局社会科技和文化产业统计司、中宣部文化体制改革和发展办公室编《中国文化及相关产业统计年鉴2022》，中国统计出版社，2022；国家统计局社会科技和文化产业统计司、中宣部文化改革发展局编《中国文化及相关产业统计年鉴2023》，中国统计出版社，2023；国家统计局社会科技和文化产业统计司、中宣部文化改革发展局编《中国文化及相关产业统计年鉴2024》，中国统计出版社，2024。

年，该行业年末从业人员有384.48万人，2021年增加至390.55万人，此后连续两年出现下降，2022年降至365.54万人，2023年进一步降至321.99万人，降幅分别为6.40%、11.91%。

从文化制造业利润总额来看，2020年为2124.66亿元，2021年上升到2508.93亿元，增长幅度为18.09%，2022年为2204.39亿元，2023年为1795.44亿元，利润总额连续两年下降，下降幅度分别为12.14%、18.55%。与2022年比，2023年利润总额下降幅度增加6.41个百分点。

2020～2023年，文化制造业企业单位数、资产总额有所增加，年末从业人员数和利润总额均有所下降。年末从业人员数下降与企业单位数增加，说明单个企业的平均就业人数在减少；利润总额下降与企业单位数增加，说明单个企业的平均利润在下降。据此，可以推断文化制造业发展不容乐观。

2. 文化批发和零售业企业投入产出基本情况

从图3可以看出，2020～2023年，文化批发和零售业企业单位数从

11183 个增加到 14392 个。文化批发和零售业企业年末从业人员数从 51.12 万人增加到 53.47 万人。

2020 年文化批发和零售业企业资产总额为 12784.73 亿元，2021 年为 13894.10 亿元，与 2020 年比，资产总额增长 8.68%；2022 年资产总额为 14765.82 亿元，与 2021 年比，增长 6.27%；2023 年资产总额为 16105.24 亿元，与 2022 年比，增长 9.07%。

从文化批发和零售业企业利润情况来看，2020 年利润总额为 570.28 亿元，2021 年为 689.53 亿元，与 2020 年比，利润总额增长 20.91%；2022 年利润总额为 570.04 亿元，与 2021 年相比，下降 17.33%；2023 年利润总额为 744.50 亿元，与 2022 年相比，增长 30.60%。以上数据表明，2020~2023 年文化批发和零售业企业利润整体呈增长趋势。

2020~2023 年，文化批发和零售业企业单位数逐年增加；年末从业人员数逐年增加；资产总额逐年增加；利润总额虽有波动，但 2023 年出现大幅增长。

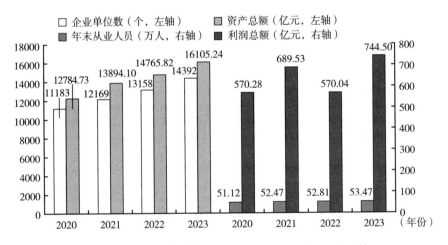

图 3　2020~2023 年规模以上文化批发和零售业企业基本情况

资料来源：国家统计局社会科技和文化产业统计司、中宣部文化体制改革和发展办公室编《中国文化及相关产业统计年鉴 2022》，中国统计出版社，2022；国家统计局社会科技和文化产业统计司、中宣部文化改革发展局编《中国文化及相关产业统计年鉴 2023》，中国统计出版社，2023；国家统计局社会科技和文化产业统计司、中宣部文化改革发展局编《中国文化及相关产业统计年鉴 2024》，中国统计出版社，2024。

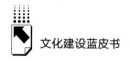
3. 文化服务业企业投入产出基本情况

从图4可以看出，文化服务业企业单位数从2020年的33251个增加到2023年39631个；年末从业人员数从2020年的352.65万人下降至2023年为351.03万人；资产总额从2020年的108320.41亿元增加到2023年的146319.71亿元，增长35.08%，与2022年比，增长速度为10.57%。2021年和2022年，资产总额的增长速度分别为10.89%和10.17%。以上数据说明，2020~2023年文化服务业企业资产总额呈现稳步增长态势。

从文化服务业企业利润情况来看，2020年利润总额为5953.71亿元，2021年为5917.96亿元，与2020年相比，利润总额下降0.60%；2022年利润总额为6595.47亿元，与2021年相比，利润总额增长11.45%；2023年利润总额为9432.49亿元，与相对2022年相比，利润总额增长43.01%。2021年，文化服务业企业利润总额出现小幅下降，2022年和2023年利润总额出现大幅提升，特别是2023年其增速比2022年提高了31.56个百分点。

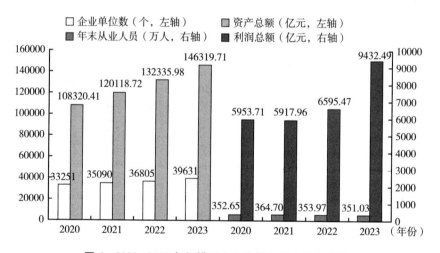

图4 2020~2023年规模以上文化服务业企业基本情况

资料来源：国家统计局社会科技和文化产业统计司、中宣部文化体制改革和发展办公室编《中国文化及相关产业统计年鉴2022》，中国统计出版社，2022；国家统计局社会科技和文化产业统计司、中宣部文化改革发展局《中国文化及相关产业统计年鉴2023》，中国统计出版社，2023；国家统计局社会科技和文化产业统计司、中宣部文化改革发展局编《中国文化及相关产业统计年鉴2024》，中国统计出版社，2024。

2020~2023 年文化服务业企业单位数逐年增加，年末从业人员数整体有所减少，资产总额稳步增长，利润总额大幅提高。

综上所述，2020~2023 年文化制造业发展不容乐观。文化制造业具有传统文化产业的特征，作为传统文化产业，面临技术革新带来的竞争压力，包括图书出版、影视制作、音像制品等，这些产品在现代传播方式和消费习惯的推动下，需要尽快实现转型升级。随着线上零售平台的快速发展，文化批发和零售业企业需要迅速适应这一新变化，逐步向电子商务、直播带货等新兴模式转型。文化服务业企业单位数快速增长，生产效率显著提高；资产总额稳步增长，利润总额大幅提高，盈利能力显著提升。随着互联网技术和创新手段的广泛应用，文化服务业已经不再局限于传统的文化场所和演出服务，而是涵盖在线教育、虚拟娱乐、网络视频、沉浸式演艺、云音乐等新兴服务领域。随着消费者需求的个性化和线上化，文化服务业的市场空间不断扩大，成为带动文化产业发展的重要力量。

三 文化产业新业态的认同状况分析

从本报告对 2021~2023 年中国文化产业整体情况的描述和分析来看，文化产业获得了较多的政策支持和激励，数字化赋能被视为"十四五"期间文化产业发展的重要推动力。支持文化产业新业态的国家政策不断出台、投资的不断增加等都为 2021~2023 年文化产业发展奠定了良好基础。截至 2024 年，文化产业新业态实现快速发展，近年来其增速始终快于文化产业的整体增速，成为促进文化产业高质量发展的重要力量，特别是 2023 年，文化产业新动能不断释放，文化新业态行业带动效应明显。[①] 由此可见，随着国家文化数字化战略的深入实施，以数字化、网络化、智能化为主要特征的文化新业态发展势头迅猛，为文化产业注入新的活力，数字化赋能效果显著。

---

① 《国家统计局社科文司高级统计师张鹏解读 2023 年全国规模以上文化及相关产业企业数据》，国家统计局网站，2024 年 1 月 30 日，https://www.stats.gov.cn/sj/sjjd/202401/t20240129_1946972.html。

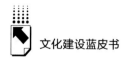
然而，这些新业态的迅速崛起是否真的让人民群众切身体会到文化产业数字化的魅力，是否真正提高了人民群众的获得感，数字化赋能的效果又如何，湖北大学高等人文研究院文化产业蓝皮书研创团队通过开展调研，关注人民群众对相关问题的认知和认同情况，分析2022～2023年文化产业在高科技赋能上是否达到预期效果，发现其中存在的问题，并据此提出对策建议。

（一）对文化产业发展的评价分析

1. 文化发展守正创新建设取得成就的认同分析

2022～2023年是我国文化产业新业态迅猛发展的时期，团队首先集中调研了人们对数字技术赋能文化产业的认同情况，着重关注了文化整体发展中数字技术赋能的认同情况、文化产业发展成效的认同情况及文化产业与其他领域认同情况比较、文化产业数字技术赋能存在的问题，并对人们对这些问题的看法进行了分析。

首先本报告调查了人们对文化发展守正创新建设取得成就的认同，调查结果如表6所示。总体来看，人们对文化发展各方面的成就都有较为广泛的认同，其中认同度最高的是"国家文化软实力大幅提升"，其次是"中华优秀传统文化得到广泛弘扬"，在这两个方面人们的认同度都达到82%以上。调查对象对"互联网监管和数字化技术越来越智能化"的认同度也较高，达到78.18%。

表6　对文化发展守正创新建设取得成就的认同统计（多选）

单位：人，%

题项	人数	占有效样本比重	占选择人次比重
A. 中华优秀传统文化得到广泛弘扬	5149	82.25	33.83
B. 互联网监管和数字化技术越来越智能化	4894	78.18	32.15
C. 国家文化软实力大幅提升	5179	82.73	34.02
选择人次总计	15222	—	100.00

通过 T 检验方法检验以上几个题项之间的差异。从表 7 可以看出，将 3 个题项的总均值（1.811）作为检验参数进行检验，发现 A、C 题项均值显著高于总均值；B 题项均值显著低于总均值。这意味着人们对"国家文化软实力大幅提升""中华优秀传统文化得到广泛弘扬"的认同度显著高于"互联网监管和数字化技术越来越智能化"。由此可以看出，数字化赋能效果显著，新业态已经成为文化产业高质量发展的重要动力，互联网监管与相关技术提升方面有待继续进步。

表 7　对文化发展守正创新建设取得成就的认同差异检验结果

题项	样本数	均值	均值差	t 值	p 值
A. 中华优秀传统文化得到广泛弘扬	6260	1.82	0.012 **	2.386	0.017
B. 互联网监管和数字化技术越来越智能化	6260	1.78	−0.029 ***	−5.595	0.000
C. 国家文化软实力大幅提升	6260	1.83	0.016 ***	3.415	0.001
总　体	6260	1.811	—	—	—

注：** 表示 p<0.05，*** 表示 p<0.01。

2. 文化事业和文化产业发展成效的认同分析

为了解人民群众对我国文化产业数字化成效的认同度与文化建设其他领域之间的认同度是否存在差异，本报告对文化产业、旅游产业、公共文化事业、中国文化国际传播、非遗保护、融媒体传播、文化事业投资、文旅产品等方面的认同度进行了比较分析。如表 8 所示，调查对象对不同领域发展成效的认同度存在明显差异。在 8 个领域中，只有 5 个领域发展成效的认同度超过 50%，分别为"具有中国特色的旅游产业""博物馆、科技馆、图书馆、文化馆、群艺馆改造升级""非遗保护性开发与利用""中国传统文化国际传播""文化数字科技创新产业"，而"国内文化融媒体建设与传播"、"公共文化建设投资"及"文旅产品质量提升"这 3 个领域的发展成效认同度较低。"具有中国特色的旅游产业"和"博物馆、科技馆、图书馆、文化馆、群艺馆改造升级"的认同度均超过 70%，其次是"非遗保护性开发与利用"，其认同度也达到 66.28%，虽然"文化数字科技创新产业"和"中华传统文化国际传播"的认同度也超过 50%，但仅为 54.90% 和 56.39%，认同度并不高。由此可见，"文化数字科技创新产业"的整体发展成效不仅认同度不高，其认同度相较于其他领域也偏低。不仅如此，与文化新业态相关的"国内文化融媒体建设与传播"的认同度也较低，仅为 41.87%，进一步说明人民群众对文化产业数字化转型成效的认同度不高。

表 8　对近几年文化事业和文化产业发展成效明显的认同统计（多选）

单位：人，%

题项	人数	占有效样本比重	占选择人次比重
A. 具有中国特色的旅游产业	4596	73.42	16.61
B. 文化数字科技创新产业	3437	54.90	12.42
C. 博物馆、科技馆、图书馆、文化馆、群艺馆改造升级	4452	71.12	16.09
D. 中华传统文化国际传播	3530	56.39	12.76
E. 非遗保护性开发与利用	4149	66.28	15.00
F. 国内文化融媒体建设与传播	2621	41.87	9.47
G. 公共文化建设投资	2417	38.61	8.74
H. 文旅产品质量提升	2467	39.41	8.92
选择人次总计	27669	—	100.00

3. 对文旅数字化、智能化发展面临的主要问题的评价分析

调查问卷中设计了"文旅数字化、智能化发展面临的主要问题的评价"多选题，就数字化科技平台数量、数字科技经济效益转化难度、民众对文旅数字化文化建设需求、数字科技赋能文旅活化以及文旅数字产品规模这 5 个方面进行调研。从调查结果来看，选择（认同）"B. 数字科技转化为经济效益较难"的人数最多，占比为 73.58%；随后依次是"C. 民众对文旅数字化建设需求不足"，占比为 67.59%；"E. 文旅数字产品规模较小"，占比为 64.22%；"D. 数字科技没有让文旅活起来，占比为 59.98%"和"A. 数字科技平台少"，占比为 59.14%（见表 9）。

表9　对文旅数字化、智能化发展面临的主要问题的评价统计（多选）

单位：人，%

题项	人数	占有效样本比重	占选择人次比重
A. 数字科技平台少	3702	59.14	18.22
B. 数字科技转化为经济效益较难	4606	73.58	22.67
C. 民众对文旅数字化建设需求不足	4231	67.59	20.83
D. 数字科技没有让文旅活起来	3755	59.98	18.48
E. 文旅数字产品规模较小	4020	64.22	19.79
选择人次总计	20314	—	100.00

那么该如何分析这种选择差异呢？首先我们用帕累托图进行分析。帕累托图主要是按事件发生的频率进行排列，可以直观地呈现一种趋势或者特征（见图5）。

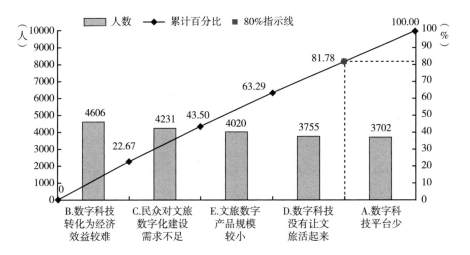

图5　对文旅数字化、智能化发展面临的主要问题的评价帕累托图

人民群众对我国文旅数字化、智能化发展所面临的主要问题的评价集中于文化产业的几个核心方面，即数字化投资的变现问题、人民群众的市场需求问题以及数字化产品的规模问题上，数字科技赋能文旅活化和数字科技平台数量方面也存在一定的问题，但相较于前三个方面情况稍好。

（二）数字化赋能文化产业面临的主要问题

根据以上调研结果及相关分析可以看到，近年来我国数字技术赋能文化产业的效果较为显著。人们对这些文化新业态的认同度较高。然而，我们仍要注意这样一个问题：产业实际发展情况与人民群众的获得感之间存在差距，数字技术赋能文化产业终端落地问题亟待解决。具体来说，国家大力支持数字技术赋能文化产业，也已经在文化及相关产业的建设和发展中取得明显成效，近年来文化新业态的增速一直高于文化产业整体增速，成为文化产业发展的新动能。然而，人民群众对这些文化新业态的获得感仍然不足。

从前述分析可以看出，文化产业数字化转型涉及以下几个方面：投资的经济效益转化、文化新业态的市场需求、数字化文化产品的供给。

1. 投资的经济效益转化

在文化产业数字化转型过程中，投资的经济效益转化是关键问题之一。由于文化产业新业态涉及高科技领域，其投资成本较高，且风险较大。投资者对数字技术赋能文化产业的经济回报存在疑虑，主要原因有以下几个方面。第一，高成本与高风险。文化产业数字化需要技术研发、设备更新和人才引进，这些都需要巨额资金投入。同时，由于技术更新速度快，市场变化迅速，投资回报的不确定性较高。第二，回报周期长。文化产业的投资回报周期通常较长，尤其是在数字化转型初期，市场培育和用户习惯的培养需要时间，短期内难以看到明显的经济效益。第三，商业模式不成熟。许多数字文化产业的商业模式尚未成熟，盈利模式不清晰，导致投资者对经济效益的预期较为保守。

2. 文化新业态的市场需求

尽管人民群众对文化新业态的发展有一定的认知和认同，但整体市场需求尚未完全显现。这反映出文化新业态在落地过程中存在"曲高和寡"的问题。第一，认知与需求脱节。虽然人们对数字文化产业有一定的认知，但实际需求并未完全转化为消费行为。这可能是因为文化新业态的产品和服务与消费者的实际需求之间存在差距。第二，市场推广不足。数字文化产业的新产品、新服务需要一定的市场推广和用户习惯培养。目前，市场对数字文化产品的接受度还不够高，导致其需求增长缓慢。第三，文化消费习惯的转变。传统文化消费习惯仍然占据主导地位，数字文化产品的消费习惯尚未完全形成，导致市场需求不足。

3. 数字文化产品的供给

人民群众对数字文化产品的供给规模和产品质量均不满意，这表明当前市场在供给端存在较大问题。第一，供给规模不足。数字文化产品的供给规模未能满足市场需求，尤其是在一些细分领域，供给严重不足，导致消费者选择有限。第二，产品质量参差不齐。虽然数字文化产品的数量在增加，但质量提升并不明显。许多产品缺乏创新，内容同质化严重，难以满足消费者对高质量文化产品的需求。第三，技术与内容结合不紧密。数字文化产品在技术应用上虽然有所突破，但技术与内容的结合还不够紧密，导致产品体验不佳，难以吸引消费者。

四　促进文化产业高质量发展的对策建议

（一）优化文化新业态的投资环境

为提升文化新业态投资的经济效益转化率，可以从政策层面鼓励优化投资结构、降低投资风险。例如，可以尝试设立文化产业专项基金，支持数字文化产业的高风险项目，降低企业投资压力；引入多元化投资主体，鼓励社会资本、风险投资、私募基金等进入文化产业，形成多元化的投资格局，分散投资风险；鼓励政府与企业合作，共同承担投资风险，提升项目的可行性和经济效益。

文化新业态要探索完善商业模式，缩短回报周期。可以探索多元化盈利模式，除了传统的广告和会员收费，可以尝试 IP 授权、衍生品开发、跨界合作等新模式，提升盈利能力。推动"文化+科技+消费"融合，将数字文化产品与旅游、教育、零售等行业结合，拓宽收入来源。加强数据

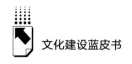

驱动运营，通过大数据分析用户需求，精准匹配产品和服务，提升投资回报率。

（二）激发文化新业态的市场需求

为激发文化新业态的市场需求，可以从以下几个方面着手。首先，加强市场推广与用户培养。例如，开展数字文化消费推广活动，通过线上与线下相结合的方式，向消费者普及数字文化产品的价值和使用方式。打造典型案例，通过成功案例的示范效应，增强消费者对数字文化产品的认知和信任。利用社交媒体和 KOL（关键意见领袖）推广数字文化产品，吸引年轻消费者。

其次，文化新业态要精准对接消费者需求，开展用户调研，深入了解消费者的文化消费习惯和偏好，有针对性地开发文化产品和服务。推动个性化定制，利用人工智能和大数据技术，为用户推荐个性化的文化产品，提升用户体验。降低消费门槛，通过免费试用、低价体验等方式，降低消费者尝试新业态的门槛。

最后，积极培育新兴消费场景，拓展线上消费场景，通过虚拟现实（VR）、增强现实（AR）等技术，打造沉浸式文化消费体验。推动文化产品数字化转型，将数字技术应用于博物馆、剧院等传统文化场所，提升消费者的参与感和互动性。

（三）提升数字文化产品的供给质量

首先，推动文化新业态数字化、智能化发展，促进技术与内容的融合，推动跨界合作。鼓励文化企业与科技公司合作，将先进技术（如人工智能、5G、区块链等）应用于文化产品创作。提升内容创新能力，支持原创内容创作，避免同质化，打造具有独特价值的数字文化产品。注重用户体验，在技术应用的同时，注重产品的易用性和趣味性，提升用户满意度。

其次，政府和行业通过各种政策支持中小文化企业发展，通过资金扶持、技术培训等方式，帮助中小文化企业提升数字化生产能力。打造数字文化产业链，从内容创作、技术开发到市场推广，形成完整的产业链，提升文化产品和服务的供给效率。

最后，探索建立数字文化产品质量评价与监督机制，制定数字文化产品标准，提高产品质量，提升消费者满意度。引入第三方评价机构，对数字文化产品进行评价，推动行业良性竞争。加强知识产权保护，保护原创内容，打击盗版和侵权行为，激励企业创新。

通过优化投资环境、激发市场需求、提升供给质量以及构建良好的产业生态，文化产业在数字化转型过程中得以逐步解决当前面临的问题。这不仅需要企业的努力，还需要政府、行业协会、消费者等多方主体共同参与，形成合力，推动文化产业实现高质量发展。

B.5
中国文化国内传播
和影响力报告（2023~2024）

黄妍 邹於倩 吴亮*

摘 要： 2021~2023 年中国文化传播取得了一系列成就，主要体现在以下三个方面。一是随着媒体融合发展的深入推进，相关政策不断完善，为融媒改革提供了强有力的制度保障。二是广播电视优质内容供给依然丰富，高清、超高清电视持续发展，广电 5G 用户数量突破一定规模，用户视听体验不断提升，广电惠民工程深入实施。电影题材和类型更加丰富多元，电影市场持续回暖，电影行业的信心提振。三是短视频平台不断推出形式多样、内容丰富的作品，满足用户多元化的需求；短视频行业从单一的短视频内容和社交媒体平台向线上综合性数字社区演进。在中国文化传播的过程中，仍存在一些亟须解决的问题。其一，短视频平台的特殊年龄（未成年人、老年人）用户仍然存在适用性问题。其二，缺乏针对网络主播从业人员的基本标准和要求，直播乱象治理效果不尽如人意。其三，电影行业活力仍有待进一步激发，电影发行亟待向多线模式发展。据此，本报告提出以下几点建议。第一，针对特殊年龄人群易受误导的特点，短视频平台应制定明确的内容审核标准，利用人工智能、大数据等先进技术提高审核效率和准确性，设立快速响应机制，对不良内容及时进行核查和处理。第二，建议制定网络主播从业人员标准，设立从业资格准入考试，提升网络主播从业人员的专业素养和职业道德水平，提高直播内容的质量和观赏性。第三，建议推广电影分线发行，助力电影院线发展。

---

* 黄妍，中华文化发展湖北省协同创新中心副研究员、湖北大学哲学学院讲师，主要研究方向为现代西方哲学及伦理学；邹於倩，湖北大学哲学学院 2022 级硕士研究生，主要研究方向为西方伦理学；吴亮，湖北大学哲学学院 2023 级硕士研究生，主要研究方向为伦理学。

关键词： 媒体深度融合　电影多线发行　文化传播秩序

本报告拟考察 2021~2023 年中国文化国内传播和影响力状况，总结其取得的主要成就，预测其发展前景，分析其中存在的问题，并提出对策建议。

一　国内文化传播总体发展概况

2021~2022 年，广播电视和网络视听、电视剧、电影等行业相继发布了各行业的"十四五"规划，"十四五"规划是各行业未来发展的设计蓝图，也是未来我国文化传播工作谋篇布局的总体部署。本报告将对 3 份行业"十四五"规划文件提出的发展目标进行分析，以期对我国文化传播工作的发展方向进行预测。

2021 年 10 月，国家广播电视总局发布《广播电视和网络视听"十四五"发展规划》提出了媒体深度融合发展，一体化、联动式主流舆论格局有效构建；精品创作有力有效，为实现中国梦提供强大精神支撑；公共服务提质增效，智慧广电"人人通"基本实现；产业高质量发展，成为发展数字经济、扩大内需的强力引擎；科技创新有效赋能行业发展，智慧广电全业务服务模式基本建立；安全保障和治理能力持续提高，现代化行业治理体系不断健全；国际传播能力显著提升，"走出去"实效切实增强等主要目标。[1]

2022 年 2 月，国家广播电视总局印发《"十四五"中国电视剧发展规划》，提出主题创作引导激励机制更加完善，精品供给能力显著增强，现代产业体系和市场体系进一步健全，发展环境日益优化，国际交流合作深化拓

---

[1]　《广播电视和网络视听"十四五"发展规划》，国家广播电视总局网站，2021 年 10 月 8 日，http：//www.nrta.gov.cn/art/2021/10/8/art_113_58120.html。

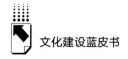
展与树立良好职业道德和行业风气等发展目标,对精品创作、市场体系、国际传播与合作、高质量人才队伍等方面做出重要部署。① 该规划还提出,"十四五"期间要做大做强做优电视剧产业,打造 10~15 家具有较强创作生产能力的电视剧企业,增强整个电视剧市场的发展活力。

2021 年 11 月,国家电影局发布《"十四五"中国电影发展规划》,该规划从内容质量、国产票房、院线建设、电影技术、银幕建设、人才培养等方面设立了"十四五"时期我国电影行业的建设目标和电影强国的发展目标。② 该规划指出,"十四五"期间,我国电影产量稳定增长,质量显著提升;每年重点推出 10 部左右叫好又叫座的电影精品力作,每年票房过亿元国产影片达到 50 部。进一步完善市场和产业体系,完善电影发行放映机制,国产影片年度票房占比保持在 55%左右。电影市场向多层次多元化发展,"人民院线"实现对所有县级以上城市的覆盖。电影科技水平进一步提升,电影工业化基础更加牢固,电影标准化体系更加完善。到 2025 年我国银幕总数超过 10 万块,到 2035 年培养造就一批世界知名的电影艺术家。

"十四五"时期是我国全面建成小康社会、实现第一个百年奋斗目标之后,开启全面建设社会主义现代化国家新征程,也是我国文化传播各行业贯彻新发展理念、构建新发展格局、推动高质量发展,实现新的行业升级的新阶段。从三个行业发布的"十四五"规划文件来看,三个"十四五"规划的设计思路都体现出强大的舆论引导力、高品质的内容创作能力、高素质的人才队伍、高水平的市场体系、高效率的治理体系,未来 5 年国内文化传播工作正朝着创作精品化、行业有序化、服务高效化、技术数字化的方向发展。

① 《"十四五"中国电视剧发展规划》,国家广播电视总局网站,2022 年 2 月 10 日,http://www.nrta.gov.cn/art/2022/2/10/art_113_59524.html。

② 《"十四五"中国电影发展规划》,国家电影局网站,2021 年 11 月 14 日,https://www.chinafilm.gov.cn/xwzx/ywxx/202111/t20211109_1182.html。

二　文化传播各细分行业发展现状及影响力

本部分拟从新闻业、电视业、电影业和网络视听业四大板块具体考察和描述 2022 年国内文化传播各细分行业的发展现状及影响力。

（一）新闻业发展现状及影响力

1. 我国新闻业发展现状

从报纸生产状况来看，2021 年我国报业呈现减产减量的总体态势。根据国家新闻出版署的相关统计数据，2021 年我国发行各类报刊共计 1752种，平均每期印刷量达 15566.80 万份。经测算，各报刊平均每期发行量达 8.89 万份，全年实现印刷量 283.02 亿份，消耗印刷纸张总量达 628.57 亿印张，市场销售额达 366.06 亿元。与上年相比，种数下降 3.20%，平均期印数下降 0.80%，总印数下降 2.12%，总印张下降 3.99%。①

2022 年的报纸生产状况可以根据报纸印刷量和新闻纸用量来推测。中国报业协会发布的数据显示，2022 年全国报纸总印量为 584 亿对开印张，与上年 608 亿对开印张的总印量相比有所下降。新闻纸用量同步下滑，从 137 万吨减少到 131 万吨。2005 年，原本高歌猛进的报纸印刷业踩了刹车。近年来随着数字化浪潮的推进，整个行业的增长势头明显放缓。传统印刷业务量仍在持续收缩，这个趋势预计将延续下去。受新媒体的冲击，自 2012年起，全国报纸印刷总量连续 9 年下降。2021 年，全国报纸印刷总量小幅上升，终止了连续下滑的趋势。2022 年，报纸印刷总量再次出现小幅下降，降幅仅为 4.01%，并不像前几年有高达 10% 以上的下滑。2022 年，全国报纸印刷总量的小幅下滑，不能与之前年度较快速度的下跌一样看待。仔细分析统计数据会发现，2022 年各省市报纸年印刷量并未出现全面下滑的情况，

---

① 《2021 年全国新闻出版业基本情况》，国家新闻出版署网站，2023 年 2 月 22 日，https://www.nppa.gov.cn/xxgk/fdzdgknr/tjxx/202305/P020230530666964143612.pdf。

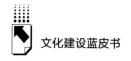

而是有增有减。①

从新闻业从业人员情况来看，2022年12月发布的《国家新闻出版署　人力资源社会保障部关于印发〈新闻记者职业资格考试办法〉和〈新闻记者职业资格考试实施细则〉的通知》要求，为深入学习贯彻习近平新时代中国特色社会主义思想和党的二十大精神，坚持和加强党对宣传思想工作的全面领导，落实党管宣传、党管意识形态、党管媒体的要求，加强新闻采编队伍管理，规范新闻采编秩序，促进党和国家新闻事业发展。根据国家专业技术资格管理相关规定，新闻采编岗位已设立准入型职业资格认证体系，并整合至全国专业技术人才评价框架内。该项资格考核面向新闻机构在岗人员设立，重点评估申请者从事新闻采编必备的政治觉悟、专业水平及职业伦理素养。依据法规要求，凡在我国境内新闻机构承担采编任务的专业人员，必须通过全国统一资格认证考核才可获得新闻采编从业资格证书。该考核体系实行"五统一"管理原则：由中央主管部门统筹实施，执行统一的考核时间、标准化大纲、通用化试题及规范化的评定标准。根据国家新闻出版署相关规定，新闻记者职业资格考试需严格遵循公平、公正、公开原则，其组织实施过程接受纪检监察机关、保密机构及社会公众的多维度监督。② 作为行业规范化的重要举措，首届全国新闻记者职业资格考试已于2023年11月4日全面展开，覆盖31个省（区、市）及新疆生产建设兵团，吸引3.9万名新闻从业人员参加。③

为推动报业在新征程上实现高质量发展，更好肩负起宣传思想工作使命任务，开展2023年度报纸及其所办新媒体质量专项检查工作。检查重点内

---

① 《2022年度全国报纸印刷量调查统计结果显示：报纸印刷总量趋稳态势形成》，江苏省新闻出版局网站，2023年4月12日，https://www.jssxwcbj.gov.cn/art/2023/4/12/art_35_75731.htmll。

② 《国家新闻出版署　人力资源社会保障部关于印发〈新闻记者职业资格考试办法〉和〈新闻记者职业资格考试实施细则〉的通知》，人力资源和社会保障部网站，2022年12月30日，https://www.mohrss.gov.cn/xxgk2020/fdzdgknr/zcfg/gfxwj/rcrs/202301/t20230110_493110.html。

③ 《新华社权威快报丨3.9万余人参加首次新闻记者职业资格考试》，新华网，2023年11月4日，http://m.xinhuanet.com/2023-11-04/c_1129957222.htm。

容包括以下几个方面。一是 2023 年出版报纸的内容质量、编校质量和出版质量。二是报纸所办官方微博、官方微信、客户端 3 种新媒体 2023 年发布信息的内容质量、编校质量。三是报纸及其所办官方微博、官方微信、客户端等新媒体"三审三校"等质量保障制度的建设和执行情况。报纸出版单位自查、主管主办单位监督审核、省级新闻出版管理部门抽检以及国家新闻出版署检查。①

随着报业与互联网的深度融合，新闻业已进入融媒体时代。截至 2022 年 12 月，我国网络新闻用户数持续增长，网民规模达 10.67 亿人，网络新闻用户规模达 7.83 亿人。抖音快手等视频 App 和小红书等内容 App 除了原有的娱乐内容外，也开始产出一些新闻内容，主流媒体的入驻也让网民有更多途径获取新闻信息。上半年，行业监测数据显示，由新华社、中央广播电视总台、《人民日报》领衔的中央级媒体集群，全年共创制 1.5 万条高传播度短视频作品。在 2022 年传播实践中，网络新闻领域聚焦重大时政要闻展开深度传播，有效强化公众对国内外重大议题的认知。值得关注的是，资讯获取入口呈现多维度扩展态势，短视频平台及生活服务类应用已成为继传统社交平台之后的新型资讯传播阵地。特别是在中国共产党第二十次全国代表大会期间，网络传播矩阵构建了立体化报道格局。主流媒体依托社交媒体平台、即时通信工具、专业视频门户及移动客户端构建全媒体直播矩阵，形成多终端、跨平台的实时传播网络，充分满足公众多元化的观会需求。会议召开首日，仅新浪微博的直播观看量就达到 1.26 亿人次。②

从行业规范建设方面来看，2022 年国家主管部门加大对新闻业的治理力度，网络新闻行业的传播秩序得到有效的管理和规范。2022 年，中宣部

---

① 《国家新闻出版署关于开展 2023 年度报纸及其所办新媒体质量专项检查工作的通知》，国家新闻出版署网站，2023 年 3 月 27 日，https://www.nppa.gov.cn/xxfb/tzgs/202304/t20230418_712817.html。

② 《CNNIC 发布第 51 次〈中国互联网络发展状况统计报告〉》，中国互联网络信息中心网站，2023 年 3 月 2 日，https://www.cnnic.net.cn/n4/2023/0302/c199-10755.html。

联合中央网信办等12个部门，指导各地区各相关部门对打击新闻敲诈和假新闻专项行动（简称"打假治敲"专项行动）的推进工作。坚决打击新闻敲诈，严厉打击非法新闻采编，重拳打击"离岸新闻机构"，国家新闻管理部门深化行业治理改革，重点打击信息失真乱象与利益驱动型报道，系统整治媒介权力寻租等违规行为，全面推进地方分支机构管理架构的标准化建设。本次传媒领域的专项整治行动打出监管组合拳，重点围绕三类主体展开：一是新闻机构及从业人员的职业违规行为，二是商业平台及自媒体账号的非法新闻活动，三是社会组织及个人的新闻越界操作。整治行动聚焦七大突出问题，包括财经报道领域的敲诈勒索、有偿新闻乱象、新闻采编业务违规外包、虚假信息传播、地方记者站违规经营广告、网络平台非法采编，以及假媒体假记者产业链。监管部门特别强调，将建立跨部门的协同治理机制，既打击传统媒体领域的职务违规，也遏制新媒体环境下的非法新闻活动，实现传媒监管从内容生产到传播终端的全覆盖。这一系列举措标志着我国新闻传播治理正在向制度化、长效化的方向深入推进。①

2. 我国新闻业影响力

本报告对新闻业影响力的研究主要体现在新闻阅读率、媒体传播力和"学习强国"的内容评价上，以下从这三个方面进行考察。

（1）新闻阅读率

随着互联网的迅猛发展，人们的阅读习惯发生了巨大变化，报纸行业受到巨大冲击，近几年报纸阅读率和日均阅读时长均呈现持续下滑的趋势。因此，从阅读率来看，报纸的影响力逐渐减弱。

2021年报纸阅读率为24.6%，较2020年的25.5%，下降0.9个百分点。2021年纸质报纸的人均阅读量为15.13期（份），较2020年的15.36期（份），减少0.23期（份）。2021年报纸的日均阅读时长为5.22分钟，

---

① 《打击违法违规活动维护新闻传播秩序——2022年"打假治敲"专项行动持续深入推进》，国家新闻出版署网站，2023年2月15日，https://www.nppa.gov.cn/xxfb/ztzl/djxwqzhjxwzxxd/zyyq/202302/t20230216_667249.html。

较 2020 年的 5.71 分钟，减少 0.49 分钟。①

第二十次全国国民阅读调查成果显示，2022 年报纸阅读率呈下降趋势。2022 年报纸阅读率为 23.5%，较 2021 年的 24.6%，下降 1.1 个百分点。此外，2022 年报纸日均阅读时长为 5.05 分钟，少于 2021 年的 5.22 分钟（见图 1）。②

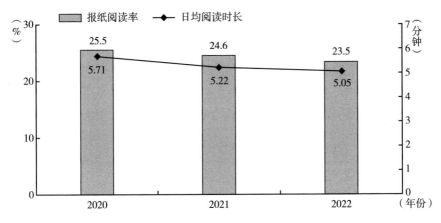

图 1　2020~2022 年报纸阅读率和日均阅读时长

（2）媒体传播力

随着传统主流媒体陆续进驻网络平台，主流媒体的网络版依然具有较强传播力和公信力。根据权威第三方监测机构 CTR 发布的主流媒体同等传播力评估结果，中央广播电视总台、《人民日报》、新华社三大央媒在新媒体领域展现出较强的传播势能，其头部账号用户基数均突破亿级门槛，在网络传播力评估中稳居前三（见表 1）。中央广播电视总台实施"双轨制"传播策略：一方面，着力完善自主平台布局，"央视影音""央视频""云听"三大核心平台年度新增用户规模突破亿级大关；另一

① 《第十九次全国国民阅读调查成果发布》，国家新闻出版署网站，2022 年 4 月 25 日，https://www.nppa.gov.cn/xxfb/ywdt/202204/t20220425_665265.html。

② 《第二十次全国国民阅读调查成果发布》，国家新闻出版署网站，2023 年 4 月 24 日，https://www.nppa.gov.cn/xxfb/ywdt/202304/t20230424_713200.html。

方面，深化与社交平台的战略协同，在主流社交端口运营的 300 余个垂类账号中，季度用户触达量达百万级的优质账号矩阵已然形成。其中，"央视新闻"社交账号群持续领跑行业，微博与抖音双平台粉丝体量保持亿级规模，快手平台内容精品率更是高达 92%。《人民日报》重点布局移动视频生态，创新推出垂直类视频平台"视界"，其核心社交账号群（微博/抖音/微信）季度流量维持在亿级。尤其在快手平台运营的同名官方账号，凭借 90% 的优质内容产出率形成差异化竞争优势。新华社则通过技术赋能内容生产创新，在微博主阵地保持亿级用户黏性，同时在多维度传播渠道评估中，其微博、微信公众号及短视频平台传播力均稳居行业前三。

表1　2023 年 8 家主要央媒网络传播力评估结果

排名	评价对象	综合得分	排名	评价对象	综合得分
1	中央广播电视总台	95.23	5	《中国日报》	53.25
2	《人民日报》	83.76	6	《光明日报》	52.52
3	新华社	65.74	7	《经济日报》	51.69
4	中新社	57.37	8	《求是》	50.05

从平台生态建设维度来看，中央广播电视总台打造的 10 款自有 App 年度新增用户数均超百万，其中"央视频""云听""央视新闻"构成用户增长的"三驾马车"。其在第三方平台运营的 240 余个优质账号全年产出近 2 万条高传播度内容，特别是"央视新闻"账号矩阵在微博、抖音、今日头条三大平台均实现亿级用户覆盖，抖音、快手及微信公众号的内容优质率持续保持在 90% 的高位。《人民日报》在微博、抖音双平台构建亿级用户生态，其内容在抖音、快手及微信端的传播穿透力尤为突出，优质内容占比突破 95% 大关。《人民日报》在微博、抖音平台账号粉丝量过亿，抖音、快手、微信公众号作品传播能力强，95% 以上的作品皆为爆款。新华社微博、微信公众号粉丝量与季度累计阅读量均位列前三；快手平台传播力突出，快手主账号累计播放量达 18.9 亿次，在央媒账号中排

名第二。①

从最新发布的省级以上广电机构网络传播力评价结果来看（见表2），中央广播电视总台稳坐头把交椅，湖南广播电视台和河南广播电视台组成头部阵营。截至2023年，在38家省级以上广电机构的自有App阵营里，月活用户突破10万大关的只剩26款，比2022年的64款下降明显，当然这与统计口径从下载量转为活跃度有关。现在这些机构在微信、微博、抖音、快手等阵地运营着超过1200个百万级大号，光2023年就制作出6.1万篇爆款内容。这波操作既延续了2022年的账号规模优势，又在内容产能上提升近三成。特别是河南广播电视台凭借"中国节日"系列成功逆袭。

第三方监测机构评估数据显示，省级广电机构新媒体发展呈现差异化竞争格局。湖南广播电视台着力推进自主平台生态构建，在微博与抖音双平台形成优势传播矩阵，其传播势能位居前列。河南广播电视台在移动视频领域展现出强劲增长态势，抖音、快手及视频号平台传播效能稳居省级广电机构前列。上海广播电视台与浙江广播电视集团实现多平台协同发展，在各细分传播渠道评估中稳居前十。

表2　2023年部分省级以上广电机构网络传播力评价结果

排名	评价对象	综合得分	排名	评价对象	综合得分
1	中央广播电视总台	92.50	9	福建广播影视集团	55.32
2	湖南广播电视台	67.43	10	江苏省广播电视总台	55.18
3	河南广播电视台	60.72	11	广东广播电视台	55.14
4	上海广播电视台	58.91	12	黑龙江广播电视台	55.13
5	浙江广播电视集团	58.09	13	四川广播电视台	55.05
6	北京广播电视台	56.76	14	安徽广播电视台	54.88
7	湖北广播电视台	56.28	15	陕西广播电视台	54.58
8	山东广播电视台	55.65			

---

① 《姜涛：2023年主流媒体网络传播力榜单及解读 | 德外独家》，腾讯网，2024年1月17日，https://news.qq.com/rain/a/20240117A04XHF00。

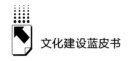

在处于第二梯队的广电机构中，湖北广播电视台（《湖北新闻》）、福建广播影视集团（《海峡新干线》《新闻启示录》）、四川广播电视台（《四川观察》）、山东广播电视台（《闪电新闻》）等栏目通过重点布局短视频传播矩阵，展现出强劲的内容穿透力。以北京广播电视台为代表的腰部机构依托《养生堂》《暖暖的味道》等品牌 IP 的跨屏传播，其微博与微信公众号传播效能稳居平台前五，并在短视频领域加速布局，机构整体传播实力已跻身快手平台前十阵营。黑龙江广播电视台重点打造快手平台运营体系，构建起以"龙视频""极光新闻""新闻夜航"为核心的新媒体 IP 集群，实现传统优势平台与新兴传播阵地的有机衔接。陕西广播电视台将"陕西都市快报"微博和微信公众号的传播优势延伸至视频号平台，其视频号在省级广电机构中位居前列。①

（3）"学习强国"的内容评价

在传统报业面临"减产减量"挑战的同时，新闻业的数字化改革正以前所未有的速度蓬勃开展。进入"十四五"时期，我国的政务融媒体进入全新的发展阶段，整个社会正加速向数字化、网络化、智能化转型，文化与数字技术的深度融合成为推动新闻融媒体工作创新的关键力量。在这一背景下，以"学习强国"为代表的政务新媒体，凭借其独特的优势和创新实践，成为数字化改革浪潮中的佼佼者。"学习强国"作为由中共中央宣传部宣传舆情研究中心研发的政务新媒体平台，自 2019 年 1 月正式上线以来，便以其权威性、内容丰富性和形式多样性迅速赢得广大用户的青睐。它不仅打破了传统政务软件内容呆板、操作复杂的刻板印象，还通过持续的技术创新和内容优化，为用户提供流畅、便捷、安全的使用体验，从而有效提升了传播效果和社会影响力。

针对目前我国民众对"学习强国"的评价进行调查，对新时代，登录"学习强国"学习下列历史的评价进行差异检验，结果如表 3 所示。

---

① 《2022 主流媒体年度网络传播力榜单及解读》，CTR 网站，2022 年 12 月 31 日，https：//ctrchina. cn/rich/report/516。

表3 对新时代，登录"学习强国"学习下列历史的评价差异检验结果

题项	样本数	均值	均值差	t 值	p 值
A. 中国共产党党史	6260	1.80	0.038***	7.477	0.000
B. 新中国建设发展史	6260	1.84	0.078***	16.784	0.000
C. 改革开放的历程	6260	1.80	0.037***	7.376	0.000
D. 社会主义发展史	6260	1.79	0.027***	5.327	0.000
E. 中国革命斗争的历史	6260	1.58	-0.179***	-28.671	0.000
总　体	6260	1.761	—	—	—

注：*** 表示 p<0.01。

资料来源：湖北大学高等人文研究院、中华文化发展湖北省协同创新中心"中国文化发展现状调查（2023~2024）"数据库。

从表3的差异检验结果来看，5个题项的总均值为1.761，其中A、B、C、D 4个题项的均值显著高于总均值。A、B、C、D题项的均值显著高于E题项，说明在"学习强国"平台，"中国革命斗争的历史"内容还需完善。"学习强国"作为政务新媒体的典范，凭借其先进的技术、丰富的内容资源和创新的传播手段，在数字化改革的大潮中脱颖而出。它不仅为用户提供了有效、便利、安全的使用体验，还成功地推动了文化与数字技术的深度融合，为我国政务融媒体发展树立了新的标杆。在未来的内容建设中，"学习强国"需增加更多有关"中国革命斗争的历史"内容。

（二）电视业发展现状及影响力

1. 我国电视业发展现状

2022~2023年，我国电视业发展状况主要从生产总量、覆盖范围、行业规范和从业人员规范四个方面进行考察。

从生产总量来看，根据2022年的统计数据，全国广播与电视节目的制作与播出情况呈现一定的变化趋势。具体而言，广播节目的制作总量达到787.65万小时，较上年下降3.08%；然而，其播出时间有所增加，达到1602.15万小时，同比增长0.80%。与此同时，电视节目的制作时间显著减少，总量为285.21万小时，同比下降6.78%；播出时间也略有下降，总量

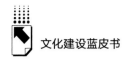
为 2003.64 万小时，降幅为 0.51%。在影视剧领域，2022 年全国共制作并发行了 160 部电视剧，总计 5283 集，制作发行部数较上年减少 17.53%。影视剧类电视节目的制作时间也大幅缩减，全年仅为 6.07 万小时，同比下降 19.28%。尽管如此，全国电视剧的播出量依然保持较高水平，全年播出 20.82 万部，影视剧类电视节目的播出时间达到 878.95 万小时，同比下降 0.61%。2022 年，全国共完成并获得《国产电视剧发行许可证》的剧目有 160 部，共计 5283 集，其中现实题材剧目有 129 部（4143 集），占总剧目数的 80.63%（78.42%）；历史题材剧目有 25 部（906 集），占总剧目数的 15.63%（17.15%）；重大题材剧目有 6 部（234 集），占总剧目数的 3.75%（4.43%）。①

2023 年，全国广播与电视节目的制作与播出数据呈现一定的波动趋势。广播节目的制作总量为 759.24 万小时，较上年减少 3.61%；然而，其播出时间却有所上升，达到 1615.98 万小时，同比增长 0.86%。与此同时，电视节目的制作时间有所下降，总量为 260.01 万小时；播出时间则基本保持稳定，总量为 2001.63 万小时，降幅仅为 0.10%。值得注意的是，影视剧类电视节目的制作时间显著增加，达到 6.74 万小时，同比增长 11.04%；其播出时间也有所增加，总量为 882.47 万小时，增幅为 0.40%。2023 年，全国完成并获得《国产电视剧发行许可证》的剧目有 156 部，共计 4632 集，其中现实题材剧目有 124 部（3535 集），占总剧目数的 79.49%（76.32%）；历史题材剧目有 27 部（935 集），占总剧目数的 17.31%（20.19%）；重大题材剧目有 5 部（162 集），占总剧目数的 3.21%（3.50%）。② 从数据来看，2022~2023 年我国电视剧的产量呈现下降趋势；从题材占比来看，2023 年现实题材占比较 2022 年有轻微下降。由此可见，在电视剧的生产和制作中，反映当下人们实际生活的现实题材依旧是重点。

---

① 《国家广播电视总局办公厅关于 2022 年第四季度暨全年全国国产电视剧发行许可情况的通告》，国家广播电视总局网站，2023 年 1 月 20 日，http：//www.nrta.gov.cn/art/2023/1/20/art_113_63262.html。
② 《国家广播电视总局办公厅关于 2022 年第四季度暨全年全国国产电视剧发行许可情况的通告》，国家广播电视总局网站，2023 年 1 月 20 日，http：//www.nrta.gov.cn/art/2023/1/20/art_113_63262.html。

从覆盖范围来看，我国广播电视公共服务体系建设取得显著成效，覆盖范围显著扩大。统计数据显示，截至 2022 年末，全国广播电视综合覆盖率持续提升，其中广播节目覆盖率达到 99.65%（较上年提升 0.17 个百分点），电视节目覆盖率达 99.75%（较上年提升 0.09 个百分点）。这一成果的取得主要得益于国家惠民工程的深入实施，通过加强基础设施建设和优化服务供给，广播电视服务的覆盖范围得到有效扩大，使更多城乡居民享受到优质的广播电视服务。在农村地区，广播节目的综合人口覆盖率为 99.49%，电视节目的综合人口覆盖率为 99.65%，分别比 2021 年提高 0.23 个百分点和 0.13 个百分点。此外，农村地区的有线广播电视实际用户数量达到 0.66 亿人。在尚未覆盖有线网络的农村区域，直播卫星用户规模达到 1.50 亿人，进一步提高农村居民广播电视服务的可及性。全国有线电视的实际用户规模为 2.00 亿人，较上年下降 1.96%。与此同时，双向数字有线电视用户数量呈现增长趋势，达到 9820 万人，同比增长 1.23%。在视听技术升级方面，高清/超高清用户规模维持稳定。相关用户总数维持在 1.10 亿人左右，与 2021 年数据基本持平。具体来看，采用高清及超高清标准的点播服务用户达 3981 万户，在整体点播用户中占比高达 94.43%。此外，搭载智能终端的用户量呈现快速增长态势，总量突破 3745 万人，较上年同期增长 12.63%。全国交互式网络电视（IPTV）用户超过 3 亿人，互联网电视（OTT）平均月度活跃用户数超过 2.7 亿人，互联网视频年度付费用户数超过 8 亿人，互联网音频年度付费用户数达 1.5 亿人，短视频上传用户数超过 7.5 亿人。[1]

截至 2023 年末，我国广播节目的综合人口覆盖率达 99.71%，较上年提升 0.06 个百分点；电视节目的综合人口覆盖率为 99.79%，较上年提升 0.04 个百分点。农村地区广播节目的综合人口覆盖率为 99.59%，较上年提高 0.10 个百分点；电视节目的综合人口覆盖率为 99.72%，较上年提升

---

[1] 《2022 年全国广播电视行业统计公报》，国家广播电视总局网站，2023 年 4 月 27 日，http：//www.nrta.gov.cn/art/2023/4/27/art_113_64140.html。

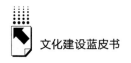
0.07 个百分点。直播卫星用户数量为 1.52 亿人，进一步扩大了广播电视服务的覆盖范围。我国网络视听产业呈现蓬勃发展态势，各业务形态用户规模持续扩大。截至 2023 年，我国交互式网络电视（IPTV）用户总量达 4 亿人；互联网电视（OTT）平均月度活跃用户数稳定在 3 亿人；广电 5G 业务发展迅猛，用户数突破 2300 万户，显示出新兴技术在广播电视领域的快速普及。在付费用户方面，各细分领域用户规模持续扩大：互联网年度视频付费用户达 7.32 亿人，年度音频付费用户达 1.82 亿人，短视频平台内容创作群体突破 7.5 亿。超高清视频产业加速发展：有线电视高清/超高清用户总量达 1.09 亿人，其中超高清用户有 4200 万人，较 2022 年增加 527 万人。

从行业规范来看，2022 年 2 月国家广播电视总局发布《"十四五"中国电视剧发展规划》，4 月发布《电视剧母版制作规范》。2023 年 11 月，国家广播电视总局发布《有线电视业务技术要求》《IPTV 业务技术要求》《互联网电视业务技术要求》3 项广播电视和网络视听行业标准（以下简称"三项标准"），深入开展电视"套娃"收费和操作复杂问题专项治理，让群众更加方便、快捷地观看电视。三项标准的制定依据为不同电视业务形态的技术特征与传播机制，主要针对有线数字电视、交互式网络电视和互联网电视三大业务平台，致力于缩短终端设备启动时长、实现开机直接进入播放状态以及优化用户操作体验。其根本宗旨在于通过技术创新提升电视服务的便利程度与品质，并对三大业务平台的技术参数进行规范。具体而言，标准文件详细规定了设备启动程序、UI 交互逻辑、实时播放与点播功能模块以及多媒体服务等关键技术指标，为提升电视产品的用户友好性和市场普及度制定了完善的技术规范，进而促进整个产业朝高效率、高质量的方向发展。

从从业人员规范来看，2022 年 1 月，中共中央宣传部办公厅、国家广播电视总局办公厅印发《关于进一步规范播音员主持人职业行为和社会活动管理的意见》。2022 年 3 月，中国文联发布《中国文艺工作者职业道德公约（修订稿）》。2022 年 6 月，国家广播电视总局、文化和旅游部联合发布《网络主播行为规范》，规定了网络主播应当坚持的正向行为规范和要求，包括严格遵守宪法及相关法律法规，切实维护国家利益、公共利益以及他人的合法权益；根据网络实名制要求，用户应依法完成账号注册程序，严格规范账号命名规则。在内容创作与传播过程中，必须坚持正确的政治立场，把握积极的舆论导向，恪守社会主义核心价值观，树立正确的思想观念和价值判断标准。创作内容应当立足人民立场，展现时代特征，弘扬人民群众的智慧与创造力。要始终保持高雅的艺术品位，坚决抵制不良文化倾向，自觉维护网络视听行业的健康发展环境。平台应引导用户进行文明互动，倡导理性表达，树立理性的消费观念。主播在表演过程中，需注重自身形象管理，确保表演形式、服装造型、语言表达、行为举止等符合社会公序良俗和主流审美标准。同时，必须尊重他人的合法权益，严格遵守知识产权相关法律规范，依法履行纳税义务，使用普通话和规范汉字。对于涉及医疗卫生、金融财经、法律咨询、教育培训等专业领域的网络主播，应当具备国家认可的相应执业资格，以保证传播内容的专业性与合法性，切实维护受众权益。《网络主播行为规范》引导网络主播规范从业行为，强化社会责任，树立良好形象，有利于提高网络主播队伍整体素质，治理行业乱象，规范行业秩序，进一步推动网络表演、网络视听行业持续健康发展。

2. 我国电视业影响力

电视业对广大受众的影响力，主要体现在每日户均收视时长、平均收视率以及热门收视题材这三个方面。

从收视时长来看，2022~2023年我国电视业仍然保持巨大的传播影响力。2023年我国电视每日户均收视时长与2022年相比有所上升，直播收视比重与2022年相比有所上升（见图2）。

2022年电视每日户均收视时长为71.5分钟，2023年电视每日户均收视时长为73.8分钟；2022年直播收视比重达31.41%，2023年达33.70%。

从黄金时段电视剧剧集平均收视率来看，2022年央视和地方卫视频道黄金时段电视剧共播出319部次，其中在央视频道收视率前20中，每集平均收视率突破2.5%的有1部，每集平均收视率为1.5%~2.0%的有8部，每集平均收视率为1.0%~1.5%的有11部；在地方卫视收视率前20中，每

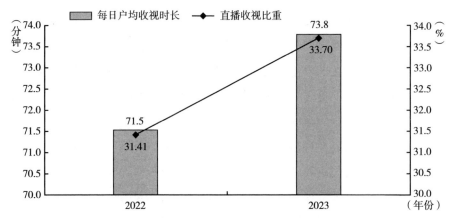

图 2　2022 年和 2023 年电视每日户均收视时长和直播收视比重

数据来源：中国视听大数据（CVB）《中国视听大数据 2022 年收视年报》《中国视听大数据 2023 年收视年报》。

集平均收视率为 1.0% ~ 1.5% 的有 1 部，每集平均收视率为 0.5% ~ 1.0% 的有 19 部。[①] 2023 年，央视和地方卫视频道黄金时段电视剧共播出 334 部次，其中在央视频道收视率前 20 中，有 6 部平均收视率突破 2.0%，14 部平均收视率突破 1.5%；在地方卫视收视率前 20 中，平均收视率为 1.0% ~ 1.5% 的有 1 部，平均收视率为 0.5% ~ 1.0% 的有 13 部，平均收视率低于 0.5% 的有 6 部。[②]

从热门收视题材来看，在 2022 年央视和地方卫视黄金时段收官电视剧单频道收视率前 100 中，每集平均收视率超过 1.5% 的有 8 部，按平均收视率从高到低依次是《人世间》《虎胆魏城》《县委大院》《我最爱的家人》《爱拼会赢》《那山那海》《对手》《山河锦绣》，在这 8 部热门电视剧中有 6

---

①　《中国视听大数据 2022 年收视年报》，"中国视听大数据" 微信公众号，2023 年 1 月 11 日，https：//mp. weixin. qq. com/s？__biz＝MzU2MDk1MzM1NA＝＝&mid＝2247494670&idx＝1&sn＝ce6d0034e912dea2851df58193633655&chksm＝fc028d6bcb75047d67b8b18f0fd6db30e6b8634da5dc1cf129302190c7cb8a9049e91b6a43d9&scene＝27。

②　《中国视听大数据 2023 年收视年报》，"广播电视信息" 微信公众号，2024 年 1 月 9 日，https：//mp. weixin. qq. com/s？__biz＝MjM5MzcyNjM0NQ＝＝&mid＝2650596839&idx＝2&sn＝5a9cd933ae5b8e00fdfe4ca6d7a0c885&chksm＝be9aef0189ed66176c2f24da19434505e12ba715a430aa5c80e0bcb48d25f81ae6e1fa69fd30&scene＝27。

部当代题材、1 部近代题材和 1 部现代题材。在 2023 年央视和地方卫视黄金时段收官电视剧单频道收视率前 100 中，每集平均收视率超过 2% 的有 6 部，按收视率从高到低依次为《此心安处是吾乡》《珠江人家》《狂飙》《画眉》《我们的日子》《人生之路》，在这 6 部热门电视剧中有 4 部当代题材、2 部现代题材（见表 4）。

表 4　2022~2023 热门电视剧题材一览

年份	排名	电视剧	题材	年份	排名	电视剧	题材
2022	1	《人世间》	现代	2023	1	《此心安处是吾乡》	当代
	2	《虎胆巍城》	近代		2	《珠江人家》	现代
	3	《县委大院》	当代		3	《狂飙》	当代
	4	《我最爱的家人》	当代		4	《画眉》	现代
	5	《爱拼会赢》	当代		5	《我们的日子》	当代
	6	《那山那海》	当代		6	《人生之路》	当代
	7	《对手》	当代				
	8	《山河锦绣》	当代				

数据来源：中国视听大数据（CVB）《中国视听大数据 2022 年收视年报》《中国视听大数据 2023 年收视年报》。

以上数据说明，2022 年与 2023 年当代题材的电视剧继续占据热门收视的主导地位，反映当下人们生活变化的电视剧内容依然是广大观众的关注点。

（三）电影业发展现状及影响力

1. 电影业发展现状

2022~2023 年我国电影业发展情况主要可以从总体发展状况、影院与院线运营两个方面进行考察。

从总体发展状况来看，2022 年我国影院及银幕数量继续保持增长态势，全年新增银幕 4695 块，新建影院 805 家。在基础设施建设方面，我国影院建设规模持续领跑全球，稳居全球第一的位置。疫情导致大量影院歇业，影院建设速度有所放缓，有 1886 家影院长达一年处于停业状态，未产生票房。① 2023 年电影市场银幕数为 8.6 万块（见表 5），继续位居全球第一，中高产值影院数量回升，年票房不足 500 万元的影院数量回落，影院产值结构较 2021~2022 年更为健康。②

表 5　2021~2023 年影院建设和银幕建设情况

单位：块，家

年份	银幕总数	新增银幕	影院总数	新增影院
2021	82248	6667	14480	1106
2022	86943	4695	15285	805
2023	86310	4880	14395	857

截至 2023 年底，我国电影放映市场呈现稳定发展态势。官方统计数据显示，全国范围内运营的电影院数量已达 14395 家，新增 857 家。在银幕建设方面，全国银幕总数达到 86310 块，全年新增银幕 4880 块。与 2022 年相比，2023 年新增影院数量呈现增长态势，但银幕增量与 2022 年基本持平。

从影院与院线运营情况来看，2022 年全国票房收入排名前十的院线包括万达电影院线、中影数字院线、广东大地院线、上海联和院线以及中影南方电影新干线等，与 2021 年相比，这些院线在票房收入、观影人次及场均人次等关键指标上均出现小幅下滑，但与 2020 年相比，整体表现有所改善，显示出市场逐步复苏的趋势。③ 2022 年，中国电影院线市场呈现明显的结构性分化特征。与 2021 年相比，全国院线在票房收入、观影人次及场均人次

① 《300.67 亿收官！2022 年中国电影年度调查报告重磅发布》，"电影频道"微信公众号，2023 年 1 月 2 日，https：//mp. weixin. qq. com/s? __biz＝MzA5OTg0NTE5Mg＝＝&mid＝2654582840&idx＝1&sn＝1b20c1adf2cc73024ef238e8bd774241&chksm＝8b310d1fbc468409a5a557f4f3eb6e33f142fc9befb945833e3486dc97efe74bb9fce282ed5b&scene＝27。
② 《灯塔研究院联合新华网发布〈2023 中国电影市场年度盘点报告〉》，新华网，2024 年 1 月 1 日，http：//www. xinhuanet. com/fortunepro/20240102/fb4bca57432d448497a6cff58e595d2a/c. html。
③ 刘汉文、陆佳佳：《2022 年中国电影产业发展分析报告》，《当代电影》2023 年第 2 期。

等核心指标上均出现小幅下滑，这主要是受到疫情冲击和优质影片供给不足的影响；但与 2020 年相比仍保持一定程度的恢复性增长。值得注意的是，在全年统计的 51 条院线中，世纪环球、山东文旅集团等 14 条院线年票房收入未能突破 1 亿元门槛，有 8 条院线年票房收入不足 5000 万元，有 2 条院线年票房收入低于 1000 万元，这些数据充分暴露出部分院线存在经营不善、市场活力不足等问题。①

值得一提的是，2023 年电影行业初探分线发行。分线发行是指不同院线放映不同影片的电影发行模式。影片发行方不再局限于全国院线统一放映的模式，而是可以根据具体条件选择与提供更优合作条款的院线或影院投资管理公司进行合作。更多的黄金场次、更高的排片比例、更长的放映周期以及更有利的票房分账比例等条件，均属于优先考虑的合作范畴。这种灵活的合作机制有助于片方最大化影片的市场收益和放映效果。《"十四五"中国电影发展规划》提到，鼓励开展分线发行、多轮次发行、区域发行、分众发行等创新业务。2023 年，在主管部门和行业协会的推动下，不少影院选择通过参与分线发行、预约放映、专线放映等特色放映方式，为观众提供独特的观影服务。在首届全国电影交易会上，共有 24 部影片通过分线发行模式成功签约。同年，《一个和四个》《沉默笔录》《非诚勿扰 3》，以及重映片《你的婚礼》等影片先后采用分线发行方式登陆院线，获得了众多影院的积极响应与支持。

2. 电影业的影响力

2022~2023 年我国电影业的国内影响力可以从总体票房情况、国产电影票房、内容偏好三个方面进行考察。

受疫情影响，2020~2022 年我国电影行业整体表现低迷，2023 年票房大幅上涨，恢复至 2017 年水平。

从总体票房情况来看，2022 年全国电影总票房为 300.67 亿元，其中国产电影票房为 255.11 亿元，在总票房中的占比为 84.85%。全年城市院线观

---

① 刘汉文、陆佳佳：《2022 年中国电影产业发展分析报告》，《当代电影》2023 年第 2 期。

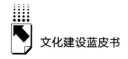
影人次为 7. 12 亿人次。① 2023 年，全国电影市场总票房达 549. 15 亿元，其中国产影片票房为 460. 05 亿元，占总票房的 83. 77%。全年城市院线观影人次为 12. 99 亿人次。全年票房过亿元影片共 73 部，其中国产影片 50 部，票房排名前十均为国产影片。②

从国产电影票房来看，国产电影扛起了 2022～2023 年的票房大旗。在 2022 年中国电影市场票房排名前十的影片中，有 6 部电影票房突破 10 亿元。《长津湖之水门桥》（票房 40. 67 亿元）、《独行月球》（票房 31. 02 亿元）、《这个杀手不太冷静》（票房 26. 28 亿元）等 3 部影片票房合计近百亿元。③ 2023 年，在中国电影市场中，有 11 部影片票房突破 10 亿元，较 2022 年增加 5 部。

从内容偏好来看，2022 年喜剧类型片总票房达 75. 13 亿元，较 2021 年（58. 39 亿元）增长 28. 67%。④ 含有或者以喜剧元素为主的国产片均有亮眼表现，喜剧类型依然是市场刚需。与此同时，主旋律电影表现优异，抗美援朝题材作品《长津湖之水门桥》，以 40. 67 亿元的票房成为 2022 年内地年度票房冠军，《万里归途》《狙击手》等影片广受好评。2023 年，民众对国产电影内容有了新的期待，更加重视原创与创新。"中国文化发展现状（2023～2024）"问卷也对此进行了调查，问卷中设计了一组多选题

① 《300. 67 亿收官！2022 年中国电影年度调查报告重磅发布》，"电影频道"微信公众号，2023 年 1 月 2 日，https：//mp. weixin. qq. com/s？__biz = MzA5OTg0NTE5Mg = = &mid = 2654582840&idx = 1&sn = 1b20c1adf2cc73024ef238e8bd774241&chksm = 8b310d1fbc468409a5 a557f4f3eb6e33f142fc9befb945833e3486dc97efe74bb9fce282ed5b&scene = 27。

② 《调查报告请查收！2023 中国电影总票房 549. 15 亿元》，"1905 电影网"百家号，2024 年 1 月 1 日，https：//baijiahao. baidu. com/s？id = 1786871006458063428&wfr = spider&for = pc。

③ 《300. 67 亿收官！2022 年中国电影年度调查报告重磅发布》，"电影频道"微信公众号，2023 年 1 月 2 日，https：//mp. weixin. qq. com/s？__biz = MzA5OTg0NTE5Mg = = &mid = 265 4582840&idx = 1&sn = 1b20c1adf2cc73024ef238e8bd774241&chksm = 8b310d1fbc468409a5a5 57f4f3eb6e33f142fc9befb945833e3486dc97efe74bb9fce282ed5b&scene = 27。

④ 《300. 67 亿收官！2022 年中国电影年度调查报告重磅发布》，"电影频道"微信公众号，2023 年 1 月 2 日，https：//mp. weixin. qq. com/s？__biz = MzA5OTg0NTE5Mg = = &mid = 2654582840&idx = 1&sn = 1b20c1adf2cc73024ef238e8bd774241&chksm = 8b310d1fbc468409a5a 557f4f3eb6e33f142fc9befb945833e3486dc97efe74bb9fce282ed5b&scene = 27。

"2023年度国产影片，在传播主流价值观的同时，是否重视原创与创新"。如表6所示，按选择人数的多少进行排序，前4位分别是"《长安三万里》激发全年龄段观众的唐诗情怀"，选择人数为5250人，占选择人次比重为24.31%；"《封神》将古典神话和传统提升到新高度"，选择人数为4505人，占选择人次比重为20.86%；"《孤注一掷》教育意义大于娱乐价值"选择人数为4077人，占选择人次比重为18.88%；"《满江红》引发观众的好奇心成为最大亮点"选择人数为3590人，占选择人次比重为16.62%。

表6　对2023年度国产影片，在传播主流价值观的同时，是否重视原创与创新的评价统计

单位：人，%

题项	人数	占有效样本比重	占选择人次比重
A.《长安三万里》激发全年龄段观众的唐诗情怀	5250	83.87	24.31
B.《无名》将社会效益与文化艺术表现有效融合	2648	42.30	12.26
C.《封神》将古典神话和传统文化的传承提升到新高度	4505	71.96	20.86
D.《孤注一掷》教育意义大于娱乐价值	4077	65.13	18.88
E.《河边的错误》文艺气质浓郁，小众特征明显	1525	24.36	7.06
F.《满江红》引发观众的好奇心成为最大亮点	3590	57.35	16.62
选择人次总计	21595	—	100.00

资料来源：湖北大学高等人文研究院、中华文化发展湖北省协同创新中心"中国文化发展现状调查（2023~2024）"数据库。

如图3所示，根据帕累托定律选择人数最多的A、C、D、F题项累计占比达到80.68%，选择人次较少的B、E题项累计占比仅为19.32%。同时A、C、D、F题项中出现的4部影片均位列2023年中国电影市场票房前十，说明观众支持与重视原创的国产电影。

（四）网络视听业发展现状及影响力

1.我国网络视听业发展现状

2021年，我国网络视听业的发展现状主要体现在以下三个方面。

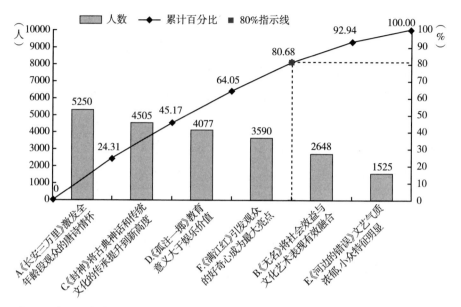

图3 对2023年度国产影片，在传播主流价值观的同时，是否重视原创与创新的评价

第一，截至2022年底，我国网民突破10.67亿人。视频赛道的爆发力更令人咋舌，"长视频+短视频"的视听阵营用户总量首超10.4亿人。具体来看，刷短视频的有10.12亿人，相当于94.8%的网民都在通过这种方式获取信息。值得注意的是，在全年新增的5586万名视频用户中，近八成是被短视频吸引来的，这个增长势头比长视频迅猛得多。细算下来，每100名网民里，有97.4名都在观看网络视听内容，这个市场渗透率比2021年提升1.4个百分点。可以说在触屏时代，视频不仅改变了人们的娱乐方式，更重塑了整个互联网内容生态的格局。①

第二，短视频行业发展迅速，行业格局发生显著变化。根据行业监测数据，短视频领域双寡头竞争态势持续深化，头部平台已构建差异化发展路径。抖音与快手作为行业领跑者，用户基数大幅领先其他同类应用，伴随集

① 《CNNIC发布第51次〈中国互联网发展状况统计报告〉》，中国互联网络信息中心网站，2023年3月2日，https://www.cnnic.net.cn/n4/2023/0302/c199-10755.html；《〈2023中国网络视听发展研究报告〉在蓉发布》，中国日报中文网，2023年3月30日，http://cn.chinadaily.com.cn/a/202303/30/WS64255a2ea3102ada8b236163.html。

团内部产品矩阵的协同发展，市场资源集聚效应越发显著。当前行业呈现内容电商深度融合的趋势，平台通过构建商业闭环，持续完善产业生态。主流平台同步推进两大战略布局：一是促进内容流量向商业价值的转化；二是加速支付体系等基础设施搭建，逐步形成"内容引流—交易转化—支付闭环"的完整商业链路。以年度电商大促为观察窗口，抖音平台大促期间入驻商家规模同比增加86%，实现百万级GMV的直播突破7600场次；快手平台活跃买家群体扩容超40%，用户黏性与商业价值同步提升。泛网络视听领域市场规模超7000亿元，短视频、直播贡献主要增量。短视频成吸引网民"触网"的首要应用，网络直播用户规模达7.51亿人，成为网络视听第二大应用。高学历、一线及新一线城市的中青年群体网络视听使用率更高，短视频人均单日使用时长超过2.5小时，看新闻、学知识成为短视频用户的重要需求，直播带货能力显著提升，成为日常生活快消品营销的重要渠道。微短剧受众规模扩大，19岁以下青少年用户占比较大，七成用户进行"深度阅读"。①

第三，政府部门加大对清朗网络空间的治理力度，保障网络视听业高质量发展。一方面，《直播与短视频行业未成年人网络保护白皮书（2023）》《未成年人网络保护条例》《广播电视和网络视听"十四五"发展规划》等规范性文件出台，针对网络视频、直播等活动建立长效监管机制，切实规范网络视听业传播秩序，有效遏制网络视听业的诸多乱象，保证网络视听业有序发展，进一步推进清朗网络空间建设。另一方面，2022年国家网信办组织开展13项"清朗"专项行动，取得了良好效果：清理违法和不良信息5430万条，处置账号680万个，下架App、小程序2890款，解散关闭群组、贴吧26万个，关闭网站7300多家，有力维护网民合法权益。2023年，"清朗"系列专项行动开展，将聚焦新情况、新问题，以及制约治理成效的难点，开展一系列专项整治活动，其中九方面问题是重中之重：整治"自媒

---

① 《CNNIC发布第51次〈中国互联网络发展状况统计报告〉》，中国互联网络信息中心网站，2023年3月2日，https://www.cnnic.net.cn/n4/2023/0302/c199-10755.html；《〈2023中国网络视听发展研究报告〉在蓉发布》，中国日报中文网，2023年3月30日，http://cn.chinadaily.com.cn/a/202303/30/WS64255a2ea3102ada8b236163.html。

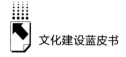

体"乱象；打击"网络水军"操纵信息内容；规范重点流量环节网络传播秩序；优化营商环境，保护企业合法权益；整治生活服务类平台信息内容乱象；整治短视频信息内容导向不良问题；整治暑期未成年人网络环境；整治网络戾气；整治春节网络环境。①

2. 网络视听业影响力

网络视听业影响力可以从平台文化传播范围和公众使用两个方面体现。

第一，网络视频平台与新闻、电商、教育等领域的融合持续深化。以短视频头部平台抖音为例，根据《2022抖音数据报告》的相关内容，2022年抖音直播影响力逐渐扩大，云游动物园、线上演出、演艺直播、高校公开课直播受到广泛关注。2022年，动物园开播场次为38515场次；演艺类直播超3200万场次，同比增长95%；高校直播21103场次，同比增长46%；高校公开课观看人次为9500万人次。2022年，抖音售出图书2.5亿单，年度人气最高图书为《额尔古纳河右岸》。最爱买书的十大城市为北京、重庆、上海、成都、西安、深圳、广州、苏州、杭州、郑州。另外，2022年收到抖音适度使用提醒的用户，有50%关掉手机去休息；有13.7万名用户开启"一键防暴"功能；安全智能助手"抖音小安"共发出5.6亿条反诈提示，帮用户抵御潜在风险。②

第二，近年来公众对网络视频平台特别是短视频平台的使用频率大幅提升，不仅是出生于互联网时代的年轻一代，许多曾经面临数字鸿沟的老年人也大力使用短视频平台。针对老年人对手机的使用情况，"中国文化发展现状（2023~2024）"问卷进行了调查，问卷中设计了一道多选题，以了解目前社区老年人的文化精神生活状态与特点。

如表6所示，使用单变量T检验分析方法，检验结果表明：总均值参数为1.555，而其中C项"用智能手机看短视频的老年人越来越多"均值为1.86，显著高于总均值，并且高于其他题项。根据数据分析结果，老年人对

---

① 《今年"清朗"系列专项行动聚焦九方面（权威发布）》，"人民网"百家号，2023年3月29日，https://baijiahao.baidu.com/s?id=1761649416122440707&wfr=spider&for=pc。

② 《2022抖音数据报告（附下载）》，东方财富网，2023年1月13日，https://caifuhao.eastmoney.com/news/20230113142420838977480。

手机的使用已经越来越普及，对短视频等应用也越来越熟悉。而 E 项和 F
项的均值分别为 1.24 和 1.32，显著低于总均值，也间接成为老年人使用手
机、短视频等的证据。

表7　对目前社区老年人的文化精神生活特点评价的差异检验结果

题项	样本数	均值	均值差	t 值	p 值
A. 家门口的老年大学（学校）受到广泛欢迎	6260	1.58	0.026***	4.193	0.000
B. 老年人的文化活动丰富多彩	6260	1.77	0.213***	39.974	0.000
C. 用智能手机看短视频的老年人越来越多	6260	1.86	0.305***	69.429	0.000
D. 搓麻将、打牌是老年人主要的休闲娱乐活动	6260	1.57	0.016**	2.546	0.011
E. 老年人文化生活匮乏，孤独老年人越来越多	6260	1.24	−0.320***	−59.582	0.000
F. 提供给老年人学习或者开展活动的场地非常有限	6260	1.32	−0.238***	−40.447	0.000
总　体	6260	1.555	—	—	—

注：** 表示 $p < 0.05$，*** 表示 $p < 0.01$。
资料来源：湖北大学高等人文研究院、中华文化发展湖北省协同创新中心"中国文化发展现状
调查（2023~2024）"数据库。

三　国内文化传播取得的主要成就、存在的
问题及对策建议

（一）主要成就

2022~2023 年，国内文化传播取得的成就主要表现在以下几个方面。

第一，随着媒体融合发展的深入推进，相关政策不断完善，为融媒改革
提供了有力的制度保障。网民数量不断增加，用户不仅开始关注娱乐、社交
等领域，对新闻、政治也开始关注，其中不乏主要央媒网络影响力逐步增强
的原因。2023 年，首次新闻记者职业资格考试举办，标志着我国新闻行业
在职业化和规范化方面迈出重要一步，这一考试不仅是对新闻从业人员专业

能力的一次检验，更是对整个新闻行业标准和要求的一次提升。新闻记者职业资格考试不仅为新闻行业设定了一个明确的准入门槛，还促使新闻从业人员不断学习和提升自己的专业技能，包括新闻采编、写作、摄影摄像、新闻伦理与法律等方面的知识。

第二，2022~2023年我国电视行业在生产总量、覆盖范围、行业规范和从业人员管理等方面均取得了显著成就，电视行业仍然保持强劲的发展势头和巨大的市场潜力。2022年和2023年全国广播电视行业总收入分别达到12419.34亿元和14126.08亿元，同比分别增长8.10%①和13.74%②，尽管制作发行部数同比有所下降，但优质内容供给依然丰富，使得收入增长。在技术创新方面，高清超高清电视频道数量持续增加，广电5G用户数量突破一定规模，视听体验不断提升，广电惠民工程深入实施，市县应急广播数量增加，在疫情防控、防汛救灾等方面发挥了重要作用。2022年，全国电影总票房为300.67亿元，电影题材和类型更加丰富多元，除了新主流电影外，还有现实题材、科幻题材等多种类型的影片，为观众提供了多样化的观影选择，国家电影局推出了一系列助企纾困举措，如加大增值税留抵退税政策力度、启动电影惠民消费季活动等，有效推动电影市场回暖和行业信心提振。

第三，自2022年以来，短视频平台不断推出形式多样、内容丰富的短视频作品，满足用户多元化的需求。网络视听用户数量达到新高，尤其在抖音、快手头部平台发展的背景下，网络视听用户开始接触短视频之外的内容。2022年，短视频直播电商逢勃发展，成为拉动短视频商业规模增长的重要力量，抖音、快手等短视频平台通过强化电商平台建设、补齐产业链短板等措施，使电商生态趋于成熟，推动直播电商快速发展。短视频行业正在从单一的短视频内容和社交媒体平台向线上综合性数字社区演进，用户可以在短视频平台实现休闲娱乐、电商购物、生活服务、知识学习等，这种融合

① 《2022年全国广播电视行业统计公报》，国家广播电视总局网站，2023年4月27日，http：//www.nrta.gov.cn/art/2023/4/27/art_113_64140.html。
② 《2023年全国广播电视行业统计公报》，国家广播电视总局网站，2024年5月8日，http：//www.nrta.gov.cn/art/2024/5/8/art_113_67383.html。

发展模式不仅丰富了用户的体验场景，也推动了行业的转型升级。通过网络治理，清除违法和不良信息，为网络视听用户营造更加积极、健康的网络环境。

（二）存在的问题

2022年，国内文化传播虽然取得了一定的成绩，但也存在一些问题，主要体现在以下几个方面。

第一，短视频平台的特殊年龄（未成年人、老年人）用户仍然存在适用性问题。虽然短视频平台上的内容种类繁多，但针对特殊年龄人群的内容相对较少，尤其是符合他们兴趣爱好的内容，如教育学习、健康养生、新闻资讯、生活服务等。部分短视频创作者为吸引眼球，制作并传播低俗、恶俗的内容，包括暴力、恶搞等，这些内容违背了社会公德和法律法规。为博取关注和流量，一些短视频创作者故意编造虚假信息或夸大事实，误导公众，这对特殊年龄人群来说尤为不利，因为他们可能更容易受到不良信息和虚假信息的影响。在使用短视频平台时，特殊年龄人群可能不太了解如何保护自己的隐私信息，容易在不经意间泄露个人信息，同时，部分短视频平台在数据收集、使用和保护方面存在不足，加剧了用户隐私泄露的风险。

第二，虽然举行了首次新闻记者职业资格考试，保证新闻从业人员的准入门槛，但缺乏针对"网络主播"从业人员的基本从业标准和要求，直播乱象治理效果不尽如人意。部分网络主播存在编造虚假人设、无底线带货营销、传播低俗信息、扰乱社会秩序等违规行为，缺乏专业素养和职业道德，导致直播内容质量不高，甚至引发负面舆论。同时，网络主播行业竞争激烈，新主播不断涌现，老主播面临巨大的竞争压力，为吸引观众和保持流量，一些主播不得不采取一些极端手段进行营销和推广。这些行为不仅损害了消费者的权益，扰乱了行业的运营秩序，阻碍行业的良性发展，也破坏了网络直播的文化生态环境。

第三，电影行业活力仍未恢复到疫情前水平，电影发行亟待向多线模式发展。一是全国影院营业率下降。据《2022年中国电影产业发展分析报告》

统计，截至 2022 年 11 月 28 日，全国营业影院数量大幅减少至 4442 家，营业率仅为 36.7%。许多地区的影院因疫情防控需要多次暂停营业。二是票价虚高。2022 年，春节档电影的平均票价在 50 元以上。三是"高开低走"。2022 年，中国电影头部影片的市场集中度持续提升。全年共有 7 部影片票房突破 10 亿元大关，虽然数量仅占全年上映影片的比例较小，但是贡献了 51.78% 的总票房，其中更有 3 部影片票房突破 20 亿元。与此同时，票房在 1 亿~10 亿元的腰部影片虽有 33 部之多，但合计票房占比仅为 33.75%，市场表现一般，而其余 300 多部上映的电影，票房合计占比只有 14.47%。① 尽管 2023 年，从国家层面到各级地方政府陆续出台一系列利好政策，引导、保障电影产业尽快复苏，使中国电影产业持续回升向好，但与此同时中国电影也面临行业复苏期间企业投融资热情不高、档期市场冷热不均衡、优质影片供给不足等情况。因此，电影行业应积极探索分线发行模式，以市场与观众实际需求为导向，用灵活的方式解决市场供给同质化的问题。

（三）对策建议

针对上述问题，本报告提出如下对策建议。

第一，针对特殊年龄人群易受误导的特点，短视频平台应制定明确的内容审核标准，涉及低俗、暴力、虚假信息等多个方面，确保不符合标准的内容不被发布，同时利用人工智能、大数据等先进技术辅助人工审核，提高审核效率和准确性，及时发现并处理违规内容，并且鼓励用户积极举报违规内容，并设立快速响应机制，对举报内容进行及时核查和处理。鼓励创作者积极传递正能量和主流价值观，通过创作优秀作品引导社会风气，也可以在学校、老年社区等场所开展媒介素养教育活动，提高用户的媒介素养和辨别能力。

第二，建议根据《新闻从业人员职务行为信息管理办法》制定网络主播从业人员标准，设立从业资格准入考试，网络主播持证上岗，不断提升自

① 刘汉文、陆佳佳：《2022 年中国电影产业发展分析报告》，《当代电影》2023 年第 2 期。

身专业素养和职业道德水平，提高直播内容的质量和观赏性。相关部门应继续加大网络直播行业的监管力度，建立监管机制和法律法规体系，严厉打击违规行为，净化网络空间，平台也应加强对主播的培训和指导。主播应不断创新直播内容和互动方式，提高观众的参与度和黏性，通过引入新技术、新元素和新玩法等方式，打造独具特色的直播节目和品牌形象，同时应保持积极乐观的心态和持续学习的态度，通过不断提升自身能力和拓展业务范围等方式应对挑战。

第三，建议采用分线发行模式，助力电影院线发展，恢复行业活力。分线发行是中国电影的新尝试，但仍需要从实际效果出发，考量分线发行的效果和作用。一是分线发行能减少排片费，使大投资电影的回本压力减小；二是保证中小成本片和文艺片排片。然而，分线发行模式对片方和院线提出了更高的要求。首先，片方需要具备精准的营销能力，能够准确把握影片的独特定位及目标观众群体，以实现有效的市场推广。其次，院线需深入了解旗下各影院的特点和受众偏好，从而灵活调整排片策略，满足多样化的观影需求。电影行业需要进一步理解分线发行的意义，从原有的经营、服务差异化向供给差异化转变，打造特色品牌，培养院线的核心观众群。①《"十四五"中国电影发展规划》明确提出，建设一个高水平的电影市场，必须实现分线发行、分众发行和分区发行，因此在分线发行的实践中，政府层面要发挥主导作用，自上而下推动影院分线发行，帮助电影市场实现利益最大化。

---

① 《全电影行业都在关注的"分线发行"为何因时而新？》，"今日影评 Mtalk"微信公众号，2023 年 10 月 27 日，https：//mp. weixin. qq. com/s？ __biz＝MzIwNDQwNTYyOQ＝＝&mid＝22 47545597&idx＝1&sn＝70677c53e90eb8153a990bac70f682a6&chksm＝96c2dcefa1b555f9356f57 2b408b712786e7c6dc844c406bdae541530e5e9aecefc2a776047d&scene＝27。

B.6
中国文化国际传播
与影响力报告（2023~2024）

李家莲 葛 婷*

摘 要： 基于对 2021~2023 年中国文化产品进出口情况和文化大事件的分析，本报告认为我国文化国际传播取得显著成效，国际贸易水平保持稳定增长，出入境旅游复苏，文化国际认可度和国内认同感持续提高。我国文化国际传播总体状况持续向好，但同时存在一些问题：文化传播方式较为传统，文化传播质量参差不齐，文化传播壁垒难以跨越。针对这些问题，本报告从打造文化传播新模式，结合自身优势提升中国文化国际传播的质量和效率，加强跨文化交流与互动等方面提出具体的对策建议。

关键词： 国际传播 中国文化 文化多样性

　　本报告以中国文化国际传播的产品媒介和活动案例为出发点，通过数据收集、样本分析，探究中国文化国际传播的内容和倾向性，进一步分析传播过程中存在的问题，同时提出提高国际影响力的策略。本报告以纸质出版物、电子出版物、版权贸易、电视节目为文化传播媒介，以出入境旅游、杭州第 19 届亚运会、"一带一路"建设、文化产品评价为案例，展开对 2022~2023 年中国文化国际传播与影响力的研究。通过对数据、样本展开分析，全面了解中国文化国际传播的现状，总结我国 2022~2023 年的文

---

* 李家莲，湖北大学哲学学院教授、博士生导师，主要研究方向为英国道德情感主义哲学；葛婷，湖北大学哲学学院 2022 级硕士研究生，主要研究方向为伦理学（情感主义）。

化传播成就，并对其中存在的问题做出进一步分析。本报告指出，中国文化国际传播的主要传播方式较为保守、传统，缺少时代元素，并且未能形成多元化的传播渠道，存在分布不均衡的问题。此外，文化传播内容的质量参差不齐，文化产品的同质化现象普遍存在，文化交流受到限制，文化传播壁垒难以跨越。本报告认为，首先，在全球科技与产业革命蓬勃发展的背景下，多元文化传播渠道相互融合、共同发展已成为大势所趋，可以通过"互联网+"、中外合作等方式，形成多元的文化传播模式，同时应提高各主体的参与度，实现传播主体多元化，打造文化国际交流平台。其次，应推动中国文化国际传播高质量发展，提升国际传播效能，促进科技与文化深度融合，充分利用丰富的文化资源，传播高质量的文化产品。最后，应加强跨文化交流，增进各国文化相互尊重、相互理解，实现中国文化和世界文化共同发展、繁荣进步，构建人类文化共同体。

一　中国文化国际传播与影响力现状

本报告以文化传播的不同媒介和案例为考察对象，展开对中国文化国际传播与影响力的分析。文化传播媒介通常包括纸质出版物、电子出版物、版权贸易和电视节目，通过对其交易金额和交易数量进行分析，考察中国文化国际传播与影响力的情况。关于文化传播案例，选取四个考察对象：出入境旅游、杭州第 19 届亚运会、"一带一路"倡议、文化产品评价。

（一）以纸质出版物为媒介的中国文化国际传播与影响力现状

本部分结合《中国统计年鉴 2022》《中国统计年鉴 2023》和《中国统计年鉴 2024》的相关数据，对 2021~2023 年纸质出版物的进出口状况进行分析后发现，我国纸质出版物在国际贸易中仍处于贸易逆差状态。与此同时，国外纸质出版物在进出口数量上占据明显优势。由此可见，我国纸质出版物在国际传播与影响力方面还有很大的提升空间。其中，图书的贸易逆差较之前显著缩小，显示出巨大的发展潜力，期刊、报纸的进出口数量与金额差异巨大，出口提升空间较大。整体而言，我国出版物进出口存在较大逆差，部分类别有积极变化，但在国际市场上，出版物出口规模、定价等方面都有待改善，需提升品牌影响力、深入研究市场需求等，以提高市场竞争力。

2023年，我国图书出口总量达到541.94万册，而进口总量为3345.80万册，二者之间存在2803.86万册的差额。在金额方面，图书出口额为3159.73万美元，进口额则高达23838.63万美元，差额达到20678.90万美元。2021~2023年，我国图书出口额整体保持平稳，进口额先升后降。长期以来，我国图书贸易存在逆差，不过2023年贸易逆差明显缩小，这一变化体现出国内图书在国际市场具有较大的发展潜力。从长远来看，我国图书进出口贸易前景较为乐观（见图1）。

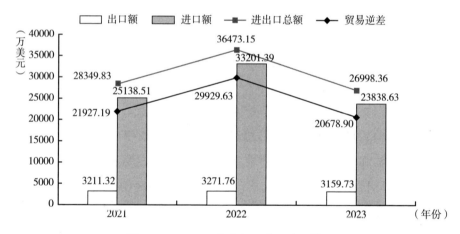

图1 2021~2023年我国图书进出口情况

资料来源：国家统计局编《中国统计年鉴2022》，中国统计出版社，2022；国家统计局编《中国统计年鉴2023》，中国统计出版社，2023；国家统计局编《中国统计年鉴2024》，中国统计出版社，2024。

2023年，我国期刊出口量为76.07万册，进口量为194.98万册。在金额方面，我国期刊出口额为165.61万美元，进口额则高达10351.50万美元，进口额是出口额的62.51倍。再看报纸方面，2022年我国报纸出口量为6.98万份，进口量则高达435.89万份，进口量是出口量的62.45倍。

2022 年，我国报纸出口额为 2.17 万美元，进口额为 703.58 万美元，进口额是出口额的 324.23 倍。通过两者数据对比，不难发现，期刊、报纸的进出口量与进出口额存在巨大差异。由此可见，我国以期刊和报纸为媒介的传统媒体，其出口量与出口额都有待提高，海外市场仍有待进一步拓展。

将进出口图书分为哲学社会科学、文化教育、文学艺术、自然科学技术、少儿读物以及综合性图书 6 类。2023 年，不同类别图书的进出口数量均呈现显著的贸易逆差。具体来看，哲学社会科学类图书进口 86.30 万册，出口 93.04 万册；文化教育类图书进口 504.44 万册，出口 145.05 万册；文学艺术类图书进口 1115.02 万册，出口 92.86 万册；自然科学技术类图书进口 133.87 万册，出口 26.49 万册；少儿读物类图书进口 802.12 万册，出口 105.67 万册；综合性图书进口 704.05 万册，出口 78.83 万册。2023 年，哲学社会科学类图书由贸易逆差转为顺差，这无疑是一个积极的信号，体现了我国在该领域文化输出的能力提升。通过对 2021~2023 年各门类图书进出口数量进行分析，发现文学艺术、少儿读物以及综合性图书的贸易逆差较为突出，成为我国图书出口的薄弱环节。而哲学社会科学、自然科学技术类图书的贸易逆差呈现缩小态势。除哲学社会科学类图书已实现贸易顺差外，自然科学技术类图书有望在未来几年扭转贸易逆差的局面（见图 2）。

2023 年，各类图书的进口额均显著高于出口额，反映出较大的贸易逆差。具体数据如下，哲学社会科学类图书进口额为 1755.39 万美元，出口额为 849.33 万美元；文化教育类图书进口额为 3687.06 万美元，出口额为 569.96 万美元；文学艺术类图书进口额为 6437.66 万美元，出口额为 627.69 万美元；自然科学技术类图书进口额为 3337.74 万美元，出口额为 205.47 万美元；少儿读物类图书进口额为 3225.27 万美元，出口额为 195.72 万美元；综合性图书进口额为 5395.51 万美元，出口额为 711.56 万美元。总体来看，2021~2023 年不同类别图书的进口额有升有降，其中文学艺术类图书进口额一直维持较高水平且持续增长，反映出该类别图书在国内市场有较大需求。2021~2023 年，各门类图书出口额均有一定波动，大部分

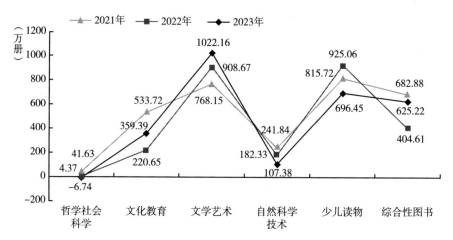

图2　2021~2023年各门类图书进出口数量逆差

资料来源：国家统计局编《中国统计年鉴2022》，中国统计出版社，2022；国家统计局编《中国统计年鉴2023》，中国统计出版社，2023；国家统计局编《中国统计年鉴2024》，中国统计出版社，2024。

类别图书出口额低于进口额，反映出我国图书在国际市场上的出口规模还有较大的提升空间（见图3和图4）。

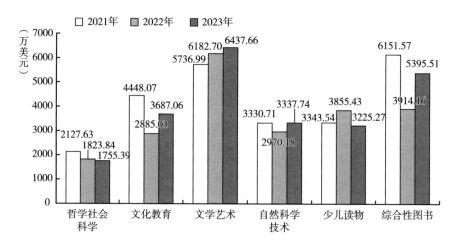

图3　2021~2023年各门类图书进口额

资料来源：国家统计局编《中国统计年鉴2022》，中国统计出版社，2022；国家统计局编《中国统计年鉴2023》，中国统计出版社，2023；国家统计局编《中国统计年鉴2024》，中国统计出版社，2024。

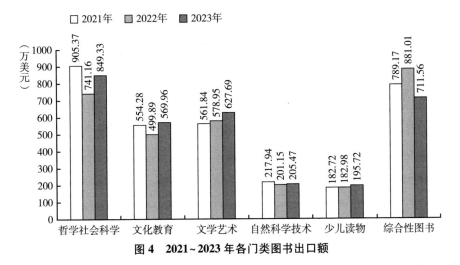

图4　2021~2023年各门类图书出口额

资料来源：国家统计局编《中国统计年鉴2022》，中国统计出版社，2022；国家统计局编《中国统计年鉴2023》，中国统计出版社，2023；国家统计局编《中国统计年鉴2024》，中国统计出版社，2024。

综合各门类图书2021~2023年的贸易逆差状况，文学艺术类图书贸易逆差较大，这深刻反映出我国在该类图书进出口领域存在严重的不平衡现象。与之形成鲜明对比的是，哲学社会科学类图书贸易逆差逐渐缩小甚至转为顺差。哲学社会科学类图书在数量层面呈现顺差态势，即出口数量略大于进口数量。然而，其出口额远低于进口额。这一现象表明，该门类图书的出口单价相对较低，使得即便在出口数量顺差的情况下，贸易金额依然呈现逆差的局面。单位出口定价较低并非哲学社会科学类图书独有的问题，其他门类的图书同样普遍存在这一状况。这种单位出口定价较低的现象，可能是多方面原因导致的。一方面，由于我国图书在国际市场上的品牌影响力相对较弱，缺乏足够的市场话语权，在定价方面处于劣势。另一方面，对国际市场的需求和消费特点研究不够深入，未能精准把握国际读者的需求和心理价位，从而导致定价策略不够合理。此外，国内图书出版行业的成本结构、营销渠道以及国际市场竞争环境等因素，也可能对图书的出口定价产生一定影响（见图5）。

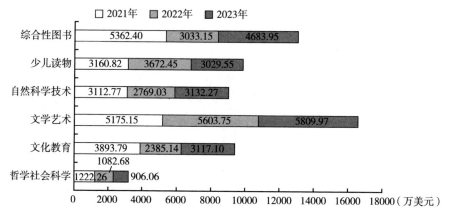

图5　2021~2023年各门类图书贸易逆差

资料来源：国家统计局编《中国统计年鉴2022》，中国统计出版社，2022；国家统计局编《中国统计年鉴2023》，中国统计出版社，2023；国家统计局编《中国统计年鉴2024》，中国统计出版社，2024。

（二）以电子出版物为媒介的中国文化国际传播与影响力现状

在文化传播领域，相较于图书、期刊和报纸等纸质出版物，我国电子出版物的贸易逆差更为突出。2023年，我国音像、电子出版物的进出口数量呈现显著的不平衡现象。具体而言，出口量为191盒/张，而进口量高达202129盒/张，进口量比出口量多出201938盒/张。进一步分析表明，进口量是出口量的1058倍，这一逆差达到近3年的峰值。2021~2023年，音像、电子出版物的进口量显著高于出口量，且逆差呈现逐年扩大的趋势，反映出我国音像、电子出版物在进出口数量方面存在失衡的现象，我国音像、电子出版物的国际市场份额有待提升（见图6）。

2023年，我国音像、电子出版物出口额为194.73万美元，进口额为46147.84万美元，逆差为45953.11万美元，进口额约是出口额的237倍。分析显示，虽然2023年音像、电子出版物出口额略有上升，但进口额进一步增加，使得逆差达到3年来最大值。总体来看，2021~2023年音像、电子出版物进口额显著高于出口额，且逆差呈现逐年扩大的趋势。一方面，由于

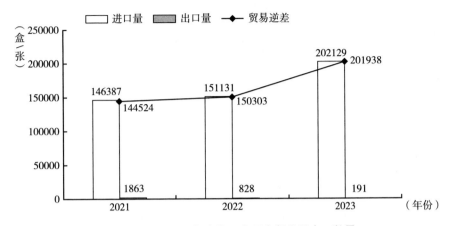

图 6　2021~2023 年音像、电子出版物进出口数量

资料来源：国家统计局编《中国统计年鉴 2022》，中国统计出版社，2022；国家统计局编《中国统计年鉴 2023》，中国统计出版社，2023；国家统计局编《中国统计年鉴 2024》，中国统计出版社，2024。

出口产品数量有限，即便单价有所提升，整体出口额也难以大幅提高；另一方面，金额逆差也在一定程度上反映出我国音像、电子出版物在国际市场上的附加值较低。可能由于产品质量、品牌影响力、内容吸引力等方面不足，出口产品只能以较低的价格出售，进一步加剧了贸易逆差。因此，我国音像、电子出版行业需在提升产品质量、打造品牌、拓展国际市场等方面发力，以改善贸易逆差状况，增强国际竞争力（见图 7）。

（三）以版权贸易为媒介的中国文化国际传播与影响力现状

为进一步考察中国文化国际传播与影响力现状，本报告将以版权引进和输出数量为考察对象。2020 年，我国版权引进数量为 14185 项，版权输出数量为 13895 项，逆差为 290 项。2021 年，我国的版权贸易数量由逆转顺。2021~2023 年，版权输出数量持续高于引进数量，且数量顺差逐年扩大。这表明我国在版权数量方面呈现输出数量大于引进数量的态势，国内文化产业在内容创作和国际传播方面的能力在逐步提升。2023 年，版权引进数量为 10044 项，版权输出数量为 11731 项。尽管引进数量较前两年有所下降，但

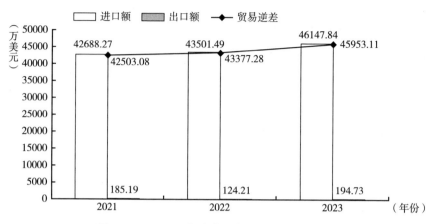

图7 2021~2023年音像、电子出版物进出口额

资料来源：国家统计局编《中国统计年鉴2022》，中国统计出版社，2022；国家统计局编《中国统计年鉴2023》，中国统计出版社，2023；国家统计局编《中国统计年鉴2024》，中国统计出版社，2024。

输出数量依然保持在较高水平，进一步拉大了数量顺差。这可能得益于国内文化市场对国际版权需求的理性调整，以及我国文化产品在国际市场上的吸引力逐渐增强（见图8）。

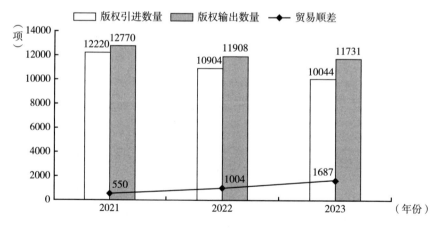

图8 2021~2023年我国版权引进和输出数量

资料来源：国家统计局编《中国统计年鉴2022》，中国统计出版社，2022；国家统计局编《中国统计年鉴2023》，中国统计出版社，2023；国家统计局编《中国统计年鉴2024》，中国统计出版社，2024。

2023 年，我国从美国引进版权 2826 项、英国 2550 项、德国 801 项、法国 641 项、俄罗斯 40 项、加拿大 83 项、新加坡 125 项、日本 1313 项、韩国 253 项，另外，从香港地区引进 96 项、澳门地区 5 项、台湾地区 490 项、其他地区 821 项（见图 9）。美国、英国和日本是版权引进的主要国家。这反映出美国、英国、日本等文化产业发达的国家占据了我国版权引进的大部分份额。2021~2023 年，不同国家（地区）的版权引进数量有不同程度的波动。随着我国文化产业的发展和文化自信的提升，具有中国特色的文化产品在国际市场上的竞争力有望进一步增强，输出的版权类型会更加丰富多样。

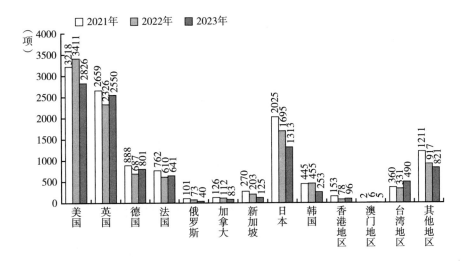

图 9　2021~2023 年我国在部分国家（地区）的版权引进数量

资料来源：国家统计局编《中国统计年鉴 2022》，中国统计出版社，2022；国家统计局编《中国统计年鉴 2023》，中国统计出版社，2023；国家统计局编《中国统计年鉴 2024》，中国统计出版社，2024。

2023 年，我国向不同国家（地区）输出版权的情况如下：美国 785 项、英国 314 项、德国 389 项、法国 183 项、俄罗斯 831 项、加拿大 132 项、新加坡 742 项、日本 222 项、韩国 693 项；另外，向香港地区输出 484 项、澳门地区 87 项、台湾地区 899 项、其他地区 5970 项（见图 10）。就 2023 年而言，其他地区、台湾地区以及俄罗斯、美国等是版权主要输出地。对俄罗斯输出数量稳定在高位，体现中俄版权领域文化交流基础良好。对美国输出虽呈下降趋势但仍处高位，表明我国文化产品在美国有一定受众。我国版权输出集中于其他地区，以英语为官方语言的国家市场份额较小。这反映出在国际版权贸易竞争中，我国文化产品较英语文化产品竞争优势不明显，版权输出与引进存在不平衡、不对等现象，我国文化产品的国际传播力和影响力有待进一步提升。

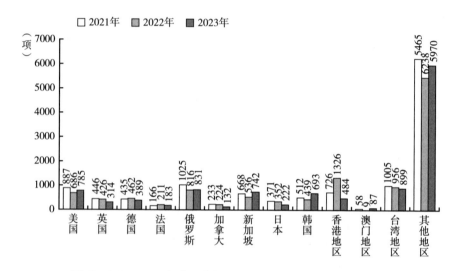

图10　2021~2023年我国在部分国家（地区）的版权输出数量

资料来源：国家统计局编《中国统计年鉴2022》，中国统计出版社，2022；国家统计局编《中国统计年鉴2023》，中国统计出版社，2023；国家统计局编《中国统计年鉴2024》，中国统计出版社，2024。

（四）以电视节目为媒介的中国文化国际传播与影响力现状

2023年，我国电视节目进口额达96531万元，从欧洲进口15472万元、美洲32267万元、亚洲48444万元、大洋洲294万元。2021~2023年，我国从亚洲和美洲引进的电视节目金额相对较高，而欧洲的引进金额相对稳定。同时，大洋洲的引进金额一直处于较低水平。这表明亚洲和美洲是我国电视节目的主要来源地，而欧洲和大洋洲相对较少（见图11）。

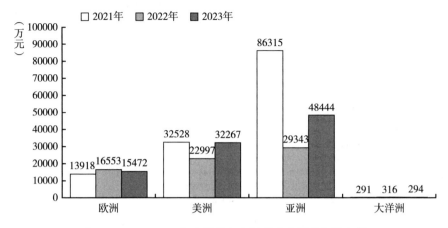

图 11　2021~2023 年我国从各大洲引进电视节目的金额

资料来源：国家统计局编《中国统计年鉴 2022》，中国统计出版社，2022；国家统计局编《中国统计年鉴 2023》，中国统计出版社，2023；国家统计局编《中国统计年鉴 2024》，中国统计出版社，2024。

　　具体到各类电视节目，2023 年电视剧进口额为 33060 万元，动画电视进口额为 50036 万元，纪录片进口额为 10343 万元。其中，2022 年各门类电视节目进口额均较 2021 年有所下降，电视节目进口额也随之降低。2021 年，电视剧和动画电视进口额较高，纪录片进口额相对较低。总体来看，2021~2023 年，我国电视剧、动画电视和纪录片进口额呈现波动态势。2023 年，动画电视进口额增长至 50036 万元，成为推动电视节目进口额上升的主要原因，这反映出市场对动画电视节目需求有所提升（见图 12）。

　　我国电视剧出口方面同样值得关注。依据国家广播电视总局广播影视发展研究中心发布的《2023 中国剧集发展报告》，2022 年我国电视剧出口额高达 8274 万美元，同比增长 45.60%。尽管我国电视剧出口额呈现快速增长态势，但贸易逆差依然存在。《2024 年中国剧集报告》① 显示，我

① 《〈2024 年中国剧集报告〉在京发布》，光明网，2024 年 12 月 26 日，https：//culture.gmw.cn/2024-12/26/content_37762903.htm。

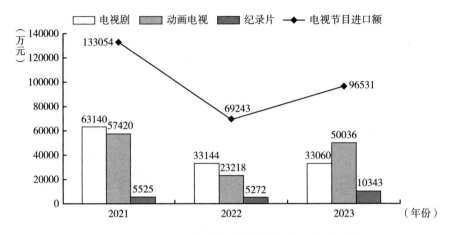

图12　2021～2023年我国各门类电视节目的进口额

资料来源：国家统计局编《中国统计年鉴2022》，中国统计出版社，2022；国家统计局编《中国统计年鉴2023》，中国统计出版社，2023；国家统计局编《中国统计年鉴2024》，中国统计出版社，2024。

国剧集出口额保持稳步增长，占中国节目出口额的比重超六成，亚洲为主要出口地。此外，影视公司的海外发售渠道呈现多元化趋势，包括与海外本土电视机构展开合作、通过国内视频平台的海外版进行传播、与知名国际流媒体平台合作等，这些多元渠道契合了不断变化的消费市场，为助力中国电视剧国际传播提供更优选项，有助于提升中国电视剧在国际市场的影响力。

（五）以出入境旅游为例研究中国文化国际传播与影响力

出入境旅游在全球文化传播和国际交流中具有重要意义，通过旅游活动，中外游客可以直接接触彼此的文化，增进了解，促进文化的交流与融合，以维护全球文化多样性。本报告将从入境旅游、出境旅游两个方面展开分析，以考察我国文化国际传播的现状。

1. 入境旅游

出入境旅游是国家文化软实力、中国文化国际传播与影响力的直接体现，通过分析人们对出入境旅游发展现状的评价，把握我国文化国际传播与影响力的现状。根据"中国文化发展现状调查（2023~2024）"数据库①，选择"人数越来越多"的人数最多，占选择人次比重为15.93%；排在第2位的是"规模越来越大"，占选择人次比重为15.10%；选择"特色越来越鲜明"和"个性化、体验性越来越突出"的人较少，占选择人次比重分别为9.30%和7.86%；选择"发展不一定兴旺"的人数最少，仅占选择人次总数的1.83%。表1显示，人们普遍认同当前入境旅游行业的发展不断加快，行业整体呈蓬勃发展态势，但人们未能明显感知旅游发展的个性化、特色化，这说明入境旅游迅速发展的同时，各地旅游模式存在同质化现象，需要解决各地旅游特色不鲜明的问题。

表1 对目前我国入境旅游发展现状的评价统计

单位：人，%

题项	人数	占有效样本比重	占选择人次比重
A. 人数越来越多	4700	75.08	15.93
B. 规模越来越大	4454	71.15	15.10
C. 规格越来越高	2758	44.06	9.35
D. 范围越来越广	4364	69.71	14.79
E. 影响越来越大	4118	65.78	13.96
F. 产品供给越来越丰富	3502	55.94	11.87
G. 发展不一定兴旺	539	8.61	1.83
H. 特色越来越鲜明	2744	43.83	9.30
I. 个性化、体验性越来越突出	2319	37.04	7.86
选择人次总计	29498	—	100.00

资料来源：湖北大学高等人文研究院、中华文化发展湖北省协同创新中心"中国文化发展现状调查（2023~2024）"数据库。

---

① "中国文化发展现状（2023~2024）"问卷调查由湖北大学高等人文研究院、中华文化发展湖北省协同创新中心组织，此次调查采取网络调研的形式，回收样本6332份，有效样本6260份，有效回收率为98.86%。调查样本覆盖31个省（区、市），321个市（州），1503个县（市、区）。

从图 13 可以看到，整体而言，人们对我国入境旅游的人数越来越多、规模越来越大，范围越来越广，影响越来越大，产品供给越来越丰富，规格越来越高，特色越来越鲜明，个性化、体验性越来越突出的观点都给予了充分肯定，即对 A、B、D、E、F、C、H、I 题项给予的肯定性评价达到98.17%。对 G 题项的认同，只有 1.83%，这说明对我国入境旅游发展持否定性评价的人较少，反映了人们普遍认为我国入境旅游行业的各个方面都处于蓬勃发展状态，并对我国入境旅游行业的发展持乐观态度。

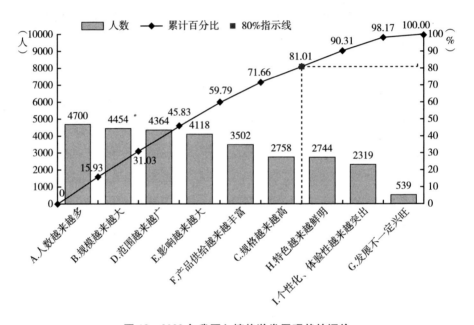

图 13　2023 年我国入境旅游发展现状的评价

资料来源：湖北大学高等人文研究院、中华文化发展湖北省协同创新中心"中国文化发展现状调查（2023~2024）"数据库。

2. 出境旅游

通过调查人们对我国出境旅游发展现状的评价，考察出境游行业的复苏状况与文化传播现状。如表 2 所示，选择"对中国游客越来越欢迎""旅游推动了中华文化传播""目的地国给予我普通护照免签便利""人数越来越多"的人数均达到 4000 人以上，而选择"服务质量明显提高"的仅为 3664

人。这表明，一方面，人们普遍赞同出境游提高了中华文化的受欢迎程度，出境游的便利性逐步提升；另一方面，人们认为出境游服务质量有待提高，旅游服务水平有待提高。

表2　对目前我国出境游发展现状的评价统计

单位：人，%

题项	人数	占有效样本比重	占选择人次比重
A. 人数越来越多	4294	68. 59	19. 65
B. 目的地国给予我普通护照免签便利	4472	71. 44	20. 47
C. 对中国游客越来越欢迎	4779	76. 34	21. 87
D. 服务质量明显提高	3664	58. 53	16. 77
E. 旅游推动了中华文化传播	4642	74. 15	21. 24
选择人次总计	21851	—	100. 00

资料来源：湖北大学高等人文研究院、中华文化发展湖北省协同创新中心"中国文化发展现状调查（2023~2024）"数据库。

为进一步开展数据的差异性分析，本报告将使用单变量 T 检验的方法，对"我国入境旅游发展现状的评价"进行分析。

如表3所示，将总均值（1.698）作为检验参数进行检验，结果显示，B、C、E 题项的均值略高于总均值；A 题项的均值与总均值接近；D 题项的均值低于总均值。这说明随着出境旅游行业的发展，中国文化在海外越来越受欢迎，中国文化的国际影响力稳步提升。人们对"服务质量明显提高"的评价认同度略低于其他评价，这表明随着人们生活水平的日益提高，以及出境游市场规模的日益扩大，消费者对旅游产品和服务品质的需求也越来越高。

表3　对目前我国出境游发展现状的评价差异检验结果

题项	样本数	均值	均值差	t 值	p 值
A. 人数越来越多	6260	1. 69	-0. 012 **	-2. 055	0. 040
B. 目的地国给予我普通护照免签便利	6260	1. 71	0. 016 ***	2. 868	0. 004
C. 对中国游客越来越欢迎	6260	1. 76	0. 065 ***	12. 178	0. 000

续表

题项	样本数	均值	均值差	t 值	p 值
D. 服务质量明显提高	6260	1.59	-0.113***	-18.097	0.000
E. 旅游推动了中华文化传播	6260	1.74	0.044***	7.867	0.000
总体	6260	1.698	—	—	—

注： ** 表示 p<0.05， *** 表示 p<0.01。

资料来源：湖北大学高等人文研究院、中华文化发展湖北省协同创新中心"中国文化发展现状调查（2023~2024）"数据库。

3. 我国出入境旅游的文化国际传播与影响力

中国旅游研究院发布的《2023 年中国旅游经济运行分析与 2024 年发展预测》指出，2023 年出入境旅游人数超过 1.9 亿人次，较上年增长 2.8 倍以上，我国的出入境旅游经济已在加速回暖。[①] 此外，经中国旅游研究院测算，2023 年居民出游意愿维持在 90% 以上，全国游客满意度综合指数为 80.04，处于满意水平，这说明居民出游意愿增强、旅游市场需求增加，推动出入境旅游行业强势复苏。2023 年，国务院办公厅印发《关于释放旅游消费潜力推动旅游业高质量发展的若干措施》，相关部门和各省（区、市）积极响应，陆续出台一系列稳增长、促消费的政策，出入境旅游的便利度不断提升，推动旅游经济回升向好发展。经中国旅游研究院综合研判，预计2024 年出入境旅游人数将超过 2.6 亿人次，即将迎来旅游经济繁荣发展的新阶段。

在对"近两年，出入境文化交流呈现向好的趋势，但是没有恢复到2019 年前的水平"这一观点的认同度调查中，选择"非常不同意"和"不同意"的调查对象合计占比为 15.81%，而选择"非常同意"和"同意"的调查对象合计占比为 48.12%（见表4）。数据表明，人们普遍感受到出入境文化交流在逐步恢复，出入境旅游行业的发展前景持续向好。

---

① 《中国旅游研究院：预计 2024 年国内旅游人数或超 60 亿人次》，新华网，2024 年 2 月 11 日 http：//www.xinhuanet.com/20240211/0ed867b7f3b347c9b3b5ec77f7095de6/c.html。

表4　对"近两年，出入境文化交流呈现向好的趋势，但是没有恢复到2019年前的水平"观点的认同统计

单位：人，%

分类	样本数	占有效样本比重	累计有效比重
非常不同意	123	1.96	1.96
不同意	867	13.85	15.81
不清楚	2258	36.07	51.88
同意	1889	30.18	82.06
非常同意	1123	17.94	100.00
总计	6260	100.00	—

资料来源：湖北大学高等人文研究院、中华文化发展湖北省协同创新中心"中国文化发展现状调查（2023~2024）"数据库。

（六）以杭州第19届亚运会为例研究中国文化国际传播与影响力

2023年9月，杭州第19届亚运会拉开帷幕，它不仅是一场体育的盛宴，更是一次文化的盛会，以其独特的魅力，向全世界展现了中华文化的博大精深和时代风采。

在文化产品国际贸易领域，2023年1~8月义乌的体育用品出口额达到50.8亿元，创下近5年新高。具体来看，1~7月，义乌对亚洲国家的体育用品出口额为14.2亿元，同比增长12.70%。杭州亚运会的举办极大地促进了国际体育消费，为体育产业的发展注入新的活力。杭州亚运会期间，从会徽"潮涌"的扇面造型，到奖牌"湖山"中镶嵌的西湖、大运河和良渚古城等世界文化遗产元素，一系列富有创意和深意的文化符号被精心策划和呈现，通过推出旅游产品、组织文化体验等方式，展现杭州的历史底蕴和文化特色。

在文化国际交流方面，数百家国际知名媒体竞相报道杭州亚运会，对杭州的各项准备工作、场馆设施、组织运作等方面进行了广泛报道。CNN、BBC、韩国KBS等重量级媒体都派出海外记者团队到杭州进行全面报道，杭州亚运会成为全球媒体的关注焦点。杭州亚运会在国际传播方面做出创新实践。通过多模态、实时性的多语种翻译，打破语言障碍，让世界各地的人们都能理解和感受中华文化的魅力。同时，通过多模态的文化体验，进一步扩大中华文化的国际影响力。杭州亚运会充分利用5G、物联网、大数据、人工智能等先进技术，提升赛事的观赏性和参与性，也让中华文化的传播更加广泛和深入。

总之，杭州亚运会是史上规模最大、项目最多、覆盖面最广的一届亚运会，也是展示中国对外形象、促进各国人民交流的国际舞台。杭州亚运会在文化传播方面取得显著成就，它不仅向世界展示了中华文化的博大精深和时代风采，也促进了亚洲乃至世界各国的文化交流与互鉴。

（七）关注"一带一路"倡议，研究中国文化国际传播与影响力

"一带一路"倡议作为中国与世界各国经济、文化交流的重要平台，对促进我国文化国际传播有重要作用。"中国文化发展现状（2023～2024）"问卷调查对"'一带一路'倡议扩大了文化对外开放，促进了文化交流和人文沟通"这一问题展开认同统计，其中肯定性回答（同意、非常同意）占有效样本比重为95.75%，否定性回答（不同意、非常不同意）占有效样本比重为0.93%（见表5）。数据表明，人们高度赞同"一带一路"倡议对"文化对外开放"起到促进作用。

表5 对"'一带一路'倡议扩大了文化对外开放，促进了文化
交流和人文沟通"观点的认同统计

单位：人，%

分类	样本数	占有效样本比重	累计有效比重
非常不同意	27	0.43	0.43
不同意	31	0.50	0.93
不清楚	208	3.32	4.25
同意	2533	40.46	44.71
非常同意	3461	55.29	100.00
总计	6260	100.00	—

资料来源：湖北大学高等人文研究院、中华文化发展湖北省协同创新中心"中国文化发展现状调查（2023～2024）"数据库。

　　表5中，非常同意"'一带一路'倡议扩大了文化对外开放，促进了文化交流和人文沟通"观点的样本数为3461人，占比最大，表明"人们对'一带一路'倡议扩大了文化对外开放，促进了文化交流和人文沟通"给予充分肯定。此外，如图14所示，C题项"'一带一路'倡议扩大了跨境旅游市场"，有5133人对此表示认可，占比最大，表明人们对"一带一路"倡议对跨境旅游市场的促进作用给予充分肯定。2023年，"十四五"规划进一步强调共建"一带一路"要向高质量发展转变，并做出相应部署，有望进一步促进共建"一带一路"国家文化产业的交流与合作，扩大中国文化国际传播与影响力。

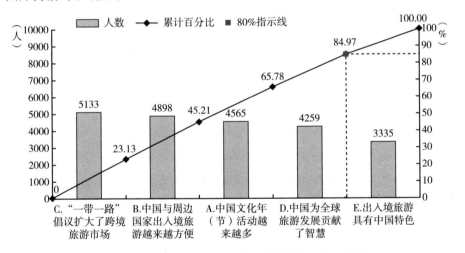

图14　近两年，中国文化和旅游发展的国际合作特征评价

　　资料来源：湖北大学高等人文研究院、中华文化发展湖北省协同创新中心"中国文化发展现状调查（2023~2024）"数据库。

　　对文化对外交流评价的差异检验结果如表6所示，将5个题项的总均值（4.190）作为检验参数进行检验，数据表明，T14、T17、T18题项均值高于总均值，T16题项均值与总均值接近，T15题项均值低于总均值。数据表明，人们普遍意识到"一带一路""文化'走出去'"等概念的重要性，提高对文化"走出去"的认同度，并表达了希望提升文化产品创新性、文旅市场规范性等方面的诉求。

表6　对文化对外交流评价的差异检验结果

题项	样本数	均值	均值差	t 值	p 值
T14. "一带一路"倡议扩大了文化对外开放,促进了文化交流和人文沟通	6260	4.50	0.307***	38.479	0.000
T15. 近两年,出入境文化交流呈现向好的趋势,但是没有恢复到2019年前的水平	6260	3.48	−0.707***	−55.859	0.000
T16. 近两年,国外对中国具有中华文化特色的文化产品的需求明显增加	6260	4.18	−0.010	−1.185	0.236
T17. 国内文旅市场需要进一步规范,才能实现文化"走出去",外国客人才能"引进来"	6260	4.39	0.195***	23.516	0.000
T18. 只有文化产品创新也保持传统特征,优秀传统文化才能扩大国际影响力	6260	4.41	0.217***	26.617	0.000
总　体	6260	4.190			

注: *** 表示 p<0.01。

资料来源:湖北大学高等人文研究院、中华文化发展湖北省协同创新中心"中国文化发展现状调查(2023～2024)"数据库。

(八)以文化产品评价为例研究中国文化国际传播与影响力

随着各国经济文化交流的日益密切,越来越多的中国文化产品走出国门,在世界范围内引发人们的广泛共鸣。根据海关总署统计,2023年我国货物贸易出口额同比增长0.60%,进口额同比下降0.30%,出口呈现逆势增长的趋势,国际贸易水平在稳步提升。在互联网快速发展的当下,网络文学正成为中国文化产品出海的重要IP来源,带动实体出版、广播、动漫、影视、游戏等下游产业发展。一系列具有鲜明中国特色的网文小说,想象力丰富、故事精彩、代入感强,成为跨文化传播的重要途径。依据中国音像与数字出版协会发布的《2023年中国网络文学出海趋势报告》,中国网络文学作品在海外市场的营收规模达到40.63亿元,同比增长39.87%,创造显著的经济效益。随着海外网络文学的不断发展,网文出海正逐渐形成较为完整的产业链,网络文学也成为中国文化海外传播体系的重要组成部分。

在"中国文化发展现状（2023~2024）"问卷调查中，针对"近两年，国外对中国具有中华文化特色的文化产品的需求明显增加"这一陈述进行的问卷调查结果显示，表示肯定（同意、非常同意）的受访者占比为87.51%，而持否定态度（不同意、非常不同意）的受访者仅占1.58%（见表7）。数据显示，人们充分肯定中国特色文化产品在海外市场的需求量增长。一方面，我国人民更加喜爱中国特色文化，文化自信、文化归属感明显增强；另一方面，我国特色文化产品适应了海外市场的需求变化，其传播成效得到我国民众的高度认可。近年来，倡导和反映社会主义核心价值观的优秀文化产品受到褒奖并得到大力推广，引发群众的广泛共鸣。

表7 对"近两年，国外对中国具有中华文化特色的文化产品的
需求明显增加"观点的认同统计

单位：人，%

分类	样本数	占有效样本比重	累计有效比重
非常不同意	27	0.43	0.43
不同意	72	1.15	1.58
不清楚	683	10.91	12.49
同意	3446	55.05	67.54
非常同意	2032	32.46	100.00
总计	6260	100.00	—

资料来源：湖北大学高等人文研究院、中华文化发展湖北省协同创新中心"中国文化发展现状调查（2023~2024）"数据库。

在"中国文化发展现状（2023~2024）"问卷调查中，针对"只有文化产品创新也保持传统特征，优秀传统文化才能扩大其国际影响力"这一问题展开认同统计，肯定性回答（同意、非常同意）占有效样本比重为94.90%，否定性回答（不同意、非常不同意）占有效样本比重为1.20%（见表8）。数据显示，人们就"文化产品创新保持传统特征"这一观点达

成共识，显示出人们对优秀传统文化的独特魅力、深厚底蕴普遍赞许，对传统与创新辩证统一关系有深刻把握。"国潮"和"国货"的兴起、传统元素与产品设计的融合创新，有力推动文化消费市场发展。

表8 对"只有文化产品创新也保持传统特征，优秀传统文化才能扩大其国际影响力"观点的认同统计

单位：人，%

分类	样本数	占有效样本比重	累计有效比重
非常不同意	26	0.42	0.42
不同意	49	0.78	1.20
不清楚	244	3.90	5.10
同意	2973	47.49	52.59
非常同意	2968	47.41	100.00
总计	6260	100.00	—

资料来源：湖北大学高等人文研究院、中华文化发展湖北省协同创新中心"中国文化发展现状调查（2023~2024）"数据库。

二 中国文化国际传播取得的成就与存在的问题

（一）主要成就

根据对中国文化国际传播与影响力现状的研究，中国文化国际传播的主要成就可以从以下三个方面进行总结。

第一，我国国际贸易水平稳步提升。2023年，我国文化出版物和版权贸易仍保持逆差状态，中国文化贸易规模持续扩大，文化国际贸易水平仍保持稳步增长态势。依据世界贸易组织发布的2023年全球货物贸易数据，中国出口国际市场份额达到14.2%，继续稳居全球货物贸易第一大国的位置。尽管面临外需不振和国际形势的不确定性，我国的外贸表现依然好于预期。

根据海关总署统计，2023 年我国自主品牌产品的出口额增长 9.30%，增长趋势明显，中国品牌影响力进一步扩大。此外，民众对我国文化产品的个性化、创新性发展趋势较为认可。

第二，我国出入境旅游明显回暖，取得较好的复苏成果。国家持续优化出入境政策，促进文化对外开放，旅游便利度持续提升，居民出游意愿不断增强，出入境旅游人数大幅增长，出入境旅游行业逐渐从复苏性增长迈向持续繁荣。2023 年，我国新增 4 个联合国世界旅游组织评选的"最佳旅游乡村"，它们分别是江西的篁岭村、浙江的下姜村、甘肃的扎尕那村以及陕西的朱家湾村。这些乡村的入选，不仅丰富了中国出入境旅游市场的文化内涵，也提升了中国在国际旅游领域的文化影响力。至此，中国入选"最佳旅游乡村"的乡村总数达到 8 个，数量位居全球第一。越来越多的中国乡村走向国际舞台，体现了我国乡村旅游文化富有生机与活力，"最佳旅游乡村"也将作为世界看中国的窗口，吸引更多外国友人来探寻中华乡村文明的魅力。

第三，文化国际认可度提升。随着文化对外开放水平的提高，人们对我国文化建设工程和文化开放活动的成效持高度认同，中华文化的认同感和归属感不断增强。2023 年，我国与共建"一带一路"国家和地区的进出口总额达到 19.47 万亿元，同比增长 2.80%，占我国进出口总额的比例提升 1.2 个百分点。这一外贸规模和占比均创下了自"一带一路"倡议提出以来的最高纪录。这不仅反映了我国与合作国家和地区之间人文经济交流的日益密切，更是全球化背景下文化认同与现代化相结合的典范。2023 年 9 月，中国的"普洱景迈山古茶林文化景观"被联合国教科文组织正式列入《世界遗产名录》，中国的世界遗产总数达 57 项。这些遗产项目是中国文化多样性的生动体现，它们被联合国列入名录，这体现出中华优秀传统文化在国际舞台上具有较高的认可度。从"一带一路"建设取得的显著成就到文化遗产被国际认可，不难看出，我国文化建设工程和文化价值的国际认可度在不断提升，中华文化影响力不断扩大。

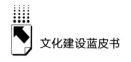

（二）主要问题

本报告将结合时代背景与国际关系，以文化国际传播的方式、内容、效率、环境为切入点，对影响文化国际传播与影响力的问题展开分析。

1.文化传播方式较为传统

当今世界文化交流传播的方式丰富多样，除了图书、报纸、广播、电视等传统媒体以外，还包括数字出版物、数字电视等网络新媒体，以往单一、保守的传播方式逐渐无法满足多样的文化消费市场，随着全球化带来的市场竞争加剧，传播方式越来越多元化，传统媒体与新媒体的融合发展，多层次、多角度的媒介融合越来越成为大势所趋。文化产品作为民族文化的载体，是国际文化贸易的重要组成部分，根据前文研究，目前我国主要出口的文化产品是图书、期刊、报纸等传统纸质出版物，而更适应新媒体时代的电子出版物出口数量较少，这说明我国文化传播方式较为保守，缺乏时代元素。进一步分析显示，我国数字出版物的出口额与进口额之间存在较大的差距，这说明我国数字出版物在"走出去"方面力度不足。另外，我国纸质出版物也存在贸易逆差，其出口力度也需要进一步加大。因此，应当用更符合新时代的多元传播方式，将我国出版物"走出去"的巨大潜力释放出来。在版权国际贸易市场上，以英语为官方语言的国家占有更大的市场份额，相比之下，我国出版物的受众覆盖面不及英语国家。在激烈的国际市场竞争中，本国文化产品要想赢得一席之地，应当改变单一、保守的文化传播方式，根据不同的文化环境、文化需求、文化受众，推动各类文化互相渗透、互相融合，形成文化多元融合的局面。

2.文化传播质量参差不齐

互联网时代，人们获取的信息内容趋向碎片化、同质化，这使得许多外国人对中国的印象停留在非常浅层的理解之上。目前，我国经济已经由高速增长转向高质量发展阶段，在新的时代起点上，需要继续推动中国文化国际传播，努力展现"可信、可爱、可敬"的中国形象。由此，展开有理论深度、有文化内涵的高质量国际传播，是不容忽视的重要一环。我国图书出口品种分布不均衡，这在很大程度上制约了我国图书"走出去"。具体而言，综合性、文化教育类图书的出口量较多，而自然科学技术以及文学艺术类图书的出口量偏少，尤其是自然科学技术类，这与目前我国的科技发展水平极不相称。我国图书出口数量最多的是综合性图书，该品类书籍的内容较为宽泛庞杂，知识覆盖面广而不精，理论深度和技术含量不及其他专门类学科书籍，显示出我国文化传播质量有待提升。当下我国少儿图书市场发展势头迅猛，图书进口种类以少儿读物为主，体现出我国人民对少儿教育的重视，相比之下，我国其他品类图书的需求较少，显示出我国文化传播内容的单一性。自然科学技术类图书的进出口量均处于较低水平，这种不平衡的现象不利于提升我国文化产品的整体质量。我国拥有历史悠久、丰富多样的文化资源，孔子学院、"一带一路"倡议、杭州第19届亚运会等作为中华文化"走出去"的重要窗口，向世界人民展示了中华文化的自信与魅力，是我国文化传播活动的优秀代表。但不可否认的是，我国文化传播的整体水平与发达国家有一定差距，文化产品的同质化、粗放化现象十分普遍，对自身传统文化资源的开发程度不够。目前，我国文化产业呈现蓬勃发展的良好态势，而我国文化产品的生产和出口力度较弱，文化传播内容单一、产品的国际竞争力不足。

3. 文化传播壁垒难以跨越

不同国家和地区的风俗习惯、思维方式、价值观等差异是普遍存在的，随着全球化日益加深，许多国家在面对文化差异时，为保护本国文化，主动对外来文化采取排斥的态度，在国家之间筑起一道阻碍文化交流的壁垒。我国文化产品"走出去"的规模较小，除了自身的传播方式单一与传播内容欠缺以外，国际环境中文化传播壁垒的存在，也是我国文化国际传播过程中的重要阻碍。

三　提升中国文化国际传播与影响力的策略

基于对当前中国文化国际传播中存在的实际问题，结合当前国际形势和面临的机遇与挑战，为提升中国文化国际传播与影响力，本报告提出以下几个方面的策略。

（一）适应时代特征，形成多元的文化传播渠道

当前，全球新一轮科技与产业革命正在深入发展，多种文化传播渠道取长补短、互相融合、共同发展。在我国文化产品国际贸易方面，企业可以充分利用国家现行高水平贸易和自由投资政策，转变以往单一、保守的文化传播方式，采取对外投资、与当地媒体合作、推行"互联网+"业态等方式，形成多元化的文化传播渠道，加强契合时代发展所需的文化传播建设。

在文化传播主体方面，应当在政府等官方力量的正确舆论引导下，进一步提高普通民众、社会组织、企业、国际友人等各类主体的参与度，让传播主体贯穿整个中国文化国际传播过程，推动中国文化传播事业的繁荣发展。如孔子学院、汉语桥等文化交流平台，以及李子柒、滇西小哥等火遍海外社交平台的民间自媒体人，都是中国文化国际传播的优秀案例，他们将中华文化的优秀技艺、语言魅力与深厚底蕴展现给世界人民，拓展了中华文化的表达领域，塑造了有着强大吸引力、亲和力的中国形象。

在文化传播的国际平台方面，打造并支持中国自己的文化交流平台，充分利用海外社交平台，讲好中国故事，传播中国声音。此外，还可以通过中外合作的方式建立多种多样的文化交流平台，如汉语传播平台、教育机构、语言文化教育援助平台等，既符合当今全球化的时代背景，又能提升中国文化软实力和国际影响力。在以语言为桥梁的国际文化交流活动中，应该创新复合型人才培养模式，顺应时代需求，培养兼具外语与专业能力的复合型人才，将具有本土特色的优秀文化产品转化成西方国家熟悉的话语体系，从而达到不同文化对话交融的传播效果。

（二）推动中国文化国际传播建设提质增效

当前，我国正在积极推进文化高水平对外开放，着力推动文化国际传播建设高质量发展，提高国际传播效能。这不仅契合文化强国战略，更有利于文化产业成为新的经济增长点。

首先，在提升国际传播质量方面，针对我国出口结构不合理、不平衡的问题，应从我国文化产业出发，加强技术研发和高素质人才培养，助力产业结构转型升级，大力发展具有核心竞争力的新型文化业态，进一步提高知识和技术密集型文化产品的出口比重，逐步促进对外贸易结构优化升级。其次，文化国际传播的质量与文化产品的质量息息相关，应当加强具有中国特色的文化产品内容建设，在社会主义核心价值观的引领下，充分利用我国丰富的文化资源，传承中华优秀传统文化，结合技术革新带来的多元文化载体，生产出具有中国文化底蕴、契合国际社会需求、技术水平高的文化产品。

在提升国际传播效能方面，应加大数字技术与文化产业融合应用的力度，推进大数据、人工智能、虚拟现实等技术运用，持续加强文化基础设施建设，并通过技术的创新升级，帮助文化生产降本增效。此外，政府与企业应协力构建文化传播效果的科学测量评估体系。根据文化传播过程中不同对象国的特点，分析不同受众群体的特征、心理和需求偏好，借鉴国外管理评级的成功经验，结合定性及定量数据，构建科学合理的中国文化国际传播效果评估体系，并在不断的试错与改良中适时调整传播方案，努力构建适应中国文化特色的评价指标体系，提供科学、便捷的测量工具。

我国应当学习借鉴国外文化产业管理的先进经验，充分发挥自己的国际文化传播竞争优势，也可以与国外文化企业组建战略联盟，开展文化产品生产、经营、宣传领域的深度合作，双方优势互补、各取所长，不仅能实现合作共赢，更能为加强国际文化交流做出贡献。

（三）加强跨文化交流，构建人类文化共同体

在我国文化国际传播建设中，经常遭受基于文化差异的文化交流障碍，

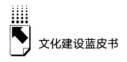
以及来自国际社会的误解。我们需要通过加强跨文化交流的方式，解决文化地域性差异较大的问题，尽力避免文化误读并破除文化交流障碍，加强文化国际传播，构建人类文化共同体。

人类文化共同体，是人类命运共同体理论在精神层面的美好构想，这不是消解、弱化其他文化使之成为同一种文化，而是在尊重各国的文化差异，维护世界文化多样性的前提下，秉持和谐共生、开放包容、交流互鉴的文化理念，促进世界文化交流、文化繁荣和文化共赢，为构建人类命运共同体打下坚实的文化基础。

在我国开展文化国际传播与影响力建设时，一方面，应当推动我国文化高水平"走出去"；另一方面，我国需要在不同文化传播与交流的过程中，展开平等对话，促进各国文化互相尊重、互相了解，从而实现中华文化和世界各国文化共同发展、共同繁荣。随着全球化进程的推进，跨文化交流活动日益频繁，不同文化背景、文化体系下的人们展开文化交流与交往活动，这种跨文化的交流、碰撞、融合活动，有助于打破文化隔阂，增进世界各国人民的相互理解与信任，极大地促进了世界文化的繁荣发展。

专题报告

B.7
"十四五"文化工程建设进展绩效与评价

蔡梦雪*

摘 要： 文化工程建设在文化发展中有多方面意义，不仅是物质文明的体现，也是精神文明建设的重要手段。从宏观数据来看，中华文明探源工程取得重大成就、中华文化资源普查工程取得显著进展、戏曲振兴工程促进文化传承创新、文化生态保护区建设工程卓有成效、文旅融合数字再现工程体现文旅市场发展向好。从微观调查来看，社会文明建设工程成效显著、文艺作品质量提升明显、文旅融合发展整体向好、文化遗产保护工作获得人们肯定、文旅市场发展取得一定成果。为进一步提升文化工程建设的成效，需要加强意识形态的引领力，凝聚人们的思想共识；提升文旅产品质量，加大公共文化建设投资力度；构建完善的创作人才培养制度和多维度评估体系，培育文艺精品力作；将文化资源开发与旅游资源开发相结合，优化文旅体验，深化文旅融合发展；让非遗走进百姓生活，提升群众的幸福感；加强对文旅

---

* 蔡梦雪，哲学博士，武汉工程大学马克思主义学院讲师，主要研究方向为伦理学、价值观。

市场的监管，构建文旅产品和服务质量提升体系。

关键词： 文化工程建设　社会文明　精神文明

一　文化工程建设的意义与社会文明提升的文化逻辑

（一）文化工程建设的意义

"十四五"期间，以文化工程建设推进文化发展，是一个重大的改革创新。文化工程建设在文化发展中的作用是多方面的，包括文化传承与创新、提升国家文化软实力、促进文化产业发展、丰富人民群众的文化生活、增强文化自信、推动文化交流与互鉴、塑造城市品牌与形象、拓展社会教育功能和应对全球化挑战等。

在文化传承与创新方面，文化工程往往涉及文化遗产的保护和修复，这些文化项目的建设有助于传承历史文脉，保持民族文化的连续性。通过高科技手段和现代设计理念，文化工程可以创新文化表现形式，推动传统文化与现代文化融合。

在提升国家文化软实力方面，重大文化工程的建设，如博物馆、图书馆、剧院等的建设升级，可以展示国家的文化成就，提升国家在国际舞台上的文化影响力和软实力。

在促进文化产业发展方面，文化工程的建设和运营可以带动文化产业链发展，包括设计、建筑、旅游、演艺、出版等相关产业，从而促进经济发展。

在丰富人民群众的文化生活方面，文化工程提供了更多的公共文化空间和服务，如公园、展览馆、文化中心等，丰富了人民群众的精神文化生活。

在增强文化自信方面，通过文化工程的建设，国民可以加深对文化价值的认识，增强文化自信和民族自豪感。

在推动文化交流与互鉴方面，文化工程往往成为文化交流的平台，可以促进不同文化之间的交流与理解，保护文化多样性。

在塑造城市品牌与形象方面，重大文化工程如地标性建筑、文化景区等，可以成为城市的名片，提升城市的文化品位和形象。

在拓展社会教育功能方面，文化工程不仅是休闲娱乐的场所，也是进行社会教育的重要平台，有助于提高公民的文化素养和道德水平。

在应对全球化挑战方面，在全球化背景下，文化工程有助于保护和弘扬民族文化，使之在全球文化交融中保持独特性和竞争力。

综上所述，文化工程建设在文化发展中扮演重要角色，它不仅是物质文明的体现，也是精神文明建设的重要手段。

（二）社会文明提升的文化逻辑

社会文明程度是现代化进程的衡量标准之一。新时代提高社会文明程度既是我国社会主义现代化建设的重要目标，也是社会主义文化强国建设的重大任务。党的十八大以来，在文化建设问题上，国家反复强调提高社会文明程度。党的十八大报告指出，要全面提高公民道德素质、丰富人民精神文化生活，以促进社会文明程度的提高。在此基础上，党的十九大报告指出，社会文明水平尚需提高，要提高人民思想觉悟、道德水准、文明素养，提高全社会文明程度，包括广泛开展理想信念教育、深入实施公民道德建设工程、加强和改进思想政治工作、弘扬科学精神、推进诚信建设和志愿服务制度等。

《中华人民共和国国民经济和社会发展第十四个五年规划和2035年远景目标纲要》（以下简称《纲要》）指出，2035年我国将建成文化强国、教育强国、人才强国、体育强国、健康中国，国民素质和社会文明程度达到新高度，国家文化软实力显著增强。在《纲要》的基础之上，《"十四五"文化和旅游发展规划》进一步提出，实施社会文明促进和提升工程。以社会主义核心价值观引领文化和旅游工作，丰富人民精神世界，增强人民精神力量，推动形成适应新时代要求的思想观念、精神面貌、文明风尚、行为规范。党的二十大报告强调要提高全社会文明程度，提出实施公民道

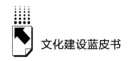
德建设工程，统筹推动文明培育、文明实践、文明创建，加强国家科普能力建设，完善志愿服务制度和工作体系，弘扬诚信文化，发挥党和国家功勋荣誉表彰的精神引领、典型示范作用，提高人民道德水准和文明素养，培育时代新风貌。

二 文化工程建设的重点内容

（一）新时代马克思主义理论研究和建设工程：习近平文化思想的研究

在"十四五"规划中，马克思主义理论研究和建设工程是党的思想理论建设的基础工程、战略工程，同时是文化思想领域的理论研究首要工程。2004 年，中共中央发布《关于进一步繁荣发展哲学社会科学的意见》，提出实施马克思主义理论研究和建设工程。20 年来，工程始终围绕中心、服务大局，推出了一大批高质量研究成果，在学习研究宣传党的创新理论、巩固马克思主义在意识形态领域的指导地位等方面发挥了重要作用。进入新时代以来，以习近平同志为核心的党中央注重统筹谋划、顶层设计与实践探索的"三维"协同，马克思主义理论研究和建设工程被纳入党和国家工作大局，战略目标导向鲜明、总体部署规划科学、基本原则贯彻有力、方针政策重点突出，成为强基固本、凝魂聚力、砥砺拓新的系统性工程。在文化思想领域，习近平总书记关于中国特色社会主义文化建设的科学理论体系形成了习近平文化思想，其核心是对中国特色社会主义文化建设一般规律的系统阐释，是新时代党领导文化建设实践经验的理论总结，丰富和发展了马克思主义文化理论。2021~2023 年已出版《习近平谈治国理政》第四卷、《习近平新时代中国特色社会主义思想学习问答》等一系列理论读物，编辑出版党史、新中国史、改革开放史、社会主义发展史经典教材，加强海外翻译出版和宣介推广，出版《习近平谈治国理政》第四卷多语种版。

（二）文化工程的创新和延续

《"十四五"文化和旅游发展规划》涉及的文化工程有 17 项，包括社会文明促进和提升工程，中华文明探源工程，文艺作品质量提升工程，国家重大题材创作引导工程，中华文化资源普查工程，非物质文化遗产记录工程，革命旧址保护修缮工程，石窟寺抢救性保护工程，文化惠民工程，数字文化工程，春雨工程，阳光工程，圆梦工程，国家旅游宣传推广精品建设工程，文旅融合 IP 工程，保护传承、研究发掘、环境配套、文旅融合、数字再现等重点工程，黄河文化遗产系统保护工程。在 17 项工程中，社会文明促进和提升工程、文艺作品质量提升工程、文旅融合 IP 工程、黄河文化遗产系统保护工程为"十四五"规划的创新工程，其他 13 项为"十三五"规划的延续性工程。

《"十四五"文化和旅游科技创新规划》涉及的文化工程有 3 项，包括社会文明促进和提升工程、文化和旅游科技创新工程、知识更新工程。其中，社会文明促进和提升工程为"十四五"规划的创新工程，其他两项为"十三五"规划的延续性工程。

《"十四五"文化和旅游市场发展规划》涉及的文化工程有 9 项，包括转型升级示范工程、线上线下融合发展工程、"互联网+监管"工程、文化和旅游市场信用体系建设工程、旅游市场服务质量评价体系建设工程、行业安全能力提升工程、网络文化提升工程、文明旅游示范引领工程、文化市场综合执法能力达标工程。这 9 项工程均为"十四五"规划的创新工程。

《"十四五"文化发展规划》涉及的文化工程有 6 项，包括文明创建工程，文艺作品质量提升工程，中华优秀传统文化传承发展工程，保护传承、研究发掘、环境配套、文旅融合、数字再现等重点工程，文化惠民工程，公共文化数字化重点工程。其中，文明创建工程、文艺作品质量提升工程为"十四五"规划的创新工程，其他 4 项为"十三五"规划的延续性工程。

《"十四五"非物质文化遗产保护规划》涉及的文化工程有 5 项，包括非物质文化遗产传承发展工程、非遗记录工程、戏曲振兴工程、文化生态保

护区建设工程、边境地区非遗保护工程。非物质文化遗产传承发展工程、边境地区非遗保护工程为"十四五"规划的创新工程，其他3项为"十三五"规划的延续性工程。

《"十四五"公共文化服务体系建设规划》涉及的文化工程有7项，包括文化惠民工程、中华文化资源普查工程、中华经典诵读工程、全民艺术普及工程、春雨工程、阳光工程、圆梦工程，均为"十三五"规划的延续性工程。

《"十四五"旅游业发展规划》涉及的文化工程有10项，包括旅游科技创新工程，中华文化资源普查工程，保护传承、研究发掘、环境配套、文旅融合、数字再现等重点工程，乡村旅游精品工程，通用航空旅游示范工程，文化和旅游创意产品开发提升工程，重大科技工程，体育旅游精品示范工程，文化保护传承利用工程，国家旅游宣传推广精品建设工程。其中，文化和旅游创意产品开发提升工程、体育旅游精品示范工程、文化保护传承利用工程、国家旅游宣传推广精品建设工程为"十四五"规划的创新工程，其余6项为"十三五"规划的延续性工程。

从内容来看，"十四五"规划主要涉及公共文化建设、非物质文化遗产保护、文旅融合、基层文化建设等方面。从创新性与延续性来看，在"十三五"规划的基础上，"十四五"规划提出多项创新工程，涉及社会文明建设、文艺作品提升、文旅融合、文化遗产保护、文旅市场发展等方面。

三　文化工程建设的进展

（一）中华文明探源工程

1. 十大考古新发现为探源工程提供了新证据

2023年全国十大考古新发现体现了中华文明探源工程取得的重大成就，这些考古新发现展示了中华文明的悠久历史和博大精深，为中华文明探源工程提供了新的证据。这些发现不仅是考古领域的重大突破，也为我们提供了更多关于中华民族历史和文化的宝贵信息。2023 年全国十大考古新发现如表 1 所示，这些考古新发现都有其独特的历史背景和文化价值，它们不仅对中华文明的研究提供了宝贵的实物资料，丰富了人们对中国历史的认识，还展示了古代中国不同地区文化的多样性。

表 1　2023 年全国十大考古新发现

序号	考古新发现	年代	遗址特点
1	山东沂水跋山遗址群	旧石器时代中晚期	系统完善了海岱地区晚更新世古人类文化发展序列和旧石器技术发展过程。展现了古人类连续发展的历史进程，首次揭示 10 万年前古人类充分利用巨型动物资源
2	福建平潭壳丘头遗址群	新石器时代至商	揭示东南沿海岛屿史前聚落形态及其变化发展规律，反映沿海史前早期人类多样化的生计模式，兼具大陆性和海洋性特征
3	安徽郎溪磨盘山遗址	新石器时代至商周	新石器时代遗存，网坠比例高，有大量水生动植物和少量陆上动植物遗存，说明渔业经济占据很大比重
4	湖北荆门屈家岭遗址	新石器时代	多角度、多层面揭示史前文化的发展情况和社会复杂化程度
5	河南永城王庄遗址	大汶口文化中晚期	古代城池的代表，遗址陶器群类型多样、文化面貌复杂并具有鲜明的地方特色
6	河南郑州商都书院街墓地	早商时期	填补了早商王都空间布局的空白，发现多类祭祀遗存、礼器、金覆面、绿松石，对研究商代社会、文化和丧葬习俗具有重要价值
7	陕西清涧寨沟遗址	商代	发掘出土的大量器物与殷墟高层物质文化相同，反映了黄土丘陵地区与商王朝之间密切的经济、文化交流，以及商王朝对周边地区的强烈影响
8	甘肃礼县四角坪遗址	秦代	重要的建筑遗迹，是继宗庙建筑、畤祭建筑之外的又一种秦代祭祀建筑形式
9	山西霍州陈村瓷窑址	北宋末期至清代初年	瓷窑遗址，以细白瓷为主流产品，以"擦涩圈"叠烧为主要装烧技术，细凸线纹印花为显著装饰特征
10	南海西北陆坡一号、二号沉船遗址	明弘治—正德	沉船遗址，填补了我国古代南海离岸航行路线缺失的部分，完善了海上丝绸之路南海段航线的历史链条

资料来源：根据《2023 年度全国十大考古新发现》整理。

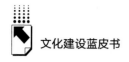
2. 石窟寺抢救性保护工程成效显著

在国家文物局和中国古迹遗址保护协会的指导下，石窟寺保护利用新成果不断涌现、社会关注度日益提高，中国石窟寺保护事业不断取得进步。①

一是保护和管理"双管齐下"。目前，敦煌研究院已初步构建起一套融合性保护体系。该体系以抢救性保护措施为基础，结合预防性保护机制与数字化应用，形成全方位文化遗产保护管理网络。

二是建立山西省文化遗产保护院士科技创新中心、石窟寺保护与传承山西省重点实验室。开展多个洞窟的文物保护工程，启动"云冈石窟石质文物内部凝结水监测与治理关键技术研究"等多个项目。

三是大足石刻研究院牵头开展了"重庆地区石窟寺及石刻铭文史料抢救性收集与整理研究"等多个国家级与省部级重点科研项目。

四是麦积山石窟艺术研究所积极推动科技与文物保护深度融合，针对石窟所处高湿环境的特殊性，成功研发出一套科学有效的修复技术体系。这一创新成果不仅解决了潮湿环境下石窟保护的技术难题，更显著提升了石窟寺保护修复工作的科技含量与专业化水平。

五是新疆维吾尔自治区克孜尔石窟研究所完成克孜尔千佛洞安防升级改造工程，启动克孜尔石窟壁画智慧修复技术研究与应用项目，推进克孜尔千佛洞保护防护项目、克孜尔千佛洞前期勘察项目等。

六是马蹄寺石窟群千佛洞危岩体加固及渗水治理工程立项开工。巴中市南龛石窟研究院完成对大佛洞 103 号龛龛顶窟檐的抢险维修，为文物本体安全提供了有力保障。

七是加强科技赋能。"数字敦煌"资源库平台面向全球上线，"云出云冈——云冈学文献知识库"正式上线，举办"复位合璧　华光再现——龙门石窟流散文物数据聚合成果专题展"，启动"云游·大足石刻"数字文旅

---

① 《稳扎稳打　日臻完善 2023 年文物资源管理与文物保护卓有成效》，国家文物局网站，2024 年 2 月 2 日，http：//www.ncha.gov.cn/art/2024/2/2/art_722_186906.html。

项目现场数据采集工作，完成云门山石窟、驼山石窟及摩崖造像数字信息采集工作等。

（二）中华文化资源普查工程

2023 年，中华文化资源普查工程取得显著进展。这次普查的重点是复查已登记的文物并登记新发现的文物。第四次全国文物普查计划通过 3~4 年的全面调查，系统掌握不可移动文物的资源状况，包括数量、空间分布、类型特征、保存状态及周边环境等信息，并构建国家不可移动文物资源数据库。

一是文物资源管理系统性加强。首都功能核心区文物保护利用力度持续加大，城乡中的文物和文化遗产保护传承稳步推进，军队营区、中华老字号、渔文化遗产、名树古木、风景名胜区等领域的文物和文化遗产保护传承协同推进，跨部门协作机制不断完善。

二是文物保护工程深入推进。长江流域文物和文化遗产整体性保护持续强化，文物古迹系统性保护继续推进，《廊桥保护三年行动计划（2023—2025）》顺利启动，大运河文化遗产保护备受关注，石窟寺、石刻文物保护与长城保护工作持续加强，防灾减灾工作成效显著。

三是世界遗产申报稳步推进。国家文物局组织专家团队赴景德镇专题调研古窑址申遗工作，科学论证其突出普遍价值及申报策略。联合国教科文组织世界遗产中心等国际机构联合考察武当山古建筑群保护管理实践，提供专业指导。同时，海上丝绸之路、万里茶道等跨国申遗项目取得阶段性成果，并通过国际圆桌会议、中意世界文化遗产地结好论坛等平台深化国际合作，推动申遗进程。

（三）戏曲振兴工程

2023 年，戏曲振兴工程取得显著进展。这一年戏曲演出迅速恢复，并得到积极推动。戏曲院团依托常规演出市场，结合政府基金支持、文化惠民工程、乡村戏曲普及、校园戏曲推广等多元化运作模式，有效地填补了市场

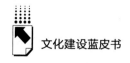

空缺。

戏曲艺术发展还体现在创新拓展戏曲传承传播渠道、增强戏曲传播力和影响力等方面。文化和旅游部举办一系列节庆展演展示活动，采用线上线下结合、演出演播并举的方式，打造现场和云端传播矩阵，进一步扩大戏曲的影响力。"演出、市场、创作、体系"四个维度，深刻反映了当代戏曲艺术发展的内在规律和时代特征。它们既是对传统戏曲文化价值的当代诠释，又是推动艺术形式创新突破的关键抓手，为构建戏曲艺术现代化发展新格局提供了重要的实践依据。

一是"演出"维度。政府主导的展演机制持续发挥重要作用。2023年文化和旅游部牵头举办13项重大戏曲展演活动，中国戏剧家协会成功举办第十八届中国戏剧节、第三十一届中国戏剧梅花奖、第三届粤港澳大湾区中国戏剧文化节等品牌活动，进一步丰富了戏曲演出生态。

二是"市场"维度。戏曲传播突破传统剧场边界，新兴演艺形态不断涌现。越剧《新龙门客栈》成为年度现象级作品，通过138场驻场演出和抖音平台926万人次的直播观看，成功吸引80%的新观众，开创了戏曲年轻化传播的新范式。

三是"创作"维度。戏曲创作呈现"守正创新"的鲜明特征，各戏曲院团在经典剧目传承与现代戏创作上取得重要突破，特别是围绕重大时间节点推出的一系列现代戏作品，既彰显了传统艺术的当代价值，也体现了戏曲工作者的时代担当。

四是"体系"维度。人才培养与理论建设"双轮驱动"。国家层面通过展演竞赛、专业培训等方式加强中青年人才梯队建设。在学术研究方面，多个戏曲研究课题被列为国家社会科学基金艺术学重大项目，推动构建更加完善的戏曲理论体系。

（四）文化生态保护区建设工程

作为国家发展的战略规划，文化生态保护区建设工程始于2007年，2019年《国家级文化生态保护区管理办法》正式实施。"十四五"规划提出，要建设 30 个国家级文化生态保护区。截至 2023 年 8 月，全国已设立 23 个国家级文化生态保护区，涉及 17 个省（区、市），其中 16 个已通过验收并正式公布为国家级文化生态保护区。2022 年，安排非遗保护资金 8.6 亿元，支持包括国家级文化生态保护区在内的各项非遗传承保护工作。[①] 文化和旅游部在福建省批复设立了闽南文化生态保护区、客家文化（闽西）生态保护实验区。文化和旅游部在 2023 年 7 月公布通过验收正式确定客家文化（赣南）生态保护区、铜鼓文化（河池）生态保护区、迪庆民族文化生态保护区、黔东南民族文化生态保护区、客家文化（梅州）生态保护区、格萨尔文化（果洛）生态保护区、羌族文化生态保护区（陕西）为国家级文化生态保护区。[②]

（五）文旅融合数字再现工程

党的十八大以来，国家出台了一系列指导性文件和利好政策，大力实施文旅产业数字化战略。《"十四五"文化和旅游发展规划》《文化和旅游部关于推动数字文化产业高质量发展的意见》《国内旅游提升计划（2023—2025年）》等政策文件推动行业在产品开发、服务模式、营销手段等方面进行全面创新，为推动数字文旅高质量发展提供了重要保障。

当前，我国文旅产业已成功实现从"信息化＋文旅""互联网＋文旅"向"数字化＋文旅"的转型升级。监测数据显示，2015~2022 年我国数字文旅市场规模由 4427.7 亿元增长至 9698.1 亿元。截至 2023 年，数字文旅市场规模更是达到 11500.0 亿元，同比增长 18.58％，占整个文旅产业的比重超过 30％。[③] 目前，我国现存数字文旅相关企业数量已接近 7.9 万家，仅在 2024 年前三季度，中国就新注册了超过 2 万家数字文

[①] 《文化和旅游部对十四届全国人大一次会议第 6239 号建议的答复》，文化和旅游部网站，2023年 12 月 4 日，https：//zwgk.mct.gov.cn/zfxxgkml/zhgl/jytadf/202312/t20231204_950113.html。

[②] 《文化和旅游部关于公布国家级文化生态保护区名单的公告》，中国政府网，2023 年 7 月 26日，https：//www.gov.cn/zhengce/zhengceku/202307/content_6895373.htm。

[③] 《十年跨越：2024 数字文旅产业政策发展趋势报告》，搜狐网，2024 年 11 月 28 日，https：//news.sohu.com/a/831383139_152615。

旅相关企业。这些企业通过跨界合作、资源整合等方式进入数字文旅
市场。

四 文化工程建设成效评价

（一）文化工程

2023 年 10 月，习近平总书记对宣传思想文化工作做出重要指示，围绕
在新的历史起点上继续推动文化繁荣、建设文化强国这一新的文化使命，坚
定文化自信，秉持开放包容，坚持守正创新。① 文化工程建设首先要坚守文
化发展守正创新，表 2 数据显示，选择"国家文化软实力大幅提升"的调
查对象最多，占比为 82.73%；其次依次是"中华优秀传统文化得到广泛弘
扬"，占比为 82.25%；"互联网监管和数字技术越来越智能化"，占比为
78.18%。可以看出，人们对"国家文化软实力大幅提升""中华优秀传统
文化得到广泛弘扬""互联网监管和数字技术越来越智能化"等观点给予充
分肯定，形成主流认同评价。数据说明，在文化发展守正创新问题上，人们
非常认同"国家文化软实力大幅提升"，也很认可"中华优秀传统文化得到
广泛弘扬"，同时对大数据、人工智能等数字技术的发展体会深刻。

表 2　对文化发展守正创新建设取得成就的认同统计（多选题）

单位：人，%

题项	人数	占有效样本比重	占选择人次比重
A. 中华优秀传统文化得到广泛弘扬	5149	82.25	33.83
B. 互联网监管和数字技术越来越智能化	4894	78.18	32.15
C. 国家文化软实力大幅提升	5179	82.73	34.02
选择人次总计	15222	—	100.00

资料来源：湖北大学高等人文研究院、中华文化发展湖北省协同创新中心"中国文化发展现状
调查（2023~2024）"数据库。

---

① 《在新的历史起点担负起新的文化使命》，人民网，2023 年 10 月 25 日，http://dangjian.
people.com.cn/n1/2023/1025/c117092-40102681.html。

（二）社会文明建设工程

2021 年文化和旅游部印发《"十四五"文化和旅游发展规划》，提出实施社会文明促进和提升工程，包括弘扬社会主义核心价值观、加强对中华文明的发掘研究和阐释、提高人民群众文明素养和审美水平以及促进移风易俗四个方面。如表 3 所示，对近几年文化事业和文化产业发展成效明显的认同，选择"具有中国特色的旅游产业"的调查对象占比为 73.42%，选择"博物馆、科技馆、图书馆、文化馆、群艺馆改造升级"的调查对象占比为 71.12%，选择"非遗保护性开发与利用"的调查对象占比为 66.28%，选择"中华优秀传统文化国际传播"的调查对象占比为 56.39%，选择"文化数字科技创新产业"的调查对象占比为 54.90%。而选择"国内文化融媒体建设与传播"、"文旅产品质量提升"和"公共文化建设投资"的调查对象占比略低，分别为 41.87%、39.41% 和 38.61%。从图 1 可以看出，"具有中国特色的旅游产业""博物馆、科技馆、图书馆、文化馆、群艺馆改造升级""非遗保护性开发与利用""中华优秀传统文化国际传播"的认同度较高。数据说明，通过开展社会文明建设工程，我国在旅游业、公共文化服务、非遗、中华优秀传统文化、文化数字化等方面取得显著的发展成效，但在文旅产品和公共文化服务方面还需要进一步加大建设和投入力度。

表 3　对近几年文化事业和文化产业发展成效明显的认同统计（多选题）

单位：人，%

题项	人数	占有效样本比重	占选择人次比重
A. 具有中国特色的旅游产业	4596	73.42	16.61
B. 文化数字科技创新产业	3437	54.90	12.42
C. 博物馆、科技馆、图书馆、文化馆、群艺馆改造升级	4452	71.12	16.09
D. 中华优秀传统文化国际传播	3530	56.39	12.76
E. 非遗保护性开发与利用	4149	66.28	15.00
F. 国内文化融媒体建设与传播	2621	41.87	9.47

续表

题项	人数	占有效样本比重	占选择人次比重
G. 公共文化建设投资	2417	38.61	8.74
H. 文旅产品质量提升	2467	39.41	8.92
选择人次总计	27669	—	100.00

资料来源：湖北大学高等人文研究院、中华文化发展湖北省协同创新中心"中国文化发展现状调查（2023~2024）"数据库。

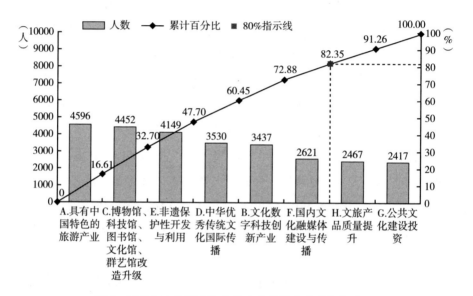

图1　近几年文化事业和文化产业发展成效明显的认同

资料来源：湖北大学高等人文研究院、中华文化发展湖北省协同创新中心"中国文化发展现状调查（2023~2024）"数据库。

（三）文艺作品质量提升工程

《"十四五"文化和旅游发展规划》提出实施文艺作品质量提升工程，不断完善艺术作品的创作生产、演出演播、评价推广机制，推出反映时代新气象、讴歌人民新创造的文艺精品。为了解人们对国产影视产业创新性发展的认同情况，在问卷中列举出在2023年反映较好、票房较高的典型影片作为选项，让调查对象做出自己的选择。如表4和图2所示，人们对"《长安三万里》激发全年龄段观众的唐诗情怀"的观点认同度较高。调查对象认同该影片弘扬了中华优秀传统文化，同时认同国产动画片制作质量提升。据统计，长期以来人们对国产影视作品质量评价较低，特别是对国产动画片制作质量的评价更低。从我国影视作品进出口情况来看，长期以来处于逆差状态，其中日本是我国动画片的主要出口国。人们对《封神》《孤注一掷》的认可度也较高。近年来，我国影视作品的制作质量有显著提升。分类型来看，古装片、动画片的制作水平显著提高，但是调查对象普遍对谍战片、侦探片的评价不高。

表 4　对 2023 年度国产影片重视原创与创新的认同统计（多选题）

单位：人，%

题项	人数	占有效样本比重	占选择人次比重
A.《长安三万里》激发全年龄段观众的唐诗情怀	5250	83.87	24.31
B.《无名》将社会效益与文化艺术表现相融合	2648	42.30	12.26
C.《封神》将古典神话和传统文化的传承提升到新高度	4505	71.96	20.86
D.《孤注一掷》教育意义大于娱乐价值	4077	65.13	18.88
E.《河边的错误》文艺气息浓郁，小众特征明显	1525	24.36	7.06
F.《满江红》接连反转，引发了观众的好奇心，成为年度影片最大亮点	3590	57.35	16.62
选择人次总计	21595	—	100.00

资料来源：湖北大学高等人文研究院、中华文化发展湖北省协同创新中心"中国文化发展现状调查（2023~2024）"数据库。

人们在充分肯定国产影视作品制作质量显著提升的情况下，对典型影片的评价有没有差异呢？在表 4 的基础上进行差异检验，表 5 的数据显示，A、C、D 题项的均值显著高于总均值；F 题项的均值与总均值较为接近；B、E 题项的均值显著低于总均值。由此可见，人们对《长安三万里》《封神》《孤注一掷》的评价显著高于《满江红》《无名》《河边的错误》；同时对《满江红》的评价显著高于《无名》《河边的错误》。差异检验结果表明，具有经典意义的影视作品，不仅需要题材好、表达形式好，还需要有很好的教育意义。

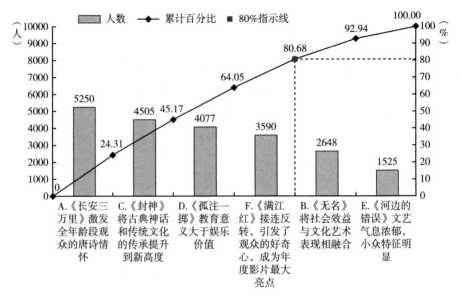

图 2　对 2023 年度国产影片重视原创与创新的认同

资料来源：湖北大学高等人文研究院、中华文化发展湖北省协同创新中心"中国文化发展现状调查（2023~2024）"数据库。

表 5　对 2023 年度国产影片重视原创与创新的认同差异检验结果

题项	样本数	均值	均值差	t 值	p 值
A.《长安三万里》激发全年龄段观众的唐诗情怀	6260	1.84	0.264 ***	56.706	0.000
B.《无名》将社会效益与文化艺术表现相融合	6260	1.42	−0.152 ***	−24.340	0.000
C.《封神》将古典神话和传统文化的传承提升到新高度	6260	1.72	0.145 ***	25.477	0.000
D.《孤注一掷》教育意义大于娱乐价值	6260	1.65	0.076 ***	12.663	0.000
E.《河边的错误》文艺气息浓郁，小众特征明显	6260	1.24	−0.331 ***	−61.076	0.000
F.《满江红》接连反转，引发了观众的好奇心，成为年度影片最大亮点	6260	1.57	−0.002	−0.243	0.808
总体	6260	1.575	—	—	—

注：*** 表示 p<0.01。

资料来源：湖北大学高等人文研究院、中华文化发展湖北省协同创新中心"中国文化发展现状调查（2023~2024）"数据库。

（四）文旅融合工程

《"十四五"文化和旅游发展规划》提出，探索推进文旅融合 IP 工程，用原创 IP 讲好中国故事，打造具有丰富文化内涵的文旅融合品牌。自文旅融合 IP 工程实施以来，各地文旅部门结合当地的文化特色，打造了众多文旅融合 IP，促进文化和旅游产业融合发展。例如，淄博的烧烤 IP、哈尔滨的冰雪 IP、大理的风花雪月 IP、黄冈的东坡 IP 等都起到了很好的效果。人们如何看待文旅融合呢？对文旅市场低价游得到有效整治，"以文促旅，以旅彰文"融合发展整体向好的认同统计结果显示，持肯定态度（同意、非常同意）的调查对象占比为 90.24%，对此持否定态度（不同意、非常不同意）的调查对象占比为 2.62%（见图 3）。数据说明，人们对文旅融合发展的必要性和当前的发展态势有很高的认同度。

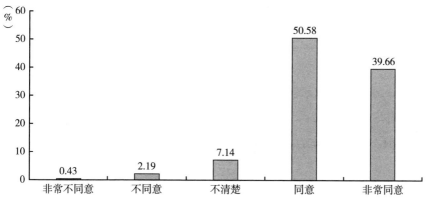

图 3　对文旅市场低价游得到有效整治，"以文促旅，以旅彰文"融合发展整体向好的认同统计

资料来源：湖北大学高等人文研究院、中华文化发展湖北省协同创新中心"中国文化发展现状调查（2023~2024）"数据库。

为进一步分析人们对文旅融合发展的评价，对其进行差异检验分析。表 6 数据显示，人们对"乡村文旅融合发展，地方特色文化挖掘，需要坚持原生态发展原则"的认同度最高，其次是对"文旅产业发展不仅满足了人们的文化生活需求，而且创新了经济发展模式"的认同度，再次是对

"近两年，文旅市场整治水平提高，促进了文化产业发展，提升了经济效益"的认同度。对"文旅市场低价游得到有效整治，'以文促旅，以旅彰文'融合发展整体向好"和"文旅消费市场信誉与形象正在向社会效益第一、经济效益向好的方向发展"的认同度相对较低。

表6 对文旅市场发展与整治评价的差异检验结果

题项	样本数	均值	均值差	t值	p值
T26. 近两年,文旅市场整治水平提高,促进了文化产业发展,提升了经济效益	6260	4.32	0.006	0.691	0.490
T27. 文旅市场低价游得到有效整治,"以文促旅,以旅彰文"融合发展整体向好	6260	4.27	-0.046***	-5.087	0.000
T28. 文旅消费市场信誉与形象正在向社会效益第一、经济效益向好的方向发展	6260	4.27	-0.047***	-5.442	0.000
T29. 文旅产业发展不仅满足了人们的文化生活需求,而且创新了经济发展模式	6260	4.35	0.039***	4.802	0.000
T30. 乡村文旅融合发展,地方特色文化挖掘,需要坚持原生态发展原则	6260	4.37	0.050***	5.793	0.000
总 体	6260	4.315	—	—	—

注：*** 表示 p<0.01。

资料来源：湖北大学高等人文研究院、中华文化发展湖北省协同创新中心"中国文化发展现状调查（2023~2024）"数据库。

（五）文化遗产保护工程

2021年8月，中共中央办公厅、国务院办公厅印发《关于进一步加强非物质文化遗产保护工作的意见》，明确提出加强新型城镇化建设中的非物质文化遗产保护，全面推进"非遗在社区"工作。社区是非物质文化遗产保护的重要载体，"非遗在社区"工作的推进是新时代非物质文化遗产保护的新模式。表7统计了人们对保护古城古貌和传统村落风貌的"非遗在社区"工作的认同情况，数据显示，选择"提高了文化自信，感受民族文化的魅力"的调查对象占比最大，占有效样本比重为88.19%。其后依次是"提升了居民的归属感"，占有效样本比重为78.75%；"促进了旅游业的发展"，占有效样本比重为75.75%；"提升了社区居民的幸福感"，占有效样本比重为64.42%；

"提升了居民的凝聚力",占有效样本比重为62.78%。但也有一部分调查对象认为"基层没有重视,做得不够好",占有效样本比重为10.13%。如图4所示,对D、B、E、A题项给予肯定性评价的调查对象占比达到80.82%。差异检验结果如表9所示,"基层没有重视,做得不够好"的认同度最低。这说明,人们对"非遗在社区"工作整体是持肯定态度的。

表7 对保护古城古貌和传统村落风貌的"非遗在社区"工作的认同统计(多选题)

单位:人,%

题项	人数	占有效样本比重	占选择人次比重
A. 提升了社区居民的幸福感	4033	64.42	16.95
B. 提升了居民的归属感	4930	78.75	20.72
C. 提升了居民的凝聚力	3930	62.78	16.52
D. 提高了文化自信,感受民族文化的魅力	5521	88.19	23.21
E. 促进了旅游业的发展	4742	75.75	19.93
F. 基层没有重视,做得不够好	634	10.13	2.66
选择人次总计	23790	—	100.00

资料来源:湖北大学高等人文研究院、中华文化发展湖北省协同创新中心"中国文化发展现状调查(2023~2024)"数据库。

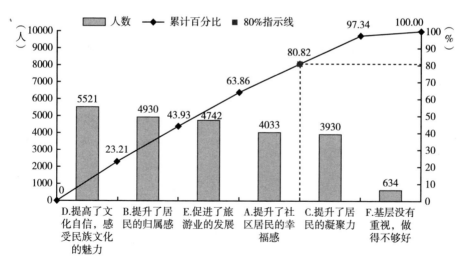

图4 对保护古城古貌和传统村落风貌的"非遗在社区"工作的认同

资料来源:湖北大学高等人文研究院、中华文化发展湖北省协同创新中心"中国文化发展现状调查(2023~2024)"数据库。

表8　对保护古城古貌和传统村落风貌的"非遗在社区"工作的认同差异检验结果

题项	样本数	均值	均值差	t 值	p 值
A. 提升了社区居民的幸福感	6260	1.64	0.011 *	1.859	0.063
B. 提升了居民的归属感	6260	1.79	0.155 ***	29.889	0.000
C. 提升了居民的凝聚力	6260	1.63	−0.005	−0.852	0.394
D. 提高了文化自信,感受民族文化的魅力	6260	1.88	0.249 ***	61.039	0.000
E. 促进了旅游业的发展	6260	1.76	0.125 ***	22.983	0.000
F. 基层没有重视,做得不够好	6260	1.10	−0.532 ***	−139.433	0.000
总　体	6260	1.633			

注：* 表示 p<0.1，*** 表示 p<0.01。

资料来源：湖北大学高等人文研究院、中华文化发展湖北省协同创新中心"中国文化发展现状调查（2023~2024）"数据库。

为进一步分析其他5个题项之间的认同差异，将"基层没有重视，做得不够好"选项剔除后进行差异检验。差异检验结果如表9所示，人们对"提升了社区居民的幸福感"和"提升了居民的凝聚力"的认同度相对较低。虽然人们对"非遗在社区"工作整体持肯定态度，但居民的幸福感和凝聚力还有待进一步提升。

表9　对保护古城古貌和传统村落风貌的"非遗在社区"工作的认同
差异检验结果（去掉题项 F 后）

题项	样本数	均值	均值差	t 值	p 值
A. 提升了社区居民的幸福感	6260	1.64	−0.096 ***	−15.823	0.000
B. 提升了居民的归属感	6260	1.79	0.048 ***	9.195	0.000
C. 提升了居民的凝聚力	6260	1.63	−0.112 ***	−18.364	0.000
D. 提高了文化自信,感受民族文化的魅力	6260	1.88	0.142 ***	34.804	0.000
E. 促进了旅游业的发展	6260	1.76	0.018 ***	3.232	0.001
总　体	6260	1.740			

注：*** 表示 p<0.01。

资料来源：湖北大学高等人文研究院、中华文化发展湖北省协同创新中心"中国文化发展现状调查（2023~2024）"数据库。

（六）文旅市场发展工程

人们对当前文旅市场存在的主要问题的认同统计结果如表10所示，选择"监管力度和监管能力有待提升"的调查对象占比最高，达80.50%。后面依次是"文化和旅游产品、服务需要提升"，占比为76.47%；"低价游、强制消费整治不力"，占比为70.43%；"产品和服务的信用要进一步提升"，占比为61.68%；"无照、超范围、非法转让经营仍然存在"，占比为55.86%。如图5所示，调查对象对"监管力度和监管能力有待提升""文化和旅游产品、服务需要提升""低价游、强制消费整治不力""产品和服务的信用要进一步提升"的认同度达到83.80%。文旅市场发展工程在执法和信用体系建设上取得了一定成果，但文化和旅游市场监管、文化和旅游产品服务方面还需要进一步加强。

表10 对当前文旅市场存在的主要问题的认同统计（多选题）

单位：人，%

题项	人数	占有效样本比重	占选择人次比重
A. 无照、超范围、非法转让经营仍然存在	3497	55.86	16.20
B. 低价游、强制消费整治不力	4409	70.43	20.42
C. 监管力度和监管能力有待提升	5039	80.50	23.34
D. 文化和旅游产品、服务需要提升	4787	76.47	22.17
E. 产品和服务的信用要进一步提升	3861	61.68	17.88
选择人次总计	21593	—	100.00

资料来源：湖北大学高等人文研究院、中华文化发展湖北省协同创新中心"中国文化发展现状调查（2023~2024）"数据库。

为进一步了解5个题项之间的认同差异，对其进行差异检验，结果如表11所示。人们对"监管力度和监管能力有待提升""文化和旅游产品、服务需要提升""低价游、强制消费整治不力"的认同度高于"产品和服务的信用要进一步提升"和"无照、超范围、非法转让经营仍然存在"。文旅市场发展工程建设的关键在于相关部门监管的加强与产品和服务质量的提升。

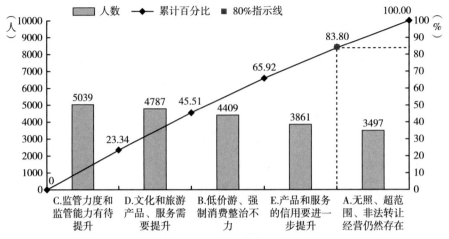

图5　对当前文旅市场存在的主要问题的认同

资料来源：湖北大学高等人文研究院、中华文化发展湖北省协同创新中心"中国文化发展现状调查（2023~2024）"数据库。

表11　对当前文旅市场存在的主要问题的认同差异检验结果

题项	样本数	均值	均值差	t值	p值
A. 无照、超范围、非法转让经营仍然存在	6260	1.56	−0.131 ***	−20.931	0.000
B. 低价游、强制消费整治不力	6260	1.70	0.014 **	2.481	0.013
C. 监管力度和监管能力有待提升	6260	1.80	0.115 ***	22.952	0.000
D. 文化和旅游产品、服务需要提升	6260	1.76	0.075 ***	13.931	0.000
E. 产品和服务的信用要进一步提升	6260	1.62	−0.073 ***	−11.916	0.000
总　　体	6260	1.690	—	—	—

注：** 表示 $p<0.05$，*** 表示 $p<0.01$。

资料来源：湖北大学高等人文研究院、中华文化发展湖北省协同创新中心"中国文化发展现状调查（2023~2024）"数据库。

五　研究结论与建议

（一）研究结论

1. 在文化工程建设中需要坚持守正创新

大数据、人工智能等数字技术的发展为人们提供更加便捷、高效、多元的信息获取渠道，同时给思想意识领域带来新的挑战。网络信息的来源和传播渠道越来越多样，纷繁复杂的网络信息让人难以辨别，人们的思想意识易受到各方面信息的影响。坚持文化发展守正创新，一方面，需要激发文化的创新活力；另一方面，要注重思想意识领域的守正，即进一步强化党对文化建设的领导权。党的二十大报告指出，巩固壮大奋进新时代的主流思想舆论，加强全媒体传播体系建设，推动形成良好网络生态。为解决文化发展守正创新过程中党的话语权问题和人们的思想认识问题，还需要提高网络文化安全水平，建立网络综合治理体系和预警机制，确保网络生态风清气正。

2. 社会文明建设工程需重点关注文旅产品和公共文化服务两方面

通过实施社会文明建设工程，旅游业、公共文化服务、非遗、中华优秀传统文化、文化数字化方面的发展成效显著，但在文旅产品和公共文化方面还需要进一步加大建设和投入力度。在效率方面，利用市场机制，文旅产品变得更好；在公平方面，在政府的保障下，人们能够平等地享有文化权益。城乡居民的文化消费由以往的基础性消费转向追求品质的消费。为满足这种消费需求，一方面，需要提升文旅产品质量，让人们获得个性化的文化消费体验；另一方面，通过加大公共文化投入力度，让人们享受普惠的文化福利。两方面结合为文化消费升级提供有力支撑。

3. 文艺作品质量还有较大的提升空间

人们对国产古装片、动画片的制作水平评价较高，但对谍战片、侦探片评价较低。国产影片的质量还有较大的提升空间。在文艺创作由量变转向质变的关键时期，培育文艺精品力作是必须且必要的。此外，培育文艺精品力作也是出于文化传播的需要。在全球化的语境下，文艺作品是文化的重要载体，文艺精品力作能够打破文化壁垒，让不同国家的人感受和理解其中的思想，促进国际文化交流。可以说，高质量的文艺作品是文明互鉴的重要媒介。

4. 文旅融合发展需要进一步深化

人们对文旅融合要坚持原生态发展原则的认同度最高，其次是对文旅融合所代表的新经济发展模式的认同度，再次是认同文旅融合带来的经济效益。而对文旅融合的发展态势、文旅融合的社会效益的认同度相对较低。随

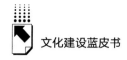

着居民人均收入水平的增长，大众的消费需求不再局限于物质享受，也强调精神体验。同时，传统旅游业发展面临困境，收益锐减，为扭转这一困局，可以将相关文化要素渗透其中，在提升旅游产品附加值的同时，让文化遗产在当下重新焕发生机，促进文化和旅游双向赋能，深化文旅融合发展。

5. 文化遗产保护工作需要提升居民的参与感和归属感

在文化遗产保护工程上，人们对"非遗在社区"工作整体是持肯定态度的，但还需要提升居民的参与感和归属感，主要原因在于人们没有亲身参与和体验非遗传承和保护，没有将非遗保护与人们的生活相结合。《"十四五"非物质文化遗产保护规划》提出，开展"非遗在社区"工作要"尊重社区居民主体地位，提升社区居民的参与感、归属感和凝聚力"。如何落实关键在于坚持以人民为中心，尊重人民群众的主体地位和创造性表达权利，推动非遗融入人民群众生产生活，让人民参与保护传承，让保护成果为人民共享。

6. 文旅市场发展需要重点关注监管和服务两方面

文旅市场发展工程在执法和信用体系建设上取得了一定的成果，但在文化和旅游市场监管、文化和旅游产品服务方面还需要进一步加强。随着数字技术的广泛运用，文旅产业中出现线上购票、虚拟旅游、智能导游等新模式，这些模式产生了海量数据。传统的监管模式难以应对这些动态数据流，出现了市场秩序混乱的问题，监管模式需要向数据驱动、智能分析转型。同时，文旅融合催生研学旅游、数字旅游、中医药健康旅游等新形态，这些跨行业、跨领域的业态使得监管复杂化，亟须构建协同治理框架，推进文旅市场监管能力现代化。

（二）建议

1. 加强意识形态的凝聚力和引领力建设，凝聚人们的思想认识

习近平总书记指出，意识形态工作是为国家立心、为民族立魂的工作。[①] 针对文化发展的守正与创新过程中党的话语权问题和人们的思想认识

---

① 《习近平著作选读》（第一卷），人民出版社，2023。

问题，通过社会主义文化繁荣发展工程，进一步落实意识形态工作责任制，深刻认识意识形态工作的重要性，将意识形态工作的领导权牢牢掌握在党的手中，增强党的主导权和话语权，维护国家政治安全、文化安全和意识形态安全。同时要壮大主流媒体的声音，增强主流媒体的舆论引导力和公信力，建立从中央到地方的全媒体传播体系，确保内容的有效输出。还需要强化网络平台的信息安全工作，打击虚假信息、网络水军、删帖控评等不法行为，确保网络信息安全可靠。

2. 提升文旅产品质量，加大公共文化建设投资力度

充分利用文化和旅游创新工程的优势，进一步提升文旅产品质量，在实践层面构建全流程管理机制，运用大数据分析研判市场需求，根据需求研发相关产品，并制定相应的评价体系。推进数字化赋能，通过前沿技术开发新型的数字化产品。针对公共文化建设投资，优化投资结构，以基层公共文化建设为重点，不断加强数字文化建设。同时注重数字化手段的应用，建设公共文化大数据平台，整合分散的文化资源，构建线上与线下相结合的公共文化网络。

3. 培育文艺精品力作

进一步推进戏曲工程建设，促进文艺作品质量提升。在戏曲工程建设中，要十分重视梯度化人才培养，在保护老一辈艺术家传统技艺的同时，鼓励青年创作者展开创新性探索。同时构建完善的创作人才培养制度，实现传统创作与创新创作的平衡，拓展创作人才的国际视野。建立多维度的评估体系，针对艺术作品的评价，应从艺术、市场、传播、科技等多方面进行。将专业评价与大众评价相结合，打造开放包容的评价环境。

4. 深化文旅融合发展

在建立旅游市场服务质量评价体系的过程中，各级地方政府要想实招，进一步促进文旅融合发展，建立协同治理机制，将文化资源开发与旅游资源开发相结合，形成政策合力。同时，要做到提升硬件和优化软件并举，一方面，创新人才评价体系，既要培养兼具文化素养与旅游运营知识的跨学科人才，也要健全文旅从业人员的教育机制，促进人才不断成长。另一方面，强

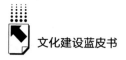
化数字技术应用，建立数字文旅生态系统，将文化数字资源融入智能旅游之中，优化文旅体验空间。

5. 让非遗走进生活，提升居民的幸福感和凝聚力

通过推进非遗传承工程，重点关注非遗社区的建设，特别是非遗特色社区的建设和发展。比如，在非遗社区建立非遗实体空间，开展非遗相关的文化活动，设立非遗传承的激励制度，激发居民的主动性，让其积极参与非遗传承和保护，让非遗走近人们的日常生活。人们认识和参与非遗传承和保护的过程，是吸收中华优秀传统文化，传承中华文明的过程，也是增强民族认同感、国家归属感的过程，这有助于提升人们的幸福感和凝聚力。

6. 推进文旅市场监管能力现代化，构建文旅产品和服务质量提升体系

在文化和旅游市场监管方面，推进监管能力现代化。具体而言，建立智慧监管体系，通过整合分散的数据，构建覆盖市场交易各环节的数据链，通过机器学习与算法优化，构建适应市场的智能监管模型。坚持基础性标准不动摇，其中包含安全、卫生条件、应急管理等强制性规范，通过设定分级评价指标，全面提升服务品质。

参考文献

国家统计局编《中国统计年鉴 2023》，中国统计出版社，2023。

《中华人民共和国文化和旅游部 2023 年文化和旅游发展统计公报》，文化和旅游部网站，2024 年 8 月 30 日，https：//zwgk.mct.gov.cn/zfxxgkml/tjxx/202408/t20240830_954981.html。

B.8

中国文化发展满意度调查：
社会公众的认同与评价分析

汪　曦　张智敏*

摘　要： 本报告基于"中国文化发展现状（2023～2024）"问卷调查数据，分别从文化服务的供给渠道满意度、内容结构满意度和效能体验满意度三个维度，对调查数据进行了全面分析。分析发现，从整体上看，社会公众对当前文化建设的各个方面都表现出高度的认同感；从趋势上看，社会公众的文化品位逐渐提高，推动了文化需求的品质升级；从偏好上看，社会公众对特色鲜明、内涵丰富的文化产品及服务表现出更大青睐；从水平上看，文化服务的质量建设仍存在短板和不足，多个领域的建设水平有待提升；从发展上看，面对新时代的新要求，当前文化发展的"适应性"建设有所不足。根据数据分析得出的结论，本报告提出了改进当前文化发展态势的若干建议：一是坚持"文化为民"的发展思路，构建"重心向下"的参与式文化发展模式；二是强化品质导向，推动文化发展全方位标准化建设；三是做好特色文化的保护与开发，因地制宜打造个性化产品及服务体系；四是搭建文化品质监测网络，实施更具针对性的质量提升专项工程；五是加快文化建设的更新节奏，提供更具时代感的服务体验。

关键词： 文化发展　社会公众　满意度

---

* 汪曦，华中师范大学教育学博士，湖北工业大学职业技术师范学院讲师、硕士生导师，主要研究方向为教育经济与财政、劳动经济学、公共事业管理；张智敏，湖北大学师范学院（田家炳教育学院）教授、硕士生导师，湖北大学高等人文研究院、中华文化发展湖北省协同创新中心研究员，主要研究方向为教育与经济、公共文化发展管理、人口老龄化。

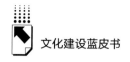

党的二十大报告提出了"推进文化自信自强，铸就社会主义文化新辉煌"的时代命题，并将"人民精神文化生活更加丰富，中华民族凝聚力和中华文化影响力不断增强"作为未来五年文化事业发展的目标任务，体现了人民至上的发展理念。在我国，文化事业的发展是满足人民群众日益增长的精神文明需求的重要途径，而人民群众对文化事业发展的看法与观感则是检验文化事业发展状况的关键"试金石"，也是衡量文化事业发展水平的重要指标。

本报告以社会公众对我国文化建设若干层面的满意度评价为核心，旨在通过分析社会公众对我国文化建设各领域的看法和评价，对我国文化建设的成绩和不足进行详细的梳理，从而为我国文化建设事业的发展和相关政策的调整与改善提供更具针对性的现实参照。

本报告利用2023~2024年湖北大学高等人文研究院问卷调查数据，结合本书团队近十年来对文化建设满意度的调查，从供给渠道满意度、内容结构满意度和效能体验满意度三个维度入手，从文化产品和服务供给与文化产品需求两个视角出发，对公共文化事业和文化产业在社会公众心目中的"可得性"、"充足度"以及"获得感"进行全方位的考察，进而反映我国文化事业和文化产业各个层面取得的成绩与不足。

供给渠道满意度主要衡量文化产品和服务供给在渠道上的充分性、丰富性和通达性，是对文化产品和服务之于公众"可得性"的考察。即居民能否拥有丰富而便利的"通道"参与文化活动、顺利安全地消费文化产品。

内容结构满意度主要衡量文化产品和服务供给在内容上的充分性、均衡性和多样性，是对文化产品和服务之于公众"充足度"的考察。即居民能否拥有丰富而多样的文化产品和服务"内容"，该指标主要衡量文化产品和服务供给的内容充分性和内容多样性。

效能体验满意度主要衡量文化产品和服务供给能否满足居民和社会发展需求，是对文化产品和服务之于公众"获得感"的考察。即居民能否在现有的文化产品和服务供给中得到足够的"干货"，衡量指标包括需求满足、价值引领、文化认同与未来预期、文化传承发展。其中，需求满足衡量文化发展能否满足居民的现实需求；价值引领衡量文化发展能否对公众产生积极的导向作用；文化认同与未来预期衡量当前文化发展在公众心中的接受程度以及公众对未来文化发展的信心与期待；文化传承发展则从更宏观层面衡量文化发展对于整体社会文明发展的推动作用。

一 社会公众对文化服务供给渠道的满意度分析

公众对文化发展的感知首先来自对文化发展成果的有效"获取"，因此，文化服务供给渠道的充足、丰富和畅通情况是反映公众对文化发展满意度的"起点指标"。对于该指标的衡量，本报告选择从公共文化服务、市场文化服务和自组织文化服务三个方面入手。

（一）公共文化服务供给渠道满意度分析

公共文化服务在文化服务供给体系中扮演基础性角色，反映了文化服务的基础门槛和底线水平，是社会公众平等享有文化服务的主要保障。其主要通过博物馆等公共文化设施及相关投入的基本情况反映，也可通过公众在相关领域的反馈和看法加以考察。本报告选取了博物馆、文化馆以及公共文化投入几个典型因子，用于反映公共文化服务的供给情况。

需要提及的是，在互联网时代，人们对文化服务的感知和获取一般都可通过线上和线下两种渠道完成，因此在分析过程中，本报告也充分考量了两种渠道的公众满意度，从而获取更为全面的反馈和评价。

由表1可知，受访者对线下的博物馆等公共文化设施在总体上呈肯定态度，有87.04%的受访者认为博物馆等公共文化设施建设和发展丰富了人们的精神生活，人们愿意将自己宝贵的假日闲暇时间用于前往博物馆等公共文化空间参加文化活动，说明其覆盖面及通达性是令人满意的。

表1　对"人们喜欢在节假日前往博物馆等公共文化设施参加活动"观点的认同统计

单位：人，%

分类	样本数	占有效样本比重	累计有效比重
非常不同意	34	0.54	0.54
不同意	175	2.80	3.34
不清楚	602	9.62	12.96
同意	3005	48.00	60.96
非常同意	2444	39.04	100.00
总　计	6260	100.00	—

　　由表2可知，受访者对线上博物馆、文化云平台等互联网时代的公共文化服务供给渠道表现出更大的肯定性。92.18%的受访者认可线上博物馆或文化云平台作为一种新兴渠道的重要性，线上博物馆在文化展示与传播过程中的作用不仅推动了线上云平台的建设，而且在很大程度上带动了线下博物馆的参观热度提升。由表3可知，大部分受访者肯定了云博物馆与线下博物馆的联动，86.17%的受访者认为云博物馆的传播效应带动了线下博物馆的火爆，反映了互联网时代的公共文化服务必须重视线上线下双渠道建设，以线下的实体资源打造吸引力，以线上的流量资源激发参观欲，从而实现高效的联动和互通，为社会公众打通公共文化服务供给的多元渠道。

表2　对"博物馆等文化云平台已经成为展示文物和传播文物
价值的重要途径"观点的认同统计

单位：人，%

分类	样本数	占有效样本比重	累计有效比重
非常不同意	28	0.45	0.45
不同意	87	1.39	1.84
不清楚	374	5.97	7.81
同意	3221	51.45	59.27
非常同意	2550	40.73	100.00
总　计	6260	100.00	—

表3 对"云博物馆的传播，引起了社会公众鉴赏真实文物的兴趣，
线下博物馆火起来了"观点的认同统计

单位：人，%

分类	样本数	占有效样本比重	累计有效比重
非常不同意	29	0.46	0.46
不同意	121	1.93	2.40
不清楚	716	11.44	13.83
同意	3354	53.58	67.41
非常同意	2040	32.59	100.00
总　计	6260	100.00	—

此外，以表1（线下渠道）和表2（线上渠道）的选择结果进行配对样本比较可以发现，在博物馆等公共文化服务供给渠道选择方面，受访者在线上、线下两类渠道的选择上存在显著差异。由表4可知，受访者对线上渠道的选择显著多于对线下渠道的选择，这反映了在信息化时代，线上资源在社会公众的可接触性和可获得性方面具有明显的优势，因而具有更强的亲民性和先导性。线上资源的体验效果，一方面可以很好地满足社会公众对于文化服务的直接需求；另一方面直接影响公众对线下服务选择的倾向性。因此，公共文化服务供给渠道建设必须重视信息赋能的突出作用。同时，需要进一步扩大线下渠道的覆盖面，提升社会公众接触博物馆等设施的便捷性。

表4 关于线上渠道和线下渠道选择差异的配对样本T检验结果

线下渠道	线上渠道	差异值	T	P
4.22	4.31	−0.084	−7.971	0.00

如果说博物馆代表了"观摩"型公共文化服务方式，是以参观和查阅等感受方式为主要服务点；文化馆则代表了"实践"型公共文化服务方式，可以通过为公众提供各类文化培训和教育服务，带来公众文化素养的实质性提升，两者分别在不同的层面满足公众对文化服务的差异化需求。由表5可知，大部分受访者对文化馆的"培育"功能表示了肯定，88.94%的受访者

认为文化馆在全民艺术培育及普及方面扮演十分重要的角色，反映出公共文化服务不仅在"看"的层面提供了充分且便捷的渠道，在"做"的方面也拥有较为完善的覆盖渠道，可以推动全民文化素养的有效提升。

表5 对"文化馆已经成为培育普及全民艺术的重要场所，越来越受到人们的关注"观点的认同统计

单位：人，%

分类	样本数	占有效样本比重	累计有效比重
非常不同意	23	0.37	0.37
不同意	129	2.06	2.43
不清楚	540	8.63	11.06
同意	3293	52.60	63.66
非常同意	2275	36.34	100.00
总　计	6260	100.00	—

除上述两类特定的公共文化服务供给渠道外，民众在公共文化建设中的参与情况也是公共文化服务供给表现的重要反映。由表6可知，大部分受访者认为民众在公共文化建设中扮演了更为积极的角色，90.72%的受访者认为民众在公共文化建设中的参与感明显增强，角色表现也更为积极，这直接反映出公众参与公共文化建设的"通道"相比过去更为顺畅，从而为公众更好地参与公共文化生活提供了更大的便利。

表6 对"民众在公共文化建设中的参与感明显增强，文明素质显著提升"观点的认同统计

单位：人，%

分类	样本数	占有效样本比重	累计有效比重
非常不同意	29	0.46	0.46
不同意	130	2.08	2.54
不清楚	422	6.74	9.28
同意	3331	53.21	62.49
非常同意	2348	37.51	100.00
总　计	6260	100.00	—

为了解公众对公共文化服务供给渠道的选择偏好和满意度的差异，本报告将问卷设置中比较常见的公共文化服务选项，分线上和线下、一般和具体等不同层面加以考察，分析当前公共文化服务供给渠道的知晓度、契合度以及社会公众对哪些渠道更为关注。

表7显示，在线上公共文化平台中，人们关注最多的往往是博物馆、科技馆的馆藏内容和实时动态，选择占比均超过了80%。这反映出当前公共文化服务态势方面的一些新变化：一是国家在博物馆、科技馆等科普性文化设施建设方面的大量投入取得了良好的反馈，赢得了公众"用心投票"的肯定；二是公众的文化品位和选择偏好出现了可喜的变化。在很长一段时间内，人们对公共文化服务的选择更偏重娱乐性内容，而当前人们对公共文化服务的科学性、知识性内容有了更多的关注。这种变化说明，人们在消费文化产品时的教育意识逐渐增强。此外，人们对于图书馆和文化馆渠道供给的公共文化活动内容具有明显的偏好。一方面，相比强调"看"的博物馆等选择，人们对强调"行"的图书借阅、文化活动参与等的选择相对较少，反映出目前人们在文化消费渠道的选择上"知大于行"的基本格局；另一方面，人们对图书馆渠道供给的公共文化产品的知晓度仍超过70%，折射出人们在行动层面仍具有较高的文化自觉，即越来越多的人选择在实际行动上提升自我文化素养。

表7　对通过互联网免费使用"文化云"平台的知晓度统计（多选）

单位：人，%

题项	人数	占有效样本比重	占选择人次比重
A. 浏览博物馆、科技馆的文物详情	5388	86.07	24.16
B. 观看博物馆、科技馆的动态情景	5102	81.50	22.88
C. 查阅借阅图书馆的馆藏书目	4602	73.51	20.63
D. 预约参与文化馆举办的活动	4695	75.00	21.05
E. 观看群众文艺演出实况	2516	40.19	11.28
总计	22303	—	100.00

从帕累托主次分析的结果（见图1）来看，近年来，我国公共文化服务的"云建设"有了显著进展，主要表现在具有大众科普性（博物馆、科技馆）、具有现实提升力（图书馆、文化馆）的公共文化服务受到了人们更多的青睐。但是对于文艺娱乐性的服务，人们则没有表现出很高的关注度。从现实角度看，社会公众特别是青年群体对于文艺娱乐性的服务具有很高的关注度，但这些服务更多来自文化产业市场。这种反差反映出目前来自公共文化服务供给渠道的文艺娱乐活动在质量和接受度上仍与公众的现实需求存在较大的差距。作为舆论引导方面的主阵地之一，也是最具生活性的文化服务类型之一，文艺娱乐类服务在我国文化服务体系中具有十分重要的地位。其不仅能够丰富公众的业余生活，也能对公众进行有力的价值引领和思想熏陶。对这一"短板"的弥补，是我国公共文化服务未来建设发展的重要任务。

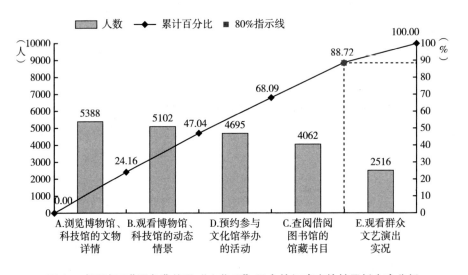

图1 对通过互联网免费使用"文化云"平台的知晓度的帕累托主次分析

表8显示，在现实层面的国家公共文化服务供给渠道上，受访者评价最高的对象均与"一老一小"有关，人们认为国家对老年人文化需求以及包括留守儿童在内的未成年人文化生活和教育给予了高度关注和支持，选择占比均超过了70%，这反映出近年来我国在公共文化服务供给渠道的建设上

取得了一定的成效。一是随着老龄化社会的到来，国家"银龄投入"的力度明显加大，除了在物质层面加大对"扶老""爱老"的投入外，在精神层面也加大了对"适老""乐老"的相关投入，如开发面向"新老年的"、基于代偿机制的适老智慧产品①，其中最典型的便是针对智能手机应用的新媒介适老性分析与改造②，越来越多的互联网经营者尝试从形式外观、内容质量以及关联配置等方面优化适老 App 设计，旨在为老年人搭建信息无障碍环境③，进而消除老年人的信息化参与门槛，从顶层制度设计、线上线下适老化建设、年龄友好环境建设等多方面推动数字鸿沟治理④。同时，各级政府通过多种手段，在适老性生活圈打造⑤、城乡社区适老文化环境建设⑥等方面进行了持续的投入，从而为老年人拥有一个充实、健康的老年生活提供了有力的支持。二是伴随少子化趋势的不断加强，国家也对未成年人的文化生活及教育给予了更大的关注，特别是对于农村留守儿童。主要表现在两个方面：一方面，国家以更大的支持力度呵护"乡村守望者"的精神世界，以现代信息技术为载体，外出的父母与留守儿童实现了适时互通，经济与情感往来弥补着不在场交往的局限⑦，并通过社区一站式服务、大学生送教下乡志愿活动等多种手段丰富留守儿童的精神世界，使他们能够拥有健康快乐的童年，同时通过加强社区监护人培训、教师心理干预技巧训练以及"一对一"帮扶等途径增强留守儿童的主观社会支持，帮助留守儿童构建良好

---

① 张萍、丁晓敏：《代偿机制下适老智慧产品交互设计研究》，《图学学报》2018 年第 4 期。

② 孟博文、殷文：《老年传播视角下新媒介适老性研究——以智能手机与微信、抖音等 App 为例》，《传媒观察》2021 年第 8 期。

③ 金燕、刘子琦、毕崇武：《信息无障碍背景下的 APP 适老化改造研究》，《现代情报》2022 年第 8 期。

④ 陆杰华、韦晓丹：《老年数字鸿沟治理的分析框架、理念及其路径选择——基于数字鸿沟与知沟理论视角》，《人口研究》2021 年第 3 期。

⑤ 吴夏安、徐磊青：《社区生活圈规划中的形态研究——关于适老性生活圈、高步行友好性生活圈范围的讨论》，《西部人居环境学刊》2021 年第 5 期。

⑥ 卢杉、汪丽君：《城乡社区环境对老年人心理健康的影响研究》，《人口与发展》2021 年第 5 期。

⑦ 吴重涵、戚务念：《留守儿童家庭结构中的亲代在位》，《华东师范大学学报》（教育科学版）2020 年第 6 期。

的社会支持系统①；另一方面，国家开始更加关注对未成年人的传统文化教育，课堂教学中的传统文化融入、舆论层面的"国潮"兴起等都是国家在此方面努力耕耘的结果，即通过一系列供给渠道的优化，我们的青少年更清楚自己的"文化根本"，从而在成长历程中更好地实现文化自信、自豪与自强。

表8　对近几年公共文化服务加大关注和投入的认同统计（多选）

单位：人，%

题项	人数	占有效样本比重	占选择人次比重
A. 助残文化服务	3807	60.81	16.59
B. 未成年人传统文化教育	4577	73.12	19.95
C. 农村留守儿童的精神生活	4782	76.39	20.84
D. 老年人适老化文化需求	4819	76.98	21.00
E. 农村女性精神生活	2121	33.88	9.24
F. 社区老年学校的建设	2840	45.37	12.38
总　计	22946	—	100.00

从帕累托主次分析的结果（见图2）来看，近年来，我国在公共文化服务供给上取得了明显的成就，特别是在"老""小""特"三个群体上投入了巨大的努力，体现了人民至上、关注弱势群体精神文化需求的理念。但是也呈现两个相对的短板。一是与社会公众对适老文化需求高的现实情况相比，社区老年学校建设力度相对不足。老年学校是当前推动老年教育、满足老年人文化需求的重要物质载体和实践支撑，其建设的相对缺位反映出当前针对老年群体的公共文化服务供给渠道更多偏向于软件层面的投入，而对于学校等硬件方面的投入则存在一定的滞后性，这对于信息素养相对较差的老年群体而言明显不利。老年群体和现代信息社会的相对脱节，决定了在很长一段时期内老年人文化需求的满足仍然依赖现实层面的文化设施与实践支持。因此，社区层面的老年文化设施与实践体系打造仍是当前适老文化建设

_____

① 崔丽娟、肖雨蒙：《依托乡村振兴战略改善社会支持系统：留守儿童社会适应促进对策》，《苏州大学学报》（教育科学版）2022年第1期。

的重要方向。二是对农村女性精神生活的关注相对不足。在中国农村，女性的需求特别是精神需求曾经长期被忽视，而女性在当前农村发展特别是乡村振兴事业中扮演非常重要的角色。第七次全国人口普查数据显示，我国乡村女性共有 2.45 亿人，占全国乡村人口的 48%。在农业转型背景下，青年女性农民从事家庭农业的过程是积极构建自身农业主体地位的过程，青年女性农民不仅通过自身的劳动付出改善了家庭的经济条件，推动了村庄的农业发展，也极大地促进了家庭内部的两性平等①。由此可见，女性是当前乡村发展中的重要力量，她们不仅是乡村物质生产的重要支撑，更是乡村家庭建设的重要支柱，其精神生活的满足对于乡村振兴的实现有着重要的支撑性意义。

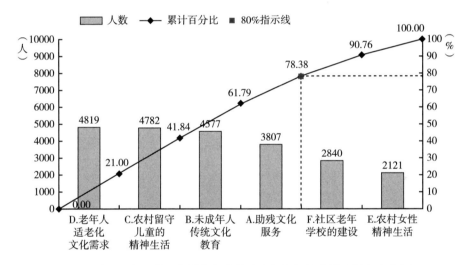

图 2　对近几年公共文化服务加大关注和投入评价的帕累托主次分析

在一般意义上的公共文化服务之外，本报告还从相对具体的角度考察了当前基层文化产品供给渠道的情况。表 9 显示，对于基层文化产品供给渠道，受访者对相关领域的选择占比从整体上看相对偏低（均没有超过 70%），超过或接近 50% 水平的有"根据传统节日不定期举办具有地方特色

---

① 蒋燕、李萌、潘璐：《成为青年女性农民：农村女性从事农业的过程与特征》，《中国农业大学学报》（社会科学版）2021 年第 2 期。

的演出活动"和"村（居）民委员会或民间团体组织的演出"，其中选择占比最大的是"根据传统节日不定期举办具有地方特色的演出活动"，这反映出基层文化产品供给具有一定的特色。一是重视带有乡土特色的文化活动开发。这类活动更具亲民性、"更接地气"，与社会公众具有更强的情感联系，因此也更能够吸引公众的关注与参与。二是基层组织与团体在文化活动组织和推动中扮演了十分关键的角色。作为与社会公众联系最为紧密的组织群体，基层组织往往更熟悉公众的需求与偏好，更能够把握公众对文化服务的需求。因此在活动的设计和安排上，基层组织也更能够抓住社会公众的"胃口"，进而推出更有吸引力的文化活动。

表9 对所居住的社区（镇、村）以下所列活动现状的评价统计（多选题）

单位：人，%

题项	人数	占有效样本比重	占选择人次比重
A. 有县级及以上部门组织公益性地方戏、地方剧演出	2657	42.44	21.18
B. 根据传统节日不定期举办具有地方特色的演出活动	4107	65.61	32.74
C. 村（居）民委员会或民间团体组织的演出	3017	48.19	24.05
D. 有"网红"推手，推介本地特产或介绍本地风土人情	2179	34.81	17.37
E. 以上活动都没有	586	9.36	4.67
总　计	12546	—	100.00

从帕累托主次分析的结果（见图3）来看，人们对当前各种文化活动有较为充分的接触，反映出基层各个层面的文化活动都得到了社会公众一定程度的关注和响应。但社会公众对"网红"推手参与的推介活动缺少足够的关注和接触。湖北大学高等人文研究院的调查显示，对于"乡村网红"等新生事物，人们褒贬不一，但总体上一致同意要对这些新生事物进行规范管理，使之符合社会主义发展的价值要求①。"网红经济"

---

① 徐瑾：《中国文化发展报告（2021～2022）》，载徐瑾、江畅主编《中国文化发展报告（2022～2023）》，社会科学文献出版社，2023。

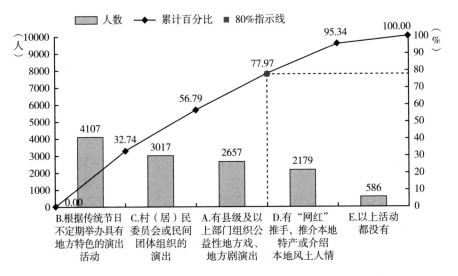

图3 对所居住的社区（镇、村）以下所列活动现状评价的帕累托主次分析

是当前经济新业态的重要表现形式，但在现实层面，"网红推手"的角色存在一体两面的现实影响。一方面，"网红推手"通过直播带货、在线推广等形式成为乡村振兴不可忽视的一股新力量；另一方面，当前的"网红推手"群体也因为相关立法的欠缺而存在鱼龙混杂的现状。许多"网红推手"的素质和信誉经不起实践考验，从而降低了社会公众对该群体的接受度。与此同时，作为互联网时代的新兴力量，老一辈公众对"网红推手"的接受度还较低，从而限制了其受众面和推广面的拓展。因此，要充分激活"网红推手"的活动能力，更好地发挥"网红经济"在基层文化建设中的积极作用，就必须在提高"网红推手"的基本素养和降低受众接触门槛两方面同时发力，从而更好地释放文化活动发展的潜力。

综合性文化服务中心是当前文化产品在硬件层面的重要载体。表10显示，在对当前基层（社区）综合性文化服务中心的评价上，服务质量的提升得到了受访者最高的评价（占有效样本的比重为82.16%）。此外，文化数字化程度和满足居民精神文化需求的导向性也得到了很好的评价（占有效样本的比重均超过70%）。这个结果反映出当前公共文化服务供给渠道在技术条件和专业水平提升方面得到了社会公众的高度认可，主要原因有二：一方面，在数字技术赋能的加持下，公共文化服务在服务效率与便捷度等方面给予了社会公众更好的体验；另一方面，针对性更强的公共文化服务导向使基层（社区）综合性文化服务中心的专业职能得到更深入的开发和更有效的实现，从而更好地服务于社会公众的现实文化需求。

表 10　对基层（社区）综合性文化服务中心的现状评价统计（多选题）

单位：人，%

题项	人数	占有效样本比重	占选择人次比重
A. 一般都有服务标准的要求	3477	55.54	15.91
B. 服务质量在不断提升	5143	82.16	23.53
C. 文化数字化程度越来越高	4927	78.71	22.54
D. 相关部门对文化服务中心有监督检查	3919	62.60	17.93
E. 满足居民精神文化需求的导向性越来越明显	4393	70.18	20.10
总　计	21859	—	100.00

从帕累托主次分析的结果（见图 4）来看，综合性文化服务中心在服务标准建设方面存在相对不足，折射出近年来公共文化服务供给渠道快速发展的同时，制度设计和标准化体系建设仍有待跟进和完善。这也是当前公共文化服务质量参差不齐、产品体系混乱的原因之一。因此，为了为社会公众打造更好的文化服务体系，有效提升文化产品供给的整体水平，标准化建设是重要路径。

（二）市场文化服务供给渠道满意度分析

文旅市场的文化产品和服务在文化产品和服务供给体系中扮演重要的拓展性角色，是满足公众多样性、高品质文化需求的重要支撑，同时影响公众对文化产品和服务选择面的宽度需求和深度需求。对该方面的考察，可从文旅市场的现实表现、常见的文旅市场元素等角度入手。

文旅市场的现实表现可通过社会公众对当前文旅市场的综合感知体

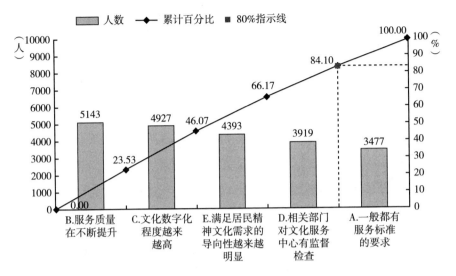

图4　对基层（社区）综合性文化服务中心现状评价的帕累托主次分析

现。表11、表12反映的是近年来文旅市场整治对文化产业发展产生的正外部效应。由表11可知，绝大部分受访者赞同文旅市场整治对文化产业发展起到了促进作用，占比达到93.32%。文化产业的发展则为社会公众更好地消费文化产品提供了更丰富的渠道，并使社会公众能够享受更高质量的文化产品。表12则反映了低价游整治给文旅融合带来的积极影响。在很长一段时间内，文旅市场所充斥的大量低价游产品降低了游客的游玩体验，游客被低价消费陷阱所带来的一系列问题困扰。随着旅游市场整治的推进，旅游产业开始回归本质，并使文化价值得到更好的体现，消费者在旅游过程中能够更好地感知各种文化产品带来的"美与好"的体验，文旅产业的融合促进了旅游市场的繁荣，也使文化产业的商业渠道得到更为充分的开发，使公众在更加轻松的氛围中感受文旅产品的魅力，提高对文旅服务的获得感，从而实现消费者对文化产品的体验感显著增强。

表11 对"近两年，文旅市场整治水平提高，促进了文化产业发展，提升了经济效益"观点的认同统计

单位：人，%

分类	样本数	占有效样本比重	累计有效比重
非常不同意	26	0.42	0.42
不同意	67	1.07	1.49
不清楚	325	5.19	6.68
同意	3297	52.67	59.35
非常同意	2545	40.65	100.00
总　计	6260	100.00	—

表12 对"文旅市场低价游得到有效整治，'以文促旅、以旅彰文'融合发展整体向好"观点的认同统计

单位：人，%

分类	样本数	占有效样本比重	累计有效比重
非常不同意	27	0.43	0.43
不同意	137	2.19	2.62
不清楚	447	7.14	9.76
同意	3166	50.58	60.34
非常同意	2483	39.66	100.00
总　计	6260	100.00	—

作为精神文明建设的重要方面，文化产业的发展除了追求更高的经济效益之外，还需要在社会效益的创造上扮演更积极的角色。由表13可知，绝大部分受访者认为当前的文旅消费市场在效益导向上正逐渐朝着社会效益第一的方向发展，选择占比达到了91.25%，这反映了近年来文旅市场文化产品的价值回归趋势，具有深远的积极意义。在曾经的文旅市场供给渠道中，由于规范性建设的不足和盲目追逐经济利益，大量价值扭曲、消极的文化产品充斥文化市场，对社会公众的思想认识特别是青少年的文化认知产生了消极影响。由此可见，在文旅市场的文化产品和服务供给中，同样需要坚持公平、健康、科学的价值导向，文旅市场的文化产品和服务也应创造和传播社

会正能量，这是文旅市场逐渐规范的必然要求。只有坚持社会效益第一，才能为打造丰富多元、健康向上的文旅市场及文旅产品和服务供给渠道营造良好的氛围。

表13　对"文旅消费市场信誉与形象正在向社会效益第一、
经济效益向好的方向发展"观点的认同统计

单位：人，%

分类	样本数	占有效样本比重	累计有效比重
非常不同意	30	0.48	0.48
不同意	78	1.25	1.73
不清楚	440	7.03	8.76
同意	3349	53.50	62.26
非常同意	2363	37.75	100.00
总　计	6260	100.00	—

除了观察文旅市场的整体表现，我们还可以通过一些具体的"抓手"来分析市场文化服务供给渠道的发展情况。随着现代信息技术的发展，各类文化新业态不断涌现，其中"粉丝经济"是一个重要的方面，其对文化产业的发展产生了巨大的影响。由表14可知，大部分受访者（88.72%）认为网络"圈粉"传播为文化品牌的建设带来了显著的经济效应，丰富了文化产品和服务供给渠道的内涵和外延，传统文化产业在新业态的加持下也取得了更好的传播效应和经济回报。

表14　对"近年来，文化品牌通过网络'圈粉'传播，产生了显著的
经济效应"观点的认同统计

单位：人，%

分类	样本数	占有效样本比重	累计有效比重
非常不同意	37	0.59	0.59
不同意	110	1.76	2.35
不清楚	559	8.93	11.28

续表

分类	样本数	占有效样本比重	累计有效比重
同意	3219	51.42	62.70
非常同意	2335	37.30	100.00
总　计	6260	100.00	—

国内文化市场的发展可以对国际文化交流产生带动效应，面向全球的文化交流既是文化产品和服务供给渠道的一个具象化载体，也是文化产业深度发展的重要表现。由表15可知，仅有不到一半的受访者认为当前出入境文化交流出现了向好局面，数据说明，当前出入境文化交流仍处于相对低谷的"恢复期"，仍有较大的调整空间。而表16进一步反映了社会公众将文旅市场的进一步规范视为国际文化交流恢复与发展的重要前提。有94.06%的受访者认为，只有更进一步地规范国内文旅市场，才能更好地吸引外国游客，并使我们的文化更好地走向世界。无论是从宏观的制度保障还是微观的文旅市场建设看，只有练好了"内功"，中国的文旅市场才能更好地与世界接轨。近年来，我国不断提升国内文旅市场的开放度和自由度，先后面向多个国家实施全面免签政策，为文旅市场产品和服务供给渠道不断拓展提供更宽广的空间。增强"底气"和拓展"空间"，需要明确问题、对症下药，进一步规范国内文旅市场秩序，这是我国文旅产业"走出去、引进来"的基础保障，必须重视。

表15　对"近两年，出入境文化交流呈现向好趋势，但是没有恢复到2019年前的水平"观点的认同统计

单位：人，%

分类	样本数	占有效样本比重	累计有效比重
非常不同意	123	1.96	1.96
不同意	867	13.85	15.81
不清楚	2258	36.07	51.88
同意	1889	30.18	82.06
非常同意	1123	17.94	100.00
总　计	6260	100.00	—

表16 对"国内文旅市场需要进一步规范，才能实现文化'走出去'，
外国客人才能'引进来'"观点的认同统计

单位：人，%

分类	样本数	占有效样本比重	累计有效比重
非常不同意	24	0.38	0.38
不同意	59	0.94	1.33
不清楚	289	4.62	5.94
同意	2997	47.88	53.82
非常同意	2891	46.18	100.00
总　计	6260	100.00	—

在分析社会公众对文旅市场整体表现评价的基础上，进一步分析社会公众对当前文旅市场若干具体问题的基本评价。表17是从类型层面出发，以乡村文旅市场为典型，分析社会公众对其主要问题的聚焦与评价。表18则是从路径层面出发，以数智化赋能为代表，分析社会公众对其应有功能的看法与评价。由表17结果可知，在大部分受访者眼中，乡村文旅市场创新存在的两个最主要问题分别是产品创新问题和价格问题。选择"服务产品千篇一律没有创新"和"将高价格等同于高品质"的受访者占比均超过了60%，而其他几个占比相对较高的题项也和两者密切相关。作为近年来的新兴市场，乡村文旅市场为社会公众的文化生活提供了更多的选择，使社会公众拥有了文旅消费的更多渠道。但乡村文旅市场在快速扩张的同时暴露出许多问题，如千篇一律的农家乐、高度雷同的"古镇"导致消费兴趣的递减效应日益明显。缺少新意的产品和服务供给难以打造响亮的文旅品牌，对市场规律的漠视和盲目逐利的短视思维不断侵蚀着消费者的耐心。此外，当前处于探索阶段的乡村文旅市场更注重经济效益，从而使其产品和服务供给更多着眼于"旅"而忽视了"文"，文化的影响力乃至存在感都相对较弱，从而难以发挥文旅融通的互促功能。因此，未来的乡村文旅市场建设需要在"新"（以新动人）、"心"（以文润心）、"星"（以品牌创利）上发力，以多元化、有品位、有品牌的乡村文旅市场创造更大的发展空间。

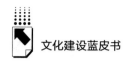

表17　对当前乡村文旅市场创新中最主要矛盾的认同统计（多选题）

单位：人，%

题项	人数	占有效样本比重	占选择人次比重
A. 误将粗制滥造等同于本色	3118	49.81	14.20
B. 以保留原汁原味为由拒绝创新	3679	58.77	16.76
C. 服务产品千篇一律没有创新	4194	67.00	19.10
D. 将高价格等同于高品质	3826	61.12	17.43
E. 没有注重精神引领和育人功能	3516	56.17	16.02
F. 没有规范的质量标准和品牌	3621	57.84	16.49
总　计	21954	—	100.00

　　帕累托主次分析结果（见图5）表明，乡村文旅市场建设和整体文旅市场建设存在类似的阶段性特征，目前已解决或暂时解决的问题均为"底线问题"。目前，乡村文旅市场创新存在的主要矛盾中，相对有所化解的是粗制滥造等质量问题，而质量问题也是文旅市场建设中的底线问题。习近平总书记曾指出"现代农村是一片大有可为的土地、希望的田野"①，乡村文旅市场开发同样大有可为，这需要市场开发者进一步解放思想，在技术、人员、内容、平台等方面不断实现创新，从而开创乡村文旅市场发展的新局面。

　　由表18可知，在数智化赋能文旅市场发展方面，受访者最关注的问题是数字科技成果转化的效益问题，选择占比超过了70%（73.58%），其次则是"民众对文旅数字化建设需求不足"和"文旅数字产品规模较小"，选择占比均超过了60%（分别为67.59%和64.22%）。这既反映了当前社会公众在文旅服务产品选择上的偏好，也反映了当前数字化文旅产品开发的方向问题。一方面，从现实的角度看，文旅服务产品十分强调体验性，能否实现体验感的充分满足是决定社会公众是否选择该产品的重要因素。在这一点上，数字化文旅产品所带来的体验与实体化文旅产品相比具有天然的劣势，导致公众对数字化文旅产品的需求不旺盛，进而使相关的技术和投入难以转

---

　　①　《上下同心再出发——习近平总书记同出席2019年全国两会人大代表、政协委员共商国是纪实》，《人民日报》2019年3月15日。

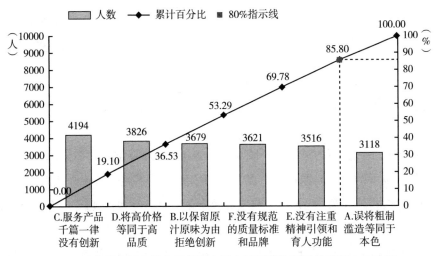

图5 对当前乡村文旅市场创新中最主要矛盾认同的帕累托主次分析

化为现实的经济效益。另一方面，针对这种先天不足，数智化赋能应该更好地把握投入的方向，在可以有所作为的领域努力深耕。对于文旅服务产品而言，"旅"对真实体验感有着更强的要求，在沉浸式体验技术和平台不够成熟的前提下，难以打造有力的商业竞品，盲目跟风只会导致大量的低效甚至无效投入，从而难以带来足够的经济回报。相比之下，"文"则对真实体验感的要求相对较弱，但对内容设计要求更高，而这正是数智化赋能的优势所在。利用先进的数智技术打造更优质的文化数字产品，给予社会公众更好的文化体验成为文旅数智化大有可为的方向。因此，激活公众需求、提升经济效益的关键在于把握数智化赋能的方向，充分发挥其应有的功能，进而为经济效益的实现和整体文旅市场的质量提升创造有利的条件。

表18 对文旅数字化、智能化发展面临的主要问题的评价统计（多选题）

单位：人，%

题项	人数	占有效样本比重	占选择人次比重
A. 数字科技平台少	3702	59. 14	18. 22
B. 数字科技转化为经济效益较难	4606	73. 58	22. 67
C. 民众对文旅数字化建设需求不足	4231	67. 59	20. 83

续表

题项	人数	占有效样本比重	占选择人次比重
D. 数字科技没有让文旅活起来	3755	59.98	18.48
E. 文旅数字产品规模较小	4020	64.22	19.79
选择人次总计	20314	—	100.00

帕累托主次分析的结果（见图6）也表明，在大部分受访者眼中，当前文旅数智化发展的主要问题在于产品自身的内涵建设不足，已较好地解决的问题则是平台搭建问题。目前，文旅服务数字化平台已经初具规模，但是其内容建设一定程度上仍无法满足社会公众的需求，许多云博物馆、云景点难以给予社会公众理想的沉浸式体验。在社会公众初入平台的新鲜感消退后，平台访问量便会大幅回落，由此造成很大的资源浪费。因此，推动文旅数字化产品的内涵建设，在产品开发过程中合理把握方向，是未来文旅数智化转型的重要路径。

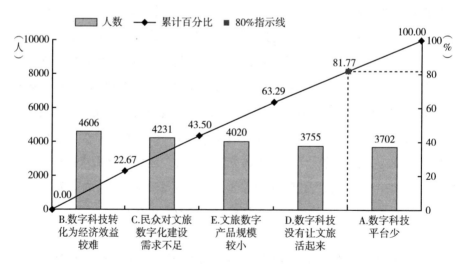

图6　对文旅数字化、智能化发展面临的主要问题评价的帕累托主次分析

（三）自组织文化服务供给渠道满意度分析

自组织是一群人基于关系与自愿的原则主动地结合在一起，以共同参与

完成特定任务的组织行动模式①，它"不需要外部力量的强制性干预，通过自身就可以实现自我管理、自我教育、自我服务、自我约束，进而实现公共生活的有序化"②。自组织文化服务具有个性化、日常化和生活化的特征，在文化服务体系中是最"接地气"的一类，是满足公众文化需求的最直接路径，因此与公众的生活具有最为广泛且直接的联系。对于该指标的考察，可从常见的基层群众文化活动及服务类型切入，从组织、设施、活动三个角度加以分析，包括基层群众文化组织的培育、基层文化设施的建设，以及"广场舞"、大家唱等带有公众自发性质的文化活动都是分析自组织文化服务供给渠道公众满意度的重要抓手。表19反映的是社会公众对基层群众文艺团体发展情况的看法。结果显示，大部分受访者认同基层群众文艺团队和骨干在数量和质量上都取得了明显的进步，选择占比达到了88.19%，反映了当前自组织文化服务供给渠道在组织和人才队伍建设方面成效显著。自组织群众文艺团体的不断壮大也折射出基层文化需求的旺盛，而社会公众的文化需求增加也反映了人们生活质量的提升。

表19　对"近几年，基层群众文艺团队和骨干明显增加，群众文艺活动越来越丰富"观点的认同统计

单位：人，%

分类	样本数	占有效样本比重	累计有效比重
非常不同意	32	0.51	0.51
不同意	148	2.36	2.87
不清楚	559	8.93	11.80
同意	3094	49.42	61.22
非常同意	2427	38.77	100.00
总　计	6260	100.00	—

① 罗家德、李智超：《乡村社区自组织治理的信任机制初探——以一个村民经济合作组织为例》，《管理世界》2012年第10期。

② 杨贵华：《转换居民的社区参与方式，提升居民的自组织参与能力——城市社区自组织能力建设路径研究》，《复旦学报》（社会科学版）2009年第1期。

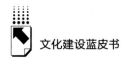

　　表20反映了社会公众对基层文化服务设施的典型——社区图书馆（阅览室）的现状评价。结果显示，大部分受访者认同社区图书馆（阅览室）的建设应该在人性化和多样化方面有所作为，选择占比达到了93.03%。高选择占比反映了社会公众对自组织文化服务设施在功能方面的价值取向，人们普遍认为基层文化服务设施应该更加注重以人为本，将基层群众的需求作为设施建设和管理的第一标准，包括平时的开放时间、准入的设计以及内容（书籍等资料）的选择，都应该围绕基层群众的爱好和便利进行思考和布局，从而充分发挥这些设施在满足社会公众日常性文化服务需求方面的特殊优势。表21反映了社会公众对基层文艺活动质量的看法，结果显示，绝大部分受访者认为基层文艺活动提高了群众的审美品位和文化素质，选择占比达到了90.24%，反映了受访者对当前基层文艺活动质量提升的肯定。在很长一段时间内，群众自组织的基层文艺活动追求的是"热闹"，而如今的基层文艺活动在"热闹"的同时强化了对"品位"的追求，从而在打造基层凝聚力的同时发挥更强的文化影响力，折射出自组织文化服务供给渠道在拓展的同时，服务水平也显著提高。

表20　对"社区图书馆（阅览室）的建设和管理，应该'以人为中心'"
观点的认同统计

单位：人，%

分类	样本数	占有效样本比重	累计有效比重
非常不同意	30	0.48	0.48
不同意	71	1.13	1.61
不清楚	335	5.35	6.96
同意	3196	51.05	58.01
非常同意	2628	41.98	100.00
总　计	6260	100.00	—

表21 对"基层文艺活动明显提高了群众的审美品位，提升了人们的
文化素质"观点的认同统计

单位：人，%

分类	样本数	占有效样本比重	累计有效比重
非常不同意	31	0.50	0.50
不同意	121	1.93	2.43
不清楚	459	7.33	9.76
同意	3222	51.47	61.23
非常同意	2427	38.77	100.00
总 计	6260	100.00	—

表22~表24反映了社会公众对自组织文化服务供给渠道建设现状的评价。表22反映的是社会公众对"村级（社区）春晚""村级（社区）运动会"两类大型群众文体活动的评价。大部分受访者认同"村级（社区）春晚""村级（社区）运动会"对乡村振兴发挥了极大的推进作用，选择占比达到了86.60%，即群众性基层文体活动对乡村振兴具有积极意义。近年来，包括"村BA"在内的群众性基层文体活动引发了极大的关注，更在广大乡村地区产生了巨大的影响力。这些活动的开展不仅展示了乡村社区的魅力和活力，还为乡村振兴聚拢了大量的人气，对改善乡村群众的生活面貌和精神状态发挥了非常积极的作用，并成为推动乡村振兴的重要动力源。

表22 对"村级（社区）春晚""村级（社区）运动会"极大地推进
乡村振兴观点的认同统计

单位：人，%

分类	样本数	占有效样本比重	累计有效比重
非常不同意	36	0.58	0.58
不同意	137	2.19	2.77
不清楚	666	10.64	13.41
同意	3158	50.45	63.85
非常同意	2263	36.15	100.00
总 计	6260	100.00	—

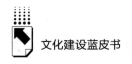
　　表 23 反映的是社会公众对"广场舞"活动的评价。大部分受访者认同"广场舞"丰富了群众文化生活，也对社会文明建设发挥了越来越重要的作用，选择占比达到了 87.10%，即群众性基层文化活动对社会文明建设具有积极意义。"广场舞"在社会公众的一般印象中具有一体两面的影响，赞之者众，嫌之者亦众（本题中持否定态度的受访者占比 4.87%，属于偏高水平），主要原因在于许多广场舞活动参与者对他人的正常生活产生了不同程度的干扰。然而本次调查结果显示，从整体上看，人们认为"广场舞"活动带给社会的影响仍然以积极意义为大，显示出"广场舞"作为一种重要自组织文化活动的强大生命力和影响力。作为一种群众自发性质的健身文娱活动，广场舞的出现充实了社会公众特别是老年人的闲暇生活。作为自组织文化活动中"最知名"的活动之一，广场舞更好地做到了趋利避害，可以更好地提升社会公众的生活质量，并对社会风气起到更为积极的引导作用。

表 23　对"广场舞活动极大地丰富了群众文化生活，对社会文明建设的作用越来越大"观点的认同统计

单位：人，%

分类	样本数	占有效样本比重	累计有效比重
非常不同意	51	0.81	0.81
不同意	254	4.06	4.87
不清楚	503	8.04	12.91
同意	3091	49.38	62.28
非常同意	2361	37.72	100.00
总　计	6260	100.00	—

　　表 24 反映的是社会公众对大家唱群众歌咏活动的评价。大部分受访者认同近年来大家唱群众歌咏活动的影响力不断提升，并对主流价值观的弘扬起到了越来越大的积极作用，选择占比达到了 85.00%。作为一种普及度相对不高的自组织文化活动，大家唱群众歌咏活动在人们日常生活中的"存

在感"没有"广场舞"那么强，但也得到了众多受访者的积极评价，说明近年来相关活动的组织水平有了很大的提升。从现实角度看，大家唱群众歌咏活动正由"晚会型"和"表演性"活动逐渐转变为贴近公众生活的日常活动，与"广场舞"类似，艺术活动的美育功能在大家唱群众歌咏活动中也有非常明显的体现。

表24 对"大家唱群众歌咏活动影响力越来越大，弘扬主流价值观的作用越来越大"观点的认同统计

单位：人，%

分类	样本数	占有效样本比重	累计有效比重
非常不同意	34	0.54	0.54
不同意	141	2.25	2.79
不清楚	764	12.20	14.99
同意	3214	51.34	66.34
非常同意	2107	33.66	100.00
总　计	6260	100.00	—

表25反映的是当前社会公众对各类群众文化和志愿服务活动的参与情况。结果显示，受访者参与率最高的三类活动分别是百姓舞台、广场舞和市民文化节，选择占比均超过了60%（分别为67.65%、66.96%和66.37%）。在大部分受访者眼中，更受欢迎的几类活动都具有很强的自组织性。由此可见，自组织文化活动对社会公众具有的巨大号召力和渗透力，是社会公众参与文化建设发展的重要渠道。随着社会公众文化消费需求的不断释放，作为贴近社会公众的文化服务供给渠道——自组织文化服务供给渠道的作用还会得到进一步彰显，加强对自组织文化服务供给渠道的开拓、鼓励和引导，对于文化强国建设具有重要的基础性意义。

表25　对群众文化和志愿服务活动影响大、受欢迎的现状评价统计（多选题）

单位：人，%

题项	人数	占有效样本比重	占选择人次比重
A. 百姓舞台	4235	67.65	17.24
B. 市民文化节	4155	66.37	16.91
C. 民歌大会	3048	48.69	12.40
D. 大众合唱节	2178	34.79	8.86
E. 广场舞	4192	66.96	17.06
F. 春雨工程	1903	30.40	7.74
G. 阳光工程	2637	42.12	10.73
H. 圆梦工程	2223	35.51	9.05
总　计	24571	—	100.00

　　帕累托主次分析的结果（见图7）也表明，近年来我国群众文化和志愿服务活动质量得到了很好的提升，主要表现在两个方面：一是具有自组织性质的文艺类活动更受社会公众的青睐；二是政府推动的志愿服务活动中，教育类活动更受社会的关注和重视（如针对农村劳动力开展职业技能培训的"阳光工程"和针对农民工子女开展教育服务的"圆梦工程"）。相比之下，门槛较高的合唱节活动和文旅志愿活动（"春雨工程"）的关注度相对较

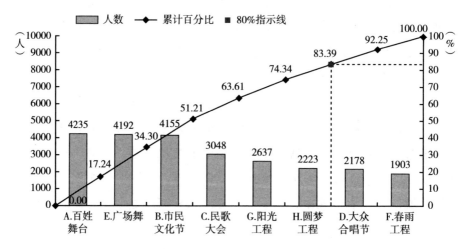

图7　对群众文化和志愿服务活动影响大、受欢迎现状评价的帕累托主次分析

低。由此可以看出，文化艺术类活动更适宜"自下而上"的发展路径，教育培训类活动则更依赖政府"自上而下"的有效组织，激发基层公众的文化自觉和创造力是推动自组织文化服务供给渠道进一步发展的重要方式。

二 社会公众对文化服务内容结构的满意度分析

随着社会经济的不断发展，文化服务的发展也面临质量方面的审视，越来越多的文化服务得以开发和面世，以满足公众高品质、多样化的现实文化需求。基于此，文化服务内容的充足性和多样性是反映公众文化发展满意度的"水平指标"，因此本报告选择对文化服务内容充足性和类型多样性两方面进行衡量。

（一）文化服务内容充足性的满意度评价

对于文化服务内容的充足性，可以从文化建设给予社会公众的获得感、社会公众在文化建设中的参与性以及具体文化服务的丰富性几个方面加以考察。

由表 26 可知，绝大部分受访者认同 2023~2024 年的文化建设发展给人们带来了更强的获得感，选择占比达到了 91.24%。文化建设发展不再是"形而上"的顶层设计，其面向广大公众的服务功能得到了更好的开发，越来越多的人可以在生活中感知更多的文化服务。这种"获得感"的增强说明近年来文化服务内容的充足性得到了很好的实现。

表 26 对"过去两年，文化建设发展和社会文明提升，人们的获得感等
明显增强"观点的认同统计

单位：人，%

分类	样本数	占有效样本比重	累计有效比重
非常不同意	31	0.50	0.50
不同意	88	1.41	1.90
不清楚	429	6.85	8.76

续表

分类	样本数	占有效样本比重	累计有效比重
同意	3196	51.05	59.81
非常同意	2516	40.19	100.00
总　计	6260	100.00	—

由表 27 可知，绝大部分受访者认同民众在公共文化建设中的参与感明显增强，选择占比达到了 90.72%，从而反映出当前文化建设与公众生活的关联性得到了有效提升。参与感的提升代表了文化建设与公众生活的联系日渐紧密，这是社会公众的文化获得感得到有效满足，高位需求得到充分释放的必然结果。社会公众不再是文化建设的"局外人"和被动的"接受者"，转而成为文化建设的主动参与者，这种"参与"和"联动"对于文化服务内容不断完善具有重要意义，能够促使文化服务内容更接近公众的需求，进一步提升文化服务内容的公众接受度，形成良性循环。

表 27　对"民众在公共文化建设中的参与感明显增强，文明素质显著提升"
观点的认同统计

单位：人，%

分类	样本数	占有效样本比重	累计有效比重
非常不同意	29	0.46	0.46
不同意	130	2.08	2.54
不清楚	422	6.74	9.28
同意	3331	53.21	62.49
非常同意	2348	37.51	100.00
总　计	6260	100.00	—

表 28 从老年人的视角审视当前文化产品内容充足性。结果显示，大部分受访者认同适老化文创产品的丰富性正不断提升，老年人分享或购买适老化文创产品也具有很强的便利性，选择占比达到了 81.85%。从现实情况看，适老化文创产品丰富性的提升，折射出全社会文化服务内容充足性的提

升。在当今中国文化市场中，文创产品的丰富性和多元性是重要特征，文创产品内容指向多元，并实现了全年龄段覆盖，很好地满足了不同群体的文创产品消费需求。

表 28　对"适老化文创产品越来越丰富，老年人分享或者购买适老化文创产品便利"观点的认同统计

单位：人，%

分类	样本数	占有效样本比重	累计有效比重
非常不同意	44	0.70	0.70
不同意	285	4.55	5.26
不清楚	807	12.89	18.15
同意	3100	49.52	67.67
非常同意	2024	32.33	100.00
总　计	6260	100.00	—

（二）文化服务类型多样性的满意度评价

对于文化服务类型多样性的表现，可以通过社会公众对各类文化活动的参与和评价情况加以考察。

表 29 反映的是社会公众对文娱服务多样性的认同与评价。数据显示，受访者对当前各类文娱活动的参与比较广泛。最受欢迎的是图书馆、博物馆等机构举办的活动，选择占比超过了 80%（82.25%）。数据说明，近年来"博物馆热"等现象在活动层面延伸，人们不仅前往博物馆等文化阵地参观和学习，图书馆、博物馆、文化馆主办的各类活动也成为备受社会公众青睐的选择。其次是电影院的观影活动，选择占比超过了 70%（73.35%）。据统计，2023 年我国观影人次已恢复至 2019 年的七成左右[①]，越来越多的人走进电影院，推动我国电影行业在票房营收、影视制作以及影院建设等多个领域的发展。此外，选择由网络提供的线上文娱活动的受访者占比也达到了

---

① 刘汉文、石航：《2023 年中国电影产业发展分析报告》，《当代电影》2024 年第 2 期。

66.12%，彰显了互联网技术是文娱产业发展的强大支持力量。许多原本依赖线下渠道的文娱活动利用互联网平台开拓了新的增长空间，并取得了更高的经济回报。明星线上演唱会、线上"K歌"热等现象都是典型案例。多样化的文娱活动在给予社会公众更多选择的同时，创造了更好的服务体验，从而得到了社会公众的普遍认可。

表29　对在过去一年里，参加下列文化文艺活动的频次统计（多选题）

单位：人，%

题项	人数	占有效样本比重	占选择人次比重
A. 参加了图书馆、博物馆、文化馆举办的活动	5149	82.25	23.48
B. 参加了群艺馆举办的群众艺术活动	2941	46.98	13.41
C. 观看了专业剧场举办的音乐会	2787	44.52	12.71
D. 观看了话剧团演出的地方剧	2319	37.04	10.58
E. 由网络提供的线上文娱活动	4139	66.12	18.88
F. 到电影院看了新推出的影视大片	4592	73.35	20.94
总　　计	21927	—	100.00

从帕累托主次分析结果（见图8）看，社会公众的文娱活动多样化发展趋势明显，主要表现在文化艺术类活动和娱乐消遣性活动均得到了社会公众的高度青睐。但也能看到，艺术类活动中的音乐会、话剧表演等受欢迎程度相对较低。由此可以看出，社会公众更偏好具有通俗、快消、平民属性的娱乐消遣性活动。娱乐消遣性活动可以为公众带来轻松和愉悦，而要进一步提高全民的基本文化素养，也离不开高雅艺术的推广。因此，在未来的文娱服务产品开发中需要有意识地提升"高雅艺术"的亲民性，从而形成"雅俗共进"的社会文娱服务发展格局。

表30反映了社会公众对文旅服务产品多样性的评价。数据显示，受访者对当前各类文旅服务有着广泛的涉猎和较高的认可度，但整体参与度不及文娱活动，选择占比最高者仅为70.85%，反映出文旅服务相比文娱服务普及度相对较低。相比之下，受众最多的文旅服务是有文化节、民俗活动、艺术展览体验的景点，其次则是可以深入目的地体验"当地人"生活的景区

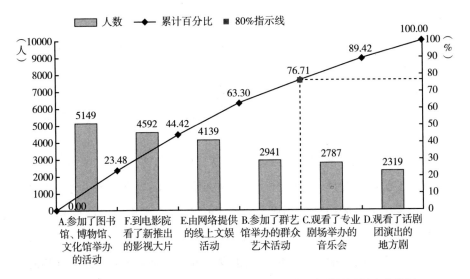

图8 对在过去一年里，参加下列文化文艺活动频次的帕累托主次分析

和民俗文化氛围浓厚的文化景点，选择占比均超过了60%（分别为67.80%和64.73%）。这种情况说明，当前社会公众更倾向于选择带有文化个性的文旅产品。由此可以看出，社会公众在选择文旅服务时品位有所提升，人们不再满足于浅尝辄止、浮于表面的"打卡式"旅游，而是更加关注旅游服务的内涵属性，并享受由此带来的旅游体验。这些变化对文旅服务的发展和多样化建设具有很强的积极意义，能够产生"良币驱逐劣币"的效应，有助于促进文旅产品的个性化设计和多样性开发。

表30 对休闲旅游时，更喜欢的选择偏好统计（多选题）

单位：人，%

题项	人数	占有效样本比重	占选择人次比重
A. 民俗文化氛围浓的文化景点	4052	64.73	15.56
B. 可以深入目的地体验"当地人"生活的景区	4244	67.80	16.30
C. 低价位、多景点的旅游团	2750	43.93	10.56
D. 有音乐剧、舞蹈剧、话剧演出的景点	2296	36.68	8.82
E. 有文化节、民俗活动、艺术展览体验的景点	4435	70.85	17.03
F. 小众特色的休闲景点	3303	52.76	12.68

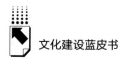
续表

题项	人数	占有效样本比重	占选择人次比重
G. 网红打卡景点	1406	22.46	5.40
H. 有特色美食、主题文化餐厅的景点	3556	56.81	13.65
总　计	26042	—	100.00

从帕累托主次分析结果（见图9）看，网红打卡景点和"低价蹭团"均没有较多受访者选择，折射出社会公众文旅品位的提升，这也为文旅服务的发展设定了更高的门槛，倒逼文旅服务的开发者注重内涵建设和特性打造，进而为构建一个充满个性与多元性的文旅服务大市场拓展空间。此外，有音乐剧、舞蹈剧、话剧演出的景点也没有得到公众太多的关注，这和前文分析的当前社会公众在文娱服务选择中的偏好吻合，凸显了文旅产品开发过程中需求导向的重要价值，只有摸清了社会公众的文旅选择偏好，对应的产品和设计才能够得到社会公众的认可。

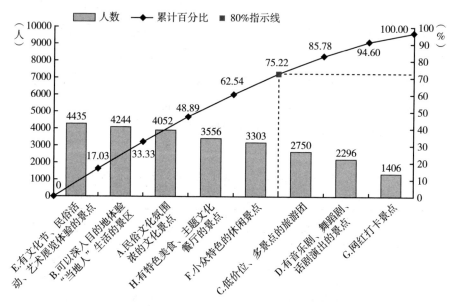

图9　对休闲旅游时，更喜欢的选择偏好的帕累托主次分析

　　表31反映了社会公众对文化服务类型多样性建设"阶段性成效"的看法和评价。分析结果显示，从整体上看，社会公众对当前文化服务类型多样性建设的各项成效持肯定态度。相比之下，获得肯定最多的是中国特色旅游项目的开发和博物馆、科技馆等设施的改造升级，选择占比均超过了70%（分别为73.42%和71.12%），反映了社会公众对我国旅游产业本土化开发以及公共文化设施建设方面新成就的认可和肯定，这与前文有关旅游个性化建设和公共文化服务的分析呼应。其次是非遗保护性开发与利用，选择占比超过了60%（66.28%），折射出社会公众对我国非遗保护领域一系列成就的认可。近年来，非遗保护成为热议话题，相关案例频繁登上媒体热搜，大到戏曲文化保护的国家级工程，小到民间艺人独门绝技的传承与发展，这些工作得到了社会公众的广泛认可与支持。在具体的实现路径上，当前的非遗保护突破了纯"公益性""消耗性"的被动保护局限，创造性地提出利用非遗的经济属性和产业价值进行"生产性保护"和"活化利用"策略①，激活了非遗市场，增强了社会公众非遗保护的主动性和非遗的自我造血功能，从而推动了相关工作的不断完善。同时，我国非遗保护等领域的工作和事迹成功"出海"，从而使古老的中华文明在全球舞台焕发新的生机（选择"中华优秀传统文化国际传播"的选择占比达到了56.39%，反映了社会公众对该项工作的认可）。由此可见，我国文化服务类型多样性建设在"守正创新"的道路上取得了一定的阶段性成果，并收获了社会公众的好评。

表31　对近几年文化事业和文化产业发展成效明显的认同统计（多选题）

单位：人，%

题项	人数	占有效样本比重	占选择人次比重
A. 具有中国特色的旅游产业	4596	73.42	16.61
B. 文化数字科技创新产业	3437	54.90	12.42
C. 博物馆、科技馆、图书馆、文化馆、群艺馆改造升级	4452	71.12	16.09

---

①　黄永林、李媛媛：《新世纪以来中国非遗保护政策发展逻辑及未来取向》，《民俗研究》2023年第1期。

续表

题项	人数	占有效样本比重	占选择人次比重
D. 中华优秀传统文化国际传播	3530	56.39	12.76
E. 非遗保护性开发与利用	4149	66.28	15.00
F. 国内文化融媒体建设与传播	2621	41.87	9.47
G. 公共文化建设投资	2417	38.61	8.74
H. 文旅产品质量提升	2467	39.41	8.92
总　计	27669	—	100.00

从帕累托主次分析结果看（见图10），社会公众对我国文化服务类型多样性建设成效的肯定可用两个关键词概括：一是"家国特色"，为了更好地树立民族自信心，近年来我国文化事业发展的一条关键主线是国家与民族特色的彰显，旨在面向世界舞台和国内公众打造独特而亮丽的"中国名片"，无论是"非遗热"还是"国潮"兴起，无论是文化"下乡"还是文化"出海"，都是这一主线的生动诠释；二是"技术赋能"，在人类迈向数智时代

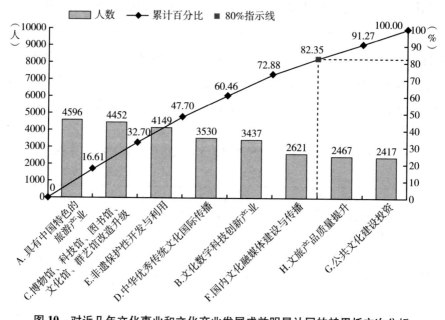

图10　对近几年文化事业和文化产业发展成效明显认同的帕累托主次分析

的今天，"老酒"还要靠"新瓶"来承载才能更好地焕发光彩。从技术赋能看，一方面，已有的设施需要技术升级改造；另一方面，需要通过技术赋能实现文化新产品的开发和传播的强化。新的技术为古老的文化插上了飞翔的翅膀，使其被更多人知晓和感受，从而拓展社会公众的文化视野，并为社会公众提供更加多样化的服务和体验。与此同时，社会公众对文旅产品质量提升和公共文化建设投资两个方面的认可相对较弱。结合前文的分析可以发现当前我国文化服务类型多样性建设的两个短板：一是品质建设仍在路上，特别是我国文旅服务市场的改革仍有待进一步推进，尽管当前文旅市场的开发已经日臻成熟，丰富的产品供给也基本满足了公众对文旅消费的基础性需求，但文旅市场的增值性表现相对较差，产品质量的提升也相对有限；二是文化服务的"公共性"投入仍需加大，公共文化服务扮演着为文化服务体系建设"托底"的关键角色，是确保每一个人都有机会享受文化发展成果的重要支柱。因此，对公共文化服务的投资是国家文化事业发展的基础保障和经济支撑。一方面，需要通过完善的制度设计和组织约束确保公共文化投资的稳定增长；另一方面，公共文化服务需要切实提升自身效能，从而提升投资利用效率，将"稳源"与"提质"结合起来，确保公共文化建设投入的充足与高效率。

三 社会公众对文化服务效能体验的满意度分析

文化发展的最终目标是被社会公众感知和获取，并使应有的文化功能充分发挥，社会公众对文化服务的一切感知和评判归根到底来自他们对文化服务效能的真实"体验"，这是文化发展成效在社会公众心目中的真实"回响"，也是反映社会公众文化发展满意度的"效果指标"。对于该指标，本报告选择从需求满足、价值引领、文化认同、传承发展四个方面加以考察。

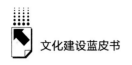

（一）文化服务满足公众需求的效能满意度分析

表 32 反映了社会公众对文旅产业发展满足人们文化需求的整体评价。分析结果显示，绝大部分受访者认同文旅产业发展不仅满足了人们的文化生活需求，而且创新了经济发展模式，选择占比达到了 94.07%，反映出文旅产业在满足公众需求方面得到了广泛认可。

表 32　对"文旅产业发展不仅满足了人们的文化生活需求，而且创新了
经济发展模式"观点的认同统计

单位：人，%

分类	样本数	占有效样本比重	累计有效比重
非常不同意	24	0.38	0.38
不同意	53	0.85	1.23
不清楚	294	4.70	5.93
同意	3199	51.10	57.03
非常同意	2690	42.97	100.00
总　计	6260	100.00	—

表 33 反映了社会公众对所在地文化建设满足人们现实需求的评价。结果显示，多数受访者认同生活所在地文化投入和建设没有满足人们的需求，选择占比超过了 60%（64.54%），而不认同该项的受访者（即对文化服务满足生活需求持肯定态度者）占比为 20.99%，受访者对周边文化投入和建设的满意度明显偏低。这种现象可从两个方面理解：一是文旅产业的发展并不能代表文化建设的全部，尽管文旅产业是文化建设的重要组成部分，但文化建设的涉及面显然更广，建设周期也相对更长，文旅产业所带来的文化满足并不足以覆盖社会公众全部的文化需求；二是当前文化投入和建设存在巨大的内部差距，文化投入和建设对公众需求的满足可能因为地区、收入等方面的不同而表现出很强的差异性，折射出文化投入和建设在资源分布方面的不均衡性。

表 33 对"我觉得，我生活所在地的文化投入和文化建设还没有满足人们的需求期望"观点的认同统计

单位：人，%

分类	样本数	占有效样本比重	累计有效比重
非常不同意	125	2.00	2.00
不同意	1189	18.99	20.99
不清楚	906	14.47	35.46
同意	2646	42.27	77.73
非常同意	1394	22.27	100.00
总　计	6260	100.00	—

（二）文化服务引领公众价值导向的效能满意度分析

文化服务对公众价值导向的引领作用主要通过文化自信的塑造来体现，这也是当前文化建设的重要功能。表 34 反映了社会公众对培育和践行社会主义核心价值观对增强文化自信作用的评价，分析结果显示，绝大部分受访者认同社会主义核心价值观的培育和践行对文化自信的增强起到了明显的作用，选择占比达到了 93.37%。社会主义核心价值观的培育和践行是我国文化建设的核心领域之一。经过多年的深耕，社会主义核心价值观已经在整个社会深入人心，从而确立了社会主义文化强国建设的价值观主轴，形成了我国国家文化软实力的灵魂①，也成为增强社会公众文化自信的重要支撑。

表 34 对"培育和践行社会主义核心价值观明显增强了人们的文化自信"观点的认同统计

单位：人，%

分类	样本数	占有效样本比重	累计有效比重
非常不同意	34	0.54	0.54
不同意	60	0.96	1.50
不清楚	321	5.13	6.63

---

① 郝时远：《文化自信、文化认同与铸牢中华民族共同体意识》，《中南民族大学学报》（人文社会科学版）2020 年第 6 期。

续表

分类	样本数	占有效样本比重	累计有效比重
同意	2812	44.92	51.55
非常同意	3033	48.45	100.00
总　计	6260	100.00	—

　　表35反映了社会公众对未来文化发展路径的看法。分析结果显示，绝大部分受访者认同中华文明的独特性决定了中国的文化发展必须坚持走自己的道路，并认同这是建立文化自信的前提条件，选择占比达到了95.53%，反映了社会公众对中华文明独特性的高度认同。只有对自身文化充满信心，才能在文化发展中获得坚守传统的从容和转向现代的勇气，才能在文化比较中坚定自己的立场①。

表35　对"中华文明的独特性决定了文化发展必须走自己的路，文化自信
才能真正建立"观点的认同统计

单位：人，%

分类	样本数	占有效样本比重	累计有效比重
非常不同意	63	1.01	1.01
不同意	61	0.97	1.98
不清楚	156	2.49	4.47
同意	2906	46.42	50.89
非常同意	3074	49.11	100.00
总　计	6260	100.00	—

　　表36反映了社会公众对当前文化自信各方面建设成效的评价。分析结果显示，从整体上看，受访者对当前文化服务类型多样性建设的各项成效持肯定态度，特别是在中国特色社会主义文化建设和优秀传统文化的弘扬与继承方面，选择占比均接近80%（分别为79.76%和78.69%）。同时，对革命

---

　　①　石文卓：《文化自信：基本内涵、依据来源与提升路径》，《思想教育研究》2017年第5期。

传统文化的继承开发以及社会主义核心价值观的深入普及也受到了受访者的较高认可，选择占比接近或超过了 60%（分别为 65.56% 和 58.51%）。党的十八大以来，我国红色文化保护和传承工作取得了显著进展，在红色文旅资源开发和软硬资源建设上进行了大量的投入，直接推动了社会主义核心价值观的弘扬和践行，从而为我国增强文化自信创造了良好的环境。

表 36 对 2023 年文化自信建设的评价统计（多选题）

单位：人，%

题项	人数	占有效样本比重	占选择人次比重
A. 革命传统文化的继承与开发明显增强	4104	65.56	17.57
B. 优秀传统文化继承和弘扬成效显著	4926	78.69	21.09
C. 中国特色社会主义文化建设有了新的发展	4993	79.76	21.37
D. 文化建设仍然存在只讲形式和面子工程	2494	39.84	10.68
E. 社会主义核心价值观已经深入人心	3663	58.51	15.68
F. 中国共产党在各级组织中的领导明显加强	3182	50.83	13.62
选择人次总计	23362	—	100.00

帕累托主次分析结果（见图 11）从另一个视角反映了社会公众眼中我国文化建设方面的成就。结果显示，选择占比最低的选项为"文化建设仍然存在只讲形式和面子工程"，这从反面折射出我国文化建设的水平和质量均得到了有效提高。在大部分受访者眼中，如今的文化建设不再是流于形式的"面子工程"，说明文化建设更加强调务实性，也更关注公众的实际体验。

（三）文化建设塑造家国认同的效能满意度分析

习近平总书记指出："讲清楚中华文化积淀着中华民族最深沉的精神追求，是中华民族生生不息、发展壮大的丰厚滋养；讲清楚中华优秀传统文化是中华民族的突出优势，是我们最深厚的文化软实力。"[①] 塑造社会

---

① 习近平：《加强文化遗产保护传承 弘扬中华优秀传统文化》，《求是》2024 年第 8 期。

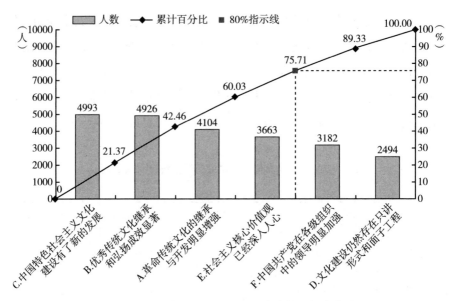

图11 对2023年文化自信建设评价的帕累托主次分析

公众基于中华民族共同体意识的家国认同是文化建设的重要功能，也是反映社会公众文化建设效能满意度的重要窗口。在社会生产或者物质文明发达的当代社会，当社会成员的主体意识觉醒并真正成为社会主人时，社会的终极目的就会回归到使所有人获得幸福。[1]，这是家国认同得以建立的本位所在，而这种认同的构建也有固有的路径指向——在现代国家，社会公众对家国认同遵循两种进路，即公民对国家共同体的认同和对国家政权系统的认同，[2] 可表达为民族共同体认同和政治共同体认同。表37从民族共同体的层面，反映了社会公众对维系中华民族共同体统一与稳定理念的认同。数据显示，绝大部分受访者认同文化融合是国不可分、国不可乱、各民族不可散、文明不可断的共同理念，选择占比达到了96.02%，反映了社会公众将中华民族的文化融合视为铸牢中华民族共同体意识的

---

① 周鸿雁、江畅：《社会共同体的本性及其历史呈现》，《中南民族大学学报》（人文社会科学版）2024年第12期。

② 肖滨：《公民认同国家的逻辑进路与现实图景——兼答对"匹配论"的若干质疑》，《中山大学学报》（社会科学版）2011年第4期。

重要依托，从而彰显了文化建设在促进民族融合、塑造家国认同中的重要作用。

表37 对"中华各民族文化融合是国不可分、国不可乱、各民族不可散、文明不可断的共同理念"观点的认同统计

单位：人，%

分类	样本数	占有效样本比重	累计有效比重
非常不同意	27	0.43	0.43
不同意	26	0.42	0.85
不清楚	196	3.13	3.98
同意	2181	34.84	38.82
非常同意	3830	61.18	100.00
总　计	6260	100.00	—

表38反映的是社会公众对近两年文化建设发展主要特征的认同。数据显示，从整体上看，受访者对近两年文化建设发展的主要特征普遍持认同态度，其中认同度最高的是"文化自信在文化建设中体现得更加清晰"，选择占比接近80%（76.81%）。还有三个题项认同度较为接近，分别指向了文化建设的现代化水平（68.08%），党在意识形态领域的指引性作用（67.24%）以及文旅市场的双向融通（66.49%），反映了近两年文化建设在技术改进、政治引领以及产业融通方面取得了明显的进步，从而为文化建设生态的整体改善提供了良好的基础。

表38 对近两年文化建设发展主要特征的认同统计（多选题）

单位：人，%

题项	人数	占有效样本比重	占选择人次比重
A. 党在意识形态领域的指引性作用明显	4209	67.24	17.33
B. 文化自信在文化建设中体现得更加清晰	4808	76.81	19.80
C. 文化建设的现代化水平明显提高	4262	68.08	17.55

续表

题项	人数	占有效样本比重	占选择人次比重
D. 公共文化服务的社会效益明显提升	3785	60.46	15.58
E. 文化产业社会经济效益明显好转	3062	48.91	12.61
F. 文旅市场"以文促旅、以旅彰文"融合加强	4162	66.49	17.14
总　计	24288	—	100.00

　　帕累托主次分析结果（见图12）显示，尽管从整体上看，社会公众对我国近两年文化建设发展的主要成就高度认同，但也反映出一些相对不足的领域，主要集中在文化建设的效益层面，其中认同度最低的是"文化产业社会经济效益明显好转"（48.91%）。同时，社会公众对"公共文化服务的社会效益明显提升"认同度也相对较低（60.46%）。

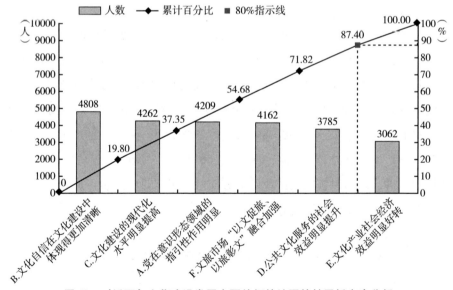

图12　对近两年文化建设发展主要特征的认同的帕累托主次分析

（四）文化建设促进传承发展的效能满意度分析

　　传承和发展优秀文化，是当前文化建设的重要使命，可从文化传承现状与未来发展需求两个方面加以衡量。表 39 和表 40 分别从传统工艺挖掘和红色文化传承两个角度考察了社会公众对文化建设促进传承发展的效能满意度。

由表 39 可知，受访者对目前的传统工艺挖掘和传承呈现较为普遍的肯定态度，认同度最高的是"非遗传承人的工匠精神培养"和"有影响力的传统工艺品牌推广"，选择占比均超过了 70%（分别为 77.46% 和 73.87%）。数据说明，当前传统工艺挖掘与传承的表现和传承人自身的能力具有较强的正相关性，越有影响力的传统工艺，被挖掘和保护的情况也就越好。帕累托主次分析结果（见图 13）体现出当前传统工艺挖掘与传承中的一些不足。首先是受访者对"传统工艺在现代生活中的应用"认同度（47.36%）较低，说明当前的传统工艺挖掘与传承在契合现代生活需要方面还缺少一定的敏锐性和主动性。"传统工艺高质量发展"的选择占比（60.64%）也相对较低，反映出当前传统工艺挖掘与传承存在质量问题，虽然传统工艺产品受到社会公众越来越多的欢迎，也带动了传统工艺品市场的不断升温，但契合现代生活需求的高质量产品供给仍显不足，尚不能较好地满足社会公众的现实需要，市场潜力仍有待进一步挖掘。

表 39　对地方政府在传统工艺挖掘、传承中的关注点和重视程度的评价统计（多选题）

单位：人，%

题项	人数	占有效样本比重	占选择人次比重
A. 非遗传承人的工匠精神培养	4849	77.46	19.81
B. 有影响力的传统工艺品牌推广	4624	73.87	18.89
C. 传统工艺高质量发展	3796	60.64	15.51
D. 传统工艺的产品品种越来越丰富	4096	65.43	16.73
E. 培育具有民族特色的传统工艺	4147	66.25	16.94
F. 传统工艺在现代生活中的应用	2965	47.36	12.11
总　计	24477	—	100.00

由表 40 可知，社会公众对目前的红色文化保护也表现出较为普遍的肯定态度，无论是革命遗址的保护修缮还是革命文物馆的软硬件建设，都得到了

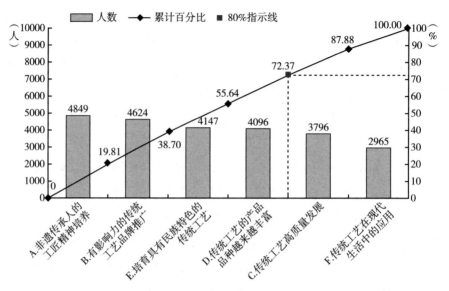

**图13　对地方政府在传统工艺挖掘、传承中的关注点
和重视程度评价的帕累托主次分析**

社会公众普遍的认可，选择占比均超过了 80%，说明近年来国家在红色文化
赓续和传承上的投入得到了社会公众的认可。近年来，各地兴起的红色旅游
热带动了人们对红色文化的关注，越来越丰富的藏品和越来越先进的技术体
验使社会公众更好地感受革命历史文化的熏陶和教育，从而为红色文化的传
承提供了良好的物质基础。

　　帕累托主次分析的结果（见图14）也进一步佐证了数据分析的结果，受
访者选择占比显著低于其他选项的是"红色文化的保护没有大的变化"，这从
反面论证了近年来红色文化保护方面出现的积极变化。与此同时，帕累托主
次分析还揭示了当前红色文化保护中尚显不足的一点——沉浸式体验技术的
开发。沉浸式体验技术可以突破时空限制，让人们实现虚拟参观。[1] 基于建构
主义的分析视角，思想与价值观层面的引领非常依赖有效的情境塑造和现场
体验，作为重要的爱国主义实践载体，红色文化场馆往往在思想引领与价值

---

① 高义栋、闫秀敏、李欣：《沉浸式虚拟现实场馆的设计与实现——以高校思想政治理论课实
　践教学中红色 VR 展馆开发为例》，《电化教育研究》2017 年第 12 期。

观塑造方面扮演至关重要的角色。因此，依托沉浸式体验技术的升级，为参观者塑造更好的参观场景和仿真体验就成为实现红色文化资源功能最大化的重要路径。

表40 对近几年身边的红色文化保护的评价统计（多选题）

单位：人，%

题项	人数	占有效样本比重	占选择人次比重
A. 革命遗址保护修缮明细完善	5121	81.81	24.01
B. 革命文物馆藏内容更加丰富	5186	82.84	24.31
C. 革命文物馆藏科技含量更高	5136	82.04	24.08
D. 沉浸式体验展现水平明显提升	4683	74.81	21.95
E. 红色文化的保护没有大的变化	1207	19.28	5.66
总　计	21333	—	100.00

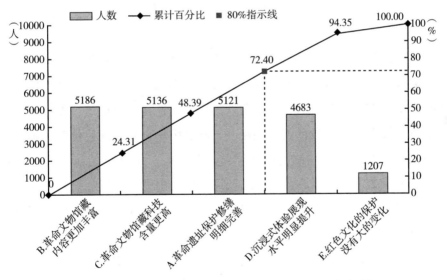

图14 对近几年身边的红色文化保护评价的帕累托主次分析

由表41可知，站在新的历史节点，社会公众对未来的文化发展具有广泛的需求与期待，这为文化强国的建设提供了有力的社会基础。绝大部分受访者认同文化强国建设的基本点应建立在关注人们对文化需求的新期待和新

变化之上，选择占比达到了93.71%。随着经济发展水平的不断提高，人们的潜在文化需求也会进一步释放。社会公众对未来有希望、有期待、有要求，也从另一个层面折射出当前文化建设成果得到了公众的认可，从而使未来的文化事业发展和文化产业开发拥有良好的前期基础。

表41 对"新时期，关注人们对文化需求的新期待和新变化，是建设文化强国
基本点"观点的认同统计

单位：人，%

分类	样本数	占有效样本比重	累计有效比重
非常不同意	32	0.51	0.51
不同意	37	0.59	1.10
不清楚	325	5.19	6.29
同意	3287	52.51	58.80
非常同意	2579	41.20	100.00
总 计	6260	100.00	—

表42反映的是社会公众对新时期文化建设新使命的期待，由数据可知，建设中华民族现代文明是受访者关注最多的发展方向，选择占比接近90%（88.58%），这反映了社会公众的民族情怀和强国理想，并折射出社会公众对文化强国建设的路径关注——凸显中华文明的现代价值，彰显了公众对中华文明独特性的高度认同与自豪。有三个题项的认同度较为接近，分别代表了受访者在凝聚价值认同、构建中国文化新理论以及铸牢中华民族共同体意识三个方面的期待和愿望，选择占比分别为75.54%，73.96%和73.90%。

帕累托主次分析结果（见图15）也反映了社会公众的关注要点，并突出一个被公众忽略的领域——保护利用历史文化遗产，守护好中华文脉，选择占比仅有59.81%，这折射出社会公众对未来文化发展期待的一个典型特征，即发展重于传承，更注重具有现实意义的发展方向，对相对务虚的文脉守护则缺少足够的关注。习近平总书记指出，"只有全面深入了解中华文明的历史，才能更有效地推动中华优秀传统文化创造性转化、创新性发展，更有力

地推进中国特色社会主义文化建设"。① 没有中华优秀传统文化，我们的文化自信和现代化建构就如无根之木，这揭示了"培根"与"逐梦"的关系，只有守护"源远"方能延续"流长"，因此，在践行文化新使命的过程中，我们需要更好地处理"守正"和"创新"的关系，切实加强对公众的教育和引导，从而使其深刻理解文脉守护对文化强国建设的重要意义。

表42 对新时期文化建设的新使命主要表现的认同统计（多选题）

单位：人，%

题项	人数	占有效样本比重	占选择人次比重
A. 文化自信，建设中华民族现代文明	5545	88.58	23.82
B. 使人民的理想信念、价值理念、道德观念团结在一起	4729	75.54	20.32
C. 阐释中国道路、解读中国实践、构建中国文化新理论	4630	73.96	19.89
D. 保护利用历史文化遗产，守护好中华文脉	3744	59.81	16.09
E. 铸牢中华民族共同体意识，建立民族新的精神家园	4626	73.90	19.88
总　计	23274	—	100.00

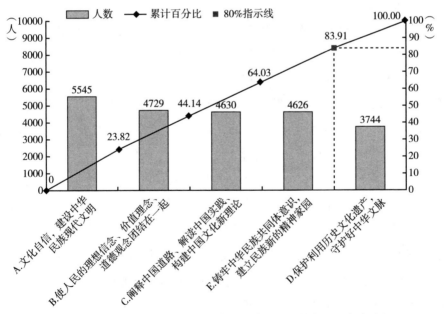

图15 对新时期文化建设的新使命主要表现认同的帕累托主次分析

① 习近平：《在文化传承发展座谈会上的讲话》，《求是》2023年第17期。

四 结论与思考

（一）结论

1. 社会公众对当前文化建设的各个方面都表现出高度的认同感

调查结果显示，无论是对于文化服务的供给渠道，还是文化产品的内容供给，抑或文化产品的效能体验，受访者所持的态度及评价都以积极为主，对当前文化建设各个方面的成就持肯定态度的受访者占比可达九成以上，社会公众的整体满意度处于较高水平。这反映了近年来我国在文化建设上的努力和投入获得了社会公众的好评，折射出我国文化事业及文化产业在发展进程中紧扣社会公众心之所系，不断激发自身发展潜能，从而更好地契合社会公众的现实需求，文化发展在整体上呈现积极、健康、动能强劲的势头，彰显了人民至上的发展理念。

2. 社会公众的文化品位逐渐提高，推动了文化需求的品质升级

调查结果显示，社会公众在文化产品及服务的选择倾向方面出现了明显的变化。不再像以往一样过于看重"经济性"，"猎奇性"消费也有所减少，社会公众对文化产品的关注焦点逐渐向产品质量转移，并且更强调舒适愉悦的消费体验，折射出生活水平的提高，使社会公众的文化需求出现了明显的升级趋势。如在对文旅产品的选择上，公众对"低价团"和"网红"打卡点的关注已经明显偏少，取而代之的是更有地方特色、体验感浓厚、更有品位的产品。而在具体文化产品的选择上，社会公众开始越来越多地前往博物馆、图书馆、文化馆等更具科学性、知识性的文化场所，电影大片、在线娱乐等进阶文化消费也受到更多人的欢迎，在文化服务的效益导向上，人们也更加注重文化服务的社会效益。这些新的变化都体现出社会公众的文化品位出现了提高趋势，社会公众的思考站位更高、视野更为开阔、品质考量更为明显，更关注实质性的文化体验和个人成长，这对未来的文化发展提出了新的要求，也创造了新的、更为广阔的增长空间。

3.社会公众对特色鲜明、内涵丰富的文化产品及服务表现出更大青睐

调查结果显示，在文化产品的选择上，社会公众表现出非常明显的"个性"偏好。一方面，在对文化产品品类的关注上，社会公众对具有民族和地方特色、更具个性的产品表现出更多的兴趣，如在社会公众所居住地区的文化活动中，不定期举办的地方特色演出得到了更多的关注；在对文旅产品的选择上，社会公众的选择重点也都在特色——民族特色、地方特色、民俗特色、主题特色等方面。而这些个性鲜明的文旅产品也丰富了文旅市场的产品内涵，为社会公众提供了更多的选择。另一方面，社会公众对当前文化发展存在的问题的关注更多集中于"缺少特色""拒绝创新"等，如公众将矛盾的焦点放在了"产品千篇一律""以维护传统为名拒绝创新"等问题上。除此之外，在文化传承和发展方面，社会公众最为关注的焦点是特色文化的塑造和保护，如对非遗传承和民族特色工艺、建设中华民族现代文明等的关注。上述结果都折射出当前社会公众对个性文化的明显偏好，这也构成了新时代社会公众文化需求的新"风向"。

4.文化服务的质量建设仍存在短板和不足，多个领域的服务质量有待提升

尽管从整体上看，社会公众对文化发展的满意度居于较高水平，但在质量建设方面，调查结果显示，文旅产品质量提升所获得的认同度明显偏低，反映出当前文旅市场在质量建设上还存在较明显的不足，产品质量不能很好地满足社会公众的品质需求。此外，在一些具体的领域，文化服务的发展水平与公众的预期仍有一定距离，因此公众接受度不高，存在公众参与面偏窄的问题。例如，社区老年学校建设、对农村女性文化需求的满足、"网红"推手主导的本地产品推介活动等是公众认为亟待改进的方面；而在市场化服务方面，缺少具有竞争力的产品创新、品牌建设较弱、产品性价比较低则是公众颇为关注的焦点；在发展性需求方面，出入境文化交流尚未彻底恢复、高雅艺术难获民心、传统工艺的高质量发展和在现代生活中应用仍显不足等问题，制约了文化建设的进一步发展。

5. 面对新时代的新要求，当前文化发展的"适应性"建设有所不足

调查结果显示，在面对时代发展所带来的新形势、新问题时，文化建设在许多领域存在不同程度的"适应性"不足，问题主要集中在两个方面。一是技术性适应有所欠缺，在数字化时代，各行各业的发展都离不开有效的数字化转型，文化事业的发展也不例外，然而调查结果反映出目前的文化建设在数字化转型方面仍存在许多不足。虽然文化建设数字化程度有所提升，技术平台也更加完善，但这些进步主要是形式上的完善，赋能产业发展的实质层面仍显不足。在社会公众眼中，当前的文旅数字化产品供给不足，数字技术赋能文化产业的水平较低，难以有效激发公众需求，进而难以推动效益的转化。此外，在一些文旅数字化的延伸领域，如文旅产品的沉浸式体验打造等方面，现有成果都存在不同程度的水平不足，这给当前的文化产业高质量发展制造了障碍。二是制度性适应尚待加强，主要体现在标准化水平有待提升。近年来，我国文化事业及文化产业呈现快速发展的良好态势，但发展重心放在规模、内容、结构等功能性建设方面，对应的保障性建设特别是制度规范建设相对滞后，调查结果所揭示的规范化标准缺失、育人功能薄弱等不足都是这方面问题的重要体现，折射出当前的制度、内涵等方面建设没能很好地适应文化事业及文化产业发展的快节奏，相关领域制度的适应性建设亟待跟进。

（二）对策思考

1. 坚持文化为民的发展思路，构建重心向下的参与式文化发展模式

社会公众的评价与选择是对文化发展成果的最终检验，也是影响文化发展最终成效的决定性因素之一。近年来，我国文化建设之所以出现快速发展的良好态势，关键就在于秉持了人民至上的发展理念，将社会公众的满意与否作为我们推动文化建设的终极叩问，这也是当前的文化建设能够得到社会公众广泛认可的基础所在。对于社会治理者而言，人民至上的实践要求主要包括以人民为中心、尊重和捍卫人民的主体地位、以为人民谋幸福为己任、

接受人民监督和检验等方面。① 未来的文化发展，更加离不开对民心所需、民心所系的深刻把握，这就需要在未来的文化发展模式中纳入更多的公众参与和建构——随着人类社会迈入数字化时代，技术的发展使人们获得了更多文化生产和流通手段②，参与式文化开始成为文化发展的重要特征。在新型文化生产方式下，消费者将积极地参与文化产品的生产，有利于提高文化产品供给的有效性③，进而提升文化产品的供给质量与水平。在此背景下，公众的选择和意志得以直接塑造文化发展的生态和格局，进而对文化发展的全链条产生更为深刻的影响。因此，为了更好地实现文化为民，必须构建公众参与式的文化发展模式，在文化供给与生产的各个环节有效地培育公众参与的良好氛围，以有效的制度激励、下沉式创意工坊以及文化智库打造等方式提升社会公众在文化建设中的参与度和影响力，加深文化发展与社会公众之间的联系，打造更让公众满意的文化服务体系。

2. 强化品质导向，推动文化发展全方位标准化

我国经济社会的不断发展推动了公众需求结构的日趋多元化，公众的文化需求不断释放。一方面，随着公众生活水平和消费能力的不断提升，人们对高品质文化产品及服务的需求呈不断扩大的趋势，这些需求在目前的文化服务供给体系中尚未得到有效满足；另一方面，我国公众的真实消费能力和消费意愿存在较大的群体差异，这是强化质量建设不可忽视的重要前提，否则就会让文化建设的重心脱离公众的现实需求。目前，我国文化产品供给（特别是文旅产品供给）体系中仍存在一些混乱现象，炒作式、噱头式运营和同质化、低性价比产品供给仍占据相当大的市场空间，这一方面折射出我国文化市场发展尚处于初级阶段，另一方面给社会公众带来了许多不好的文化体验，这是建设文化强国过程中必须逐步淘汰的"灰色空间"。因此，我

---

① 江畅：《"人民至上"与"生命至上"的文化底蕴和价值意蕴》，《伦理学研究》2020年第4期。
② 〔美〕亨利·詹金斯：《文本盗猎者：电视粉丝与参与式文化》，郑熙青译，北京大学出版社，2016。
③ 张宏伟：《参与式生产：文化产品生产的转向与变革》，《新闻与传播研究》2015年第11期。

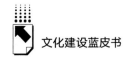

们需要在强化品质导向、推动质量建设的同时，有效把控全方位的文化发展质量底线，从而使来自不同阶层的社会公众都能够获得良好的服务和体验。一方面，针对不断扩大的高品质需求，强化高品质文化服务的开发和建设，如绿色、多元、差异化的乡村旅游市场开发①，标准化、数字化、社会化、法治化的公共文化服务建设②，以红色文物的保护利用为中心的红色旅游立体化打造③，开发面向"元宇宙"愿景的数字文博与智慧旅游④等。另一方面，推动全方位的文化发展标准化，根据质量要求设置差异化的准入门槛，从而守住行业发展的底线，通过服务内容标准化、管理流程标准化、财政预算标准化等⑤，有效规范文化市场，并对影响市场良性运转的"劣币"进行制度性"屏蔽"。

3. 做好特色文化的保护与开发，因地制宜打造个性化产品及服务体系

习近平总书记指出："中华文化是我们提高国家文化软实力最深厚的源泉，是我们提高国家文化软实力的重要途径。"⑥ 民族特色是文化自信的源泉，也是高品质文化建设的重要依托，打造有特色、有个性的差异化服务体系是满足不同人群文化消费需求的重要路径。具体而言，可在以下几个"个性"层面做出努力。一是彰显民族性，这既包括广义上彰显中华民族的特性，大胆从中华古老文明宝库中汲取营养，以更自信的姿态打造具有中华文化鲜活烙印的文化产品与服务，也包括从微观层面彰显各民族丰富的文化特性，特别是推动民族文化的传承与开发。二是强化地方性，这既包括地方特色产品差异化开发，如各地民俗民生的个性包装与文化开发等，也包括本

① 于法稳、黄鑫、岳会：《乡村旅游高质量发展：内涵特征、关键问题及对策建议》，《中国农村经济》2020年第8期。
② 李桂霞、解海、祁爱武：《新时代公共文化服务高质量发展的路径》，《图书馆建设》2019年第S1期。
③ 雷莹、杨红：《红色旅游景区高质量发展影响因素研究——基于DEMATEL-ISM-MICMAC方法》，《云南财经大学学报》2021年第6期。
④ 魏鹏举：《数字时代旅游产业高质量发展的文旅融合路径——以文博文创数字化发展作典范》，《广西社会科学》2022年第8期。
⑤ 张启春、山雪艳：《基本公共服务标准化、均等化的内在逻辑及其实现——以基本公共文化服务为例》，《求索》2018年第1期。
⑥ 习近平：《加强文化遗产保护传承 弘扬中华优秀传统文化》，《求是》2024年第8期。

土化个性服务的差异化打造，还包括城市空间基因的挖掘创造①和乡村特色文化的保护与开发②等。三是挖掘民间性，努力挖掘具有民间特色的文化元素，紧抓包括非遗保护与开发在内的民间个性文化挖掘与开发，总结非遗等民间文化中蕴含的中华智慧，重构新的文化认同③。四是提升现代性，推动传统文化的创新开发，有助于打造鲜明的产品个性，从而被社会公众喜爱和认可。

4. 搭建文化品质监测网络，实施更具针对性的质量提升专项工程

品质监测是加强文化保护、提升管理水平、推动质量提升的重要途径。通过有效的品质监测网络推动文化保护和开发已经在包括世界遗产保护工作在内的诸多领域得到了有效的应用④。面对我国文化建设尚存的短板和不足，我国需要一个重心下沉、全民参与、关键点突出的动态化监测网络对文化建设成效进行及时的测度与反馈，有利于推动对文化建设的全方位检视和动态化跟进。目前，相关监测系统的建设更多着眼于实体化的文物和环境的保护性监测，而针对效能与需求满足等非实体层面的发展性监测则相对较少。因此，需要尽快推动发展性监测指标体系的构建，形成有效的反馈框架和测评体系，并在此基础上搭建全民参与、重点突出的全方位监测网络，实现对文化发展不足领域的及时"预警"和重点"提示"，进而采取更具针对性的专项措施，以推动文化发展短板的补齐。实践证明，类似的专项措施在推动具体层面的实践中发挥了非常重要的作用，如为了更好地推动妇女在乡村振兴中发挥关键作用，国家先后实施"乡村振兴巾帼行动""巾帼新农人"支持计划等，有力地激活了乡村建设中的"女性力量"。

---

① 邵润青等：《空间基因：推动总体城市设计在地性的新方法》，《规划师》2020 年第 11 期。

② 尤海涛、马波、陈磊：《乡村旅游的本质回归：乡村性的认知与保护》，《中国人口·资源与环境》2012 年第 9 期。

③ 周波：《从"身份认同"到"文化认同"——论"非遗"代表性传承人制度设计的新面向》，《文化遗产》2022 年第 2 期。

④ 焦雯珺等：《基于世界遗产监测经验的全球重要农业文化遗产监测体系构建》，《中国生态农业学报》（中英文）2020 年第 9 期。

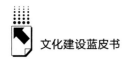

5. 加快文化更新，提供更具时代感的服务体验

面对新时代的新情况和新挑战，我们需要紧跟时代的步伐，并根据新的需求和变化做出及时的调整，从而增强文化建设的时代性和新潮感。一方面，充分利用数字化、信息化、智能化等技术利器，挖掘现有文化产品的开发和提升空间，重点是在能够提升真实体验、增强公众获得感的实质性方面加大投入，努力实现"老"传统的"新"开发，如推动"双效合一"、科技与文化"双向赋能"的新文创产品设计与开发[1]，发展由"文化网红""智慧网红"引领的"创意者经济"，促进新时代文创内容的不断迭代与创新[2]，升级具有大奇观、超震撼、全体验、逻辑力的沉浸式文化体验[3]，打造"全层级需求—全情境交互—全向度价值"相贯通的"全效体验式"旅游文创产品[4]，等等。给予社会公众更具时代感的文化服务体验，让文化产业"新"起来、"活"起来、"酷"起来，进而更深入地释放社会公众的文化需求，为文化事业及文化产业的发展创造更大的空间。另一方面，完善围绕新时代文化发展所构建的制度体系，令文化事业及文化产业的发展"有据可循""有规可考""有法可依"，规范文化发展的内外生态、化解文化发展的"熵增困局"，使文化事业及文化产业的发展"立得稳""走得顺"，进而"行得远"。

---

[1] 范周：《从"泛娱乐"到"新文创""新文创"到底新在哪里——文创产业路在何方?》，《人民论坛》2018 年第 22 期。

[2] 向勇：《"创意者经济"引领数字文化产业新时代》，《人民论坛》2020 年第 19 期。

[3] 花建、陈清荷：《沉浸式体验：文化与科技融合的新业态》，《上海财经大学学报》2019 年第 5 期。

[4] 高颖、许晓峰：《全效体验式旅游文创产品设计研究——以富春山居数字诗路文化体验馆为例》，《装饰》2022 年第 12 期。

B.9
长江经济带文旅产业高质量发展
效率测算与策略研究

丁　浩　张智敏*

摘　要： 本报告利用全要素生产率指数对长江经济带文旅产业高质量发展效率进行了测算，研究发现：与 2020 年、2022 年相比，2019 年、2021 年、2023 年长江经济带文旅产业高质量发展效率较高，其中发展期文旅产业技术进步要素起显著的积极影响作用，挫折期提升规模效率要素可以推动文旅产业走出低谷。分区域看，长江经济带上游 4 个省市的全要素生产率最高，技术进步溢出效应明显，产出效率提升空间较大；中游 4 个省文旅产业规模效率明显；下游 3 个省市需要发挥经济优势和现代化文化建设优势促进文旅产业技术进步效率提高。本报告提出，促进长江经济带文旅产业高质量发展还需要从政策导向、产业升级、提升消费者信心三个方面发力，强化技术进步与规模效率并重理念，探索文旅融合创新、协调、绿色、开放、共享发展的新路径。

关键词： 高质量发展　长江经济带　文旅融合

一　研究背景与现状描述

（一）研究背景

我国经济已经进入高质量发展阶段。在经济高质量发展的要求下，各产

---

* 丁浩，武汉文理学院副教授，中级旅游经济师，主要研究方向为旅游经济、公共文化发展管理；张智敏，湖北大学师范学院（田家炳教育学院）教授、硕士生导师，湖北大学高等人文研究院、中华文化发展湖北省协同创新中心研究员，主要研究方向为教育与经济、公共文化发展管理、人口老龄化。

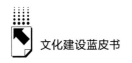
业必须加快转型升级的步伐，进行供给侧结构性改革。文化产业和旅游产业同样面临转型升级和供给侧结构性改革的要求。文化和旅游融合发展不仅是两大产业实现转型升级、供给侧结构性改革的有效路径，也是实现高质量发展的具体表现。早在 2009 年，《文化部 国家旅游局关于促进文化与旅游结合发展的指导意见》就提出，要推进文化和旅游结合发展，并对文化与旅游的关系进行了说明，指出文化是旅游的灵魂，旅游是文化的重要载体。2021 年，《中华人民共和国国民经济和社会发展第十四个五年规划和 2035 年远景目标纲要》提出，要推动文化和旅游融合发展，坚持以文塑旅、以旅彰文，打造独具魅力的中华文化旅游体验。《"十四五"文化和旅游发展规划》提出，要推动文化和旅游深度融合、创新发展，不断巩固优势叠加、双生共赢的良好局面。《"十四五"文化产业发展规划》提出要推动文化产业和旅游产业深度融合发展。但目前文化产业和旅游产业融合不够深入，文化企业整体实力偏弱。《"十四五"旅游业发展规划》指出旅游成为传承弘扬中华文化的重要载体，文化和旅游深度融合、相互促进，旅游成为促进经济结构优化的重要推动力；同时提出加强文化和旅游业态融合、产品融合、市场融合、服务融合，指明了文旅融合的具体路径。《"十四五"文化和旅游市场发展规划》指出文化和旅游市场供需矛盾仍然突出，市场主体竞争力不强，传统行业面临转型升级压力，产品和服务供给与高质量发展要求还有一定差距。

文旅融合发展不仅停留在政策层面，在现实层面也获得了大力推动，文旅体验、文旅消费已经成为人们追求美好生活的重要方式。如故宫以丰富的历史文化资源为核心，在文旅融合方面做出卓越贡献，开发旅游文创产品既满足了游客的购物需求，又传播了故宫的文化；举办各类文化活动，如故宫里过大年、故宫中秋夜等，营造浓厚的文化氛围，吸引旅游者参与。又如江南水乡乌镇，通过举办乌镇戏剧节、世界互联网大会等，吸引了国内外众多游客和文化名人，不仅提升了乌镇的知名度和影响力，也丰富了游客的文化体验。再如大唐不夜城以盛唐文化为背景，打造了集购物、餐饮、娱乐、文化体验于一体的旅游商业步行街。此外，一款游戏《黑神话：悟空》带火了取景地的旅游，游戏《黑神话：悟空》在中国有 36 个取景地，其中 27 个在山西，包括云冈石窟、悬空寺、应县木塔、小西天等，使山西省的文旅市场热度明显提升。文化元素早已潜移默化地融入旅游项目的开发，也早已成为人们旅游体验的重要内容，更早已开始引导人们的旅游行为。文旅融合发展已经广泛而深刻地展开，文旅市场已经形成。

（二）我国文旅产业发展现状概述

1. 我国文化产业的发展现状

近年来，我国文化产业呈现稳健且持续发展的良好态势，在此以全国规模以上文化产业企业营业收入情况描述我国文化产业的发展现状（见图1）。自 2018 年全国规模以上文化产业企业营业收入达到 96799 亿元起，我国文化产业便踏上了稳步发展的轨道。2020～2022 年在复杂的外部环境影响下，全国规模以上文化产业企业营业收入依然突破 10 亿元大关，2022 年达 123755 亿元。2023 年全国规模以上文化产业企业营业收入攀升至 129515 亿元，持续创下新高。这一系列数据表明，我国文化产业在政策支持、市场需求驱动以及创新引领等多因素共同作用下，逐步成长为国民经济中极具活力与潜力的重要组成部分。

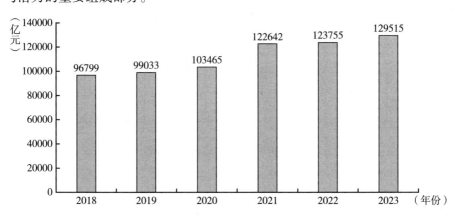

图 1 2018～2023 年我国规模以上文化产业企业营业收入

资料来源：国家统计局。

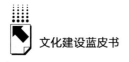
2. 我国旅游产业的发展现状

我国旅游产业在过去数年经历了显著的波动变化，呈现复杂的发展态势，在此以国内旅游总花费、国内旅游人数描述我国旅游产业的发展现状（见图2、图3）。

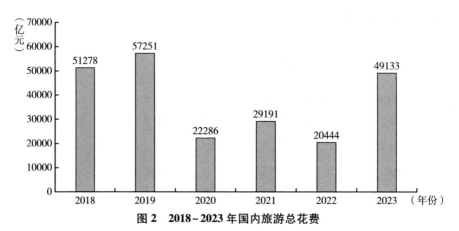

图2　2018～2023年国内旅游总花费

资料来源：《中国统计年鉴2024》。

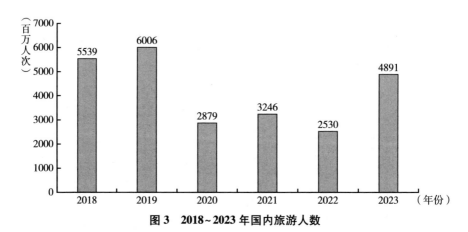

图3　2018～2023年国内旅游人数

资料来源：《中国统计年鉴2024》。

2018～2019年，国内旅游总花费稳步上升，分别达到51278亿元和57251亿元，这反映出当时国内旅游市场需求旺盛。然而，2020年国内旅游总花费锐减至22286亿元，仅为2019年水平的39%。2021年国内旅游总花费虽有一定程度的回升，达到 29191 亿元，恢复至 2019 年水平的 51%，但仍未实现全面复苏。2022 年国内旅游总花费回落到 20444 亿元，仅为 2019 年水平的 36%。直至 2023 年，我国旅游产业实现复苏，国内旅游总花费大幅回升至 49133 亿元，这显示出旅游市场强大的韧性和内在活力，游客压抑已久的旅游需求集中释放，但与 2019 年水平相比仍存在差距，2023 年国内旅游总花费恢复到 2019 年水平的 86%。

从国内旅游人数来看，2018~2019 年，国内旅游人数持续增长，从 5539 百万人次稳步上升至 6006 百万人次，这一阶段旅游产业蓬勃发展，越来越多的民众参与国内旅游。然而，2020 年国内旅游人数锐减至 2879 百万人次，人们的旅游出行受限，旅游市场陷入低迷。2021 年和 2022 年，尽管旅游产业努力恢复，但国内旅游人数分别仅达到 3246 百万人次和 2530 百万人次，复苏进程缓慢且艰难。直到 2023 年，国内旅游人数大幅回升至 4891 百万人次，旅游市场迅速回暖，展现出旅游产业强大的韧性和复苏能力，各地旅游景区再次迎来客流高峰，行业整体呈现积极向好的发展态势。

二　长江经济带文旅产业高质量发展效率测算

本报告将重点研究文旅融合的效率问题。本报告以长江经济带 11 个省市为研究对象，利用面板数据建立 DEA-Malmquist 指数模型，对长江经济带 11 个省市文旅融合高质量发展水平进行测算，根据测算结果提出促进文旅融合高质量发展的举措。

（一）研究方法

文旅融合高质量发展不仅要实现产业规模的提升，更要实现产业发展效率的提升。产业发展效率是生产过程中产出与投入的比率，要求以尽可能少的投入获得尽可能多的产出。更高的产业融合效率意味着更优的资源配置，

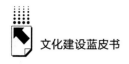

意味着更强的产业竞争力，同时产业融合效率也是衡量产业融合质量的重要指标。[①] 本报告将利用 DEA-Malmquist 指数衡量长江经济带 11 个省市文旅产业的高质量发展效率。

全要素生产率又称技术进步率，用于衡量生产中纯技术进步发挥的作用，是全部生产要素投入不变而产量仍然增加的部分。[②] DEA-Malmquist 指数是测算全要素生产率的重要工具。DEA-Malmquist 指数是一种非参数分析法，它不需要考虑数据的量纲问题，无须设定函数形式，且能同时处理多个投入与产出变量，需要的只是面板数据，但对数据质量、指标选择的要求较高。

DEA-Malmquist 指数计算公式如下：

$$M_t^{t+1} = \frac{D_0^{t+1}(x^{t+1}, y^{t+1})}{D_0^t(x^t, y^t)} = \sqrt{\frac{D_0^t(x^{t+1}, y^{t+1})}{D_0^t(x^t, y^t)} \times \frac{D_0^{t+1}(x^{t+1}, y^{t+1})}{D_0^{t+1}(x^t, y^t)}}$$

其中：

M_t^{t+1} 表示从时期 t 到时期 $t+1$ 的 Malmquist 指数；$D_0^t(x^t, y^t)$ 表示以时期 t 的技术为参照，时期 t 的投入 x^t 和产出 y^t 的距离函数；$D_0^{t+1}(x^{t+1}, y^{t+1})$ 表示以时期 $t+1$ 的技术为参照，时期 $t+1$ 的投入 x^{t+1} 和产出 y^{t+1} 的距离函数；$D_0^t(x^{t+1}, y^{t+1})$ 表示以时期 t 的技术为参照，时期 $t+1$ 的投入 x^{t+1} 和产出 y^{t+1} 的距离函数；$D_0^{t+1}(x^t, y^t)$ 表示以时期 $t+1$ 的技术为参照，时期 t 的投入 x^t 和产出 y^t 的距离函数。

全要素生产率（TFP）可以分解为技术效率（EC）和技术进步（TC）。

$$TFP = EC \times TC$$

若 $EC>1$，表示技术效率提高；若 $EC=1$，表示技术效率不变；若 $EC<1$，表示技术效率下降。

———————————

① 闫绍花、苗建军：《长江中游城市群高技术产业与传统工业融合效率研究》，《科技管理研究》2017 年第 12 期。

② 石枕：《怎样理解和计算"全要素生产率"的增长——评一个具体技术经济问题的计量分析》，《数量经济技术经济研究》1988 年第 12 期。

若 $TC>1$，表示技术进步；若 $TC=1$，表示技术不变；若 $TC<1$，表示技术退步。

技术效率（EC）可进一步分解为纯技术效率（PEC）和规模效率（SEC）。纯技术效率（PEC）体现综合管理和技术提升对生产率的影响，若 $PEC>1$，表示技术对生产率起促进作用；若 $PEC<1$，表示技术对生产率起抑制作用。规模效率（SEC）体现生产规模扩大对生产率的影响，若 $SEC>1$，表示规模对生产率起促进作用；若 $SEC<1$，表示规模对生产率起抑制作用。且有：

$$EC = PEC \times SEC$$

因此：

$$TFP = EC \times TC = PEC \times SEC \times TC$$

本报告将利用 SPSSAU 数据科学分析平台（https://spssau.com/）中的 DEA-Malmquist 全要素生产率分析模块，选择 CCR 模型对长江经济带 11 个省市文旅产业高质量发展效率进行测算。

（二）变量选择与数据来源

本报告以长江经济带 11 个省市为研究对象，遵循指标的连续性、可获得性、代表性原则，从投入与产出两个角度选取相关指标。本报告将长江经济带 11 个省市分为上游省市（重庆、四川、贵州、云南）、中游省份（安徽、江西、湖北、湖南）和下游省市（上海、江苏、浙江）。在面板数据时间跨度的选择上，受不同省市数据可得性的影响，本报告选择 2018 年、2019 年、2020 年、2021 年、2022 年和 2023 年 6 个年份的数据。文旅产业高质量发展效率测算指标体系的建立，遵循以下思路：

第一，文旅产业的发展一定是以相关文旅资源为龙头的，因此选取 A 级景区数量、博物馆数、艺术表演场馆数三个指标。第二，文旅产业的发展离不开资本的投入，因此选取限额以上住宿业资产总计、文化及相关产业资产总计两个指标。第三，人力资本是文旅产业发展的关键因素，因此选取旅游从业人员数、文化及相关产业年末从业人员数两个指标。第四，在文旅产业产出层面，选取国内旅游收入、文化及相关产业营业收入两个指标。具体指标体系及指标选取目的见表1。

表1　文旅产业高质量发展效率测算指标体系

指标类型	要素层	指标层	选取目的
规模效率指标	文旅资源投入	A级景区数量	衡量和评估文旅资源的使用效率
		博物馆数	
		艺术表演场馆数	
	文旅资本投入	限额以上住宿业资产总计	分析资产使用效率
		文化及相关产业资产总计	衡量文旅产业效率变化
	文旅人力投入	旅游从业人员数	
		文化及相关产业年末从业人员数	分析人力资源使用效率
技术进步指标	文旅产业产出	国内旅游收入	如果收入增长超过了资源、资本和人力投入的增长则表示技术进步起了重要作用
		文化及相关产业营业收入	

注：旅游从业人员数由星级饭店从业人员数、旅行社从业人员数、A级景区从业人员数加总得到。

规模效率指标通常关注的是在给定投入的情况下产出的最大化，或者是在产出一定的情况下投入的最小化。文旅资源投入指标可以反映文旅资源的配置和使用效率，但它们本身并不直接衡量效率变化，而是作为投入的一部分，这些指标可以作为评估文旅资源使用效率的参考；文旅资本投入指标可以用来分析资本的使用效率；文旅人力投入指标可以用来分析人力资源的配置和使用效率。

技术进步通常指的是通过技术创新或改进来提高生产率。文旅产业产出指标更多地与技术进步相关，这些产出指标可以反映文旅产业的整体表现和增长情况，当产出增长不能完全由投入增长解释时，可能暗示了技术进步的存在。

指标体系中，A级景区数量、旅游从业人员数数据来源于相应年份的《中国旅游统计年鉴》《中国文化和旅游统计年鉴》；博物馆数、艺术表演场馆数、限额以上住宿业资产总计三个指标数据来源于相应年份的《中国统计年鉴》；文化及相关产业资产总计、文化及相关产业年末从业人员数、文化及相关产业营业收入三个指标数据来源于相应年份的《中国文化及相关产业统计年鉴》；国内旅游收入指标数据来源于 11 个省市的统计年鉴、国民经济和社会发展统计公报。

（三）数据描述

1. 2019年和2023年 A 级景区数量对比

2019 年长江经济带 11 个省市共有 A 级景区 5139 家，2023 年增加到 6574 家。与 2019 年相比，2023 年长江经济带 11 个省市 A 级景区数量均有所增加。2019 年，上海的 A 级景区数量最少，为 113 家；浙江的 A 级景区数量最多，为 798 家。2023 年，上海的 A 级景区数量最少，为 144 家；浙江的 A 级景区数量最多，为 947 家（见图 4）。

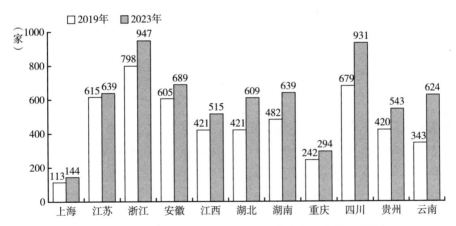

图 4 2019 年及 2023 年长江经济带 11 个省市 A 级景区数量

资料来源：相应年份《中国旅游统计年鉴》《中国文化和旅游统计年鉴》。

2. 2019年和2023年博物馆数对比

2019 年，长江经济带 11 个省市共有博物馆 2092 家，2023 年减少到 1946 家。2023 年，上海市、江苏省、浙江省、安徽省、湖北省的博物馆数较 2019 年有所减少，其他省市有所增加。2019 年，贵州省的博物馆数最少，为91家；浙江省的博物馆数最多，为366家。2023年，上海市的博物馆数最少，为85家；江苏省的博物馆数最多，为330家（见图5）。

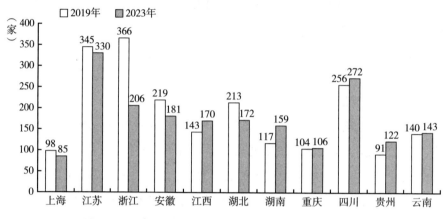

图5　2019年及2023年长江经济带11个省市博物馆数

资料来源：《中国统计年鉴2020》《中国统计年鉴2024》。

3. 2019年和2023年艺术表演场馆数对比

2019年长江经济带11个省市共有艺术表演场馆1252家，2023年增加到1340家。2023年浙江省、江西省、云南省的艺术表演场馆数较2019年有所减少，其他省市的艺术表演场馆数均有所增加。2019年，贵州省的艺术表演场馆数最少，为18家；浙江省的艺术表演场馆数最多，为358家。2023年，贵州省的艺术表演场馆数最少，为21家；江苏省的艺术表演场馆数最多，为278家（见图6）。

4. 2019年和2023年限额以上住宿业资产总计对比

2019年长江经济带11个省市限额以上住宿业资产总计5994亿元，2023年增长到8001亿元。与2019年相比，2023年仅湖南省限额以上住宿业资产总计有所减少，其他省市均有所增加。2019年，江西省限额以上住宿业资产总计最少，为277亿元；浙江省限额以上住宿业资产总计最多，为1177亿元。2023年，安徽省限额以上住宿业资产总计最少，为334亿元；浙江省限额以上住宿业资产总计最多，为1536亿元（见图7）。

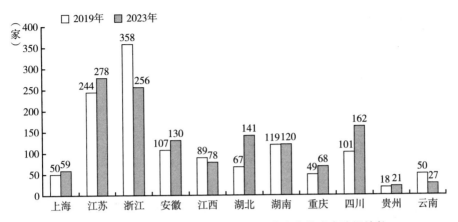

图 6　2019 年及 2023 年长江经济带 11 个省市艺术表演场馆数

资料来源:《中国统计年鉴 2020》《中国统计年鉴 2024》。

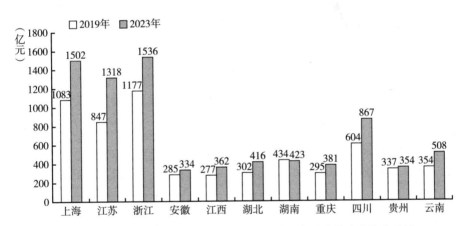

图 7　2019 年及 2023 年长江经济带 11 个省市限额以上住宿业资产总计

资料来源:《中国统计年鉴 2020》《中国统计年鉴 2024》。

5. 2019 年和 2023 年文化及相关产业资产总计对比

2019 年长江经济带 11 个省市文化及相关产业资产总计 125570 亿元,2023 年增加到 179581 亿元。与 2019 年相比,2023 年长江经济带 11 个省市文化及相关产业资产总计均有所增加。2019 年,云南省文化及相关产业资产总计最少,为 2493 亿元;江苏省文化及相关产业资产总计最多,为 37301 亿元。2023 年,云南省文化及相关产业资产总计最少,为

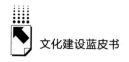

3421 亿元，江苏省文化及相关产业资产总计最多，为 53319 亿元（见图 8）。

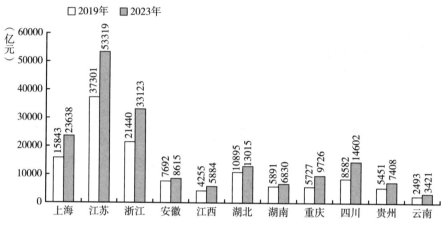

图 8 2019 年及 2023 年长江经济带 11 个省市文化及相关产业资产总计

资料来源：《中国文化及相关产业统计年鉴 2020》《中国文化及相关产业统计年鉴 2024》。

6. 2019年和2023年旅游业从业人员数对比

2019 年长江经济带 11 个省市旅游业从业人数总计 1516623 人，2023 年下降到 1207847 人。与 2019 年相比，2023 年除四川省外，长江经济带其他省市旅游业从业人数均有所下降。2019 年，重庆市旅游业从业人数最少，为 48929 人；云南省旅游业从业人数最多，为 279062 人。2023 年，重庆市旅游业从业人数最少，为 46708 人；四川省旅游业从业人数最多，为 286513 人（见图 9）。

7. 2019年和2023年文化及相关产业年末从业人数对比

2019 年长江经济带 11 个省市文化及相关产业年末从业人数计 912 万人，2023 年增加到 1072 万人。2023 年长江经济带 11 个省市文化及相关产业年末从业人员数均较 2019 年有所增加。2019 年，贵州文化及相关产业年末从业人员数最少，为 20 万人；江苏文化及相关产业年末从业人数最多，为 209 万人。2023 年贵州文化及相关产业年末从业人员数最少，为 24 万人；江苏文化及相关产业年末从业人数最多，为 258 万人（见图 10）。

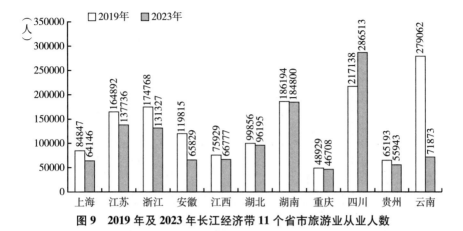

图9 2019年及2023年长江经济带11个省市旅游业从业人数

资料来源：相应年份《中国旅游统计年鉴》《中国文化和旅游统计年鉴》。

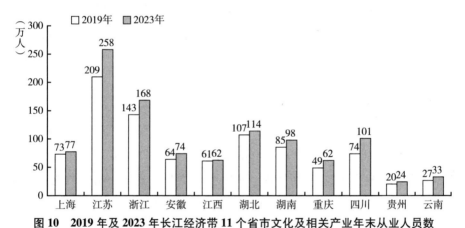

图10 2019年及2023年长江经济带11个省市文化及相关产业年末从业人员数

资料来源：《中国文化及相关产业统计年鉴2020》《中国文化及相关产业统计年鉴2024》。

8.2019年和2023年国内旅游收入对比

2019年长江经济带11个省市国内旅游收入总计103660亿元，2023年下降到96767亿元。与2019年相比，2023年上海市、江苏省、浙江省、湖南省、重庆市、贵州省国内旅游收入有所下降，其他省份有所增加。2019年，上海市国内旅游收入最少，为4789亿元；江苏省国内旅游收入最多，为13902亿元。2023年，上海市国内旅游收入最少，为3678亿元；云南省国内旅游收入最多，为14400亿元（见图11）。

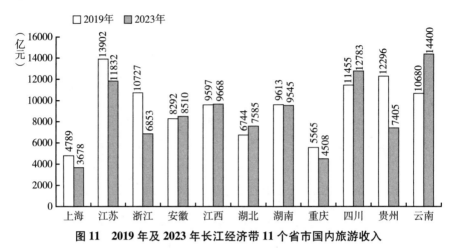

图11　2019年及2023年长江经济带11个省市国内旅游收入

说明：重庆市2020~2023年，四川省2022年国内旅游收入数据缺失。2020~2023年全国旅游人数占2019年的比例分别为48%、54%、42%、81%。本报告用以上比例乘以重庆市、四川省2019年国内旅游收入估算缺失年份的国内旅游收入。

资料来源：11个省市2020年和2024年统计年鉴、2019年和2023年国民经济和社会发展统计公报。

9. 2019年和2023年文化及相关产业营业收入对比

2019年长江经济带11个省市文化及相关产业营业收入总计66220亿元，2023年增加到89025亿元。2023年长江经济带11个省市文化及相关产业营业收入均较2019年有所增加。2019年，贵州省文化及相关产业营业收入最少，为726亿元；江苏省文化及相关产业营业收入最多，为14834亿元。2023年，贵州省文化及相关产业营业收入最少，为821亿元；浙江省文化及相关产业营业收入最多，为20011亿元（见图12）。

（四）长江经济带11个省市文旅产业全要素生产率测算

1. 2018~2019年长江经济带11个省市文旅产业全要素生产率测算

由表2可知，2018~2019年长江经济带11个省市文旅产业全要素生产率平均值为1.0491，说明长江经济带文旅产业全要素生产率年均保持4.91%的增长速度，文旅产业生产效率较高；分地区看，文旅产业全要素生产率最高的贵州省达到了1.2176，最低的江苏省为0.7939；分区域看，长

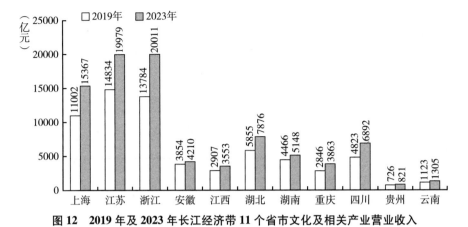

图 12　2019 年及 2023 年长江经济带 11 个省市文化及相关产业营业收入

资料来源：《中国文化及相关产业统计年鉴 2020》《中国文化及相关产业统计年鉴 2024》。

江经济带上游 4 个省市（重庆、四川、贵州、云南）文旅产业全要素生产率平均值为 1.1509，中游 4 个省（安徽、江西、湖北、湖南）文旅产业全要素生产率平均值为 1.0537，下游 3 个省市（上海、江苏、浙江）文旅产业全要素生产率平均值为 0.9071，上游文旅产业全要素生产率平均值最高，下游最低。

表 2　2018~2019 年长江经济带 11 个省市文旅产业全要素生产率测算结果

省市	技术效率（EC）	技术进步（TC）	纯技术效率（PEC）	规模效率（SEC）	全要素生产率（TFP）
上海	1.0000	0.9632	1.0000	1.0000	0.9632
江苏	1.0000	0.7939	1.0000	1.0000	0.7939
浙江	1.0492	0.9191	1.0000	1.0492	0.9642
安徽	1.0000	0.9817	1.0000	1.0000	0.9817
江西	1.0000	1.0918	1.0000	1.0000	1.0918
湖北	1.0000	1.1116	1.0000	1.0000	1.1116
湖南	1.0000	1.0298	1.0000	1.0000	1.0298
重庆	1.0810	1.0100	1.0000	1.0810	1.0919
四川	1.0715	1.0179	1.0000	1.0715	1.0907
贵州	1.0000	1.2176	1.0000	1.0000	1.2176
云南	1.0000	1.2033	1.0000	1.0000	1.2033

续表

省市	技术效率 （EC）	技术进步 （TC）	纯技术效率 （PEC）	规模效率 （SEC）	全要素生产率 （TFP）
下游	1.0164	0.8921	1.0000	1.0164	0.9071
中游	1.0000	1.0537	1.0000	1.0000	1.0537
上游	1.0381	1.1122	1.0000	1.0381	1.1509
11个省市均值	1.0183	1.0309	1.0000	1.0183	1.0491

由分解后的全要素生产率可知，2018~2019年长江经济带11个省市技术进步指数平均值为1.0309、纯技术效率指数平均值为1.0000、规模效率指数和技术效率指数平均值均为1.0183，此时技术进步对全要素生产率提升的贡献最大。

2.2019~2020年长江经济带11个省市文旅产业全要素生产率测算

由表3可知，2019~2020年长江经济带11个省市文旅产业全要素生产率平均值为0.7567，说明长江经济带文旅产业生产效率较低；分地区看，文旅产业全要素生产率最高的浙江省为0.9679，最低的贵州省为0.4211；分区域看，长江经济带上游4个省市文旅产业全要素生产率平均值为0.6404，中游4个省文旅产业全要素生产率平均值为0.8037，下游3个省市文旅产业全要素生产率平均值为0.8492，长江经济带下游文旅产业全要素生产率平均值最高，上游最低。

表3　2019~2020年长江经济带11个省市文旅产业全要素生产率测算结果

省市	技术效率 （EC）	技术进步 （TC）	纯技术效率 （PEC）	规模效率 （SEC）	全要素生产率 （TFP）
上海	1.0000	0.7401	1.0000	1.0000	0.7401
江苏	1.0000	0.8396	1.0000	1.0000	0.8396
浙江	1.0000	0.9679	1.0000	1.0000	0.9679
安徽	0.9972	0.7706	1.0000	0.9972	0.7685
江西	1.0000	0.7151	1.0000	1.0000	0.7151

续表

省市	技术效率 (EC)	技术进步 (TC)	纯技术效率 (PEC)	规模效率 (SEC)	全要素生产率 (TFP)
湖北	1.0000	0.8628	1.0000	1.0000	0.8628
湖南	1.0000	0.8683	1.0000	1.0000	0.8683
重庆	0.8772	0.7549	1.0000	0.8772	0.6622
四川	0.9441	0.8267	0.8700	1.0851	0.7805
贵州	1.0000	0.4211	1.0000	1.0000	0.4211
云南	1.0000	0.6976	1.0000	1.0000	0.6976
下游	1.0000	0.8492	1.0000	1.0000	0.8492
中游	0.9993	0.8042	1.0000	0.9993	0.8037
上游	0.9553	0.6751	0.9675	0.9906	0.6404
11个省市均值	0.9835	0.7695	0.9882	0.9963	0.7567

由分解后的全要素生产率可知,2019~2020年长江经济带11个省市技术进步指数平均值为0.7695、纯技术效率指数平均值为0.9882、规模效率指数平均值为0.9963,均小于1,均对全要素生产率提升产生负面贡献,但规模效率指数平均值最接近1,可认为此时规模效率对长江经济带全要素生产率提升的贡献相对更积极、更重要。

3. 2020~2021年长江经济带11个省市文旅产业全要素生产率测算

由表4可知,2020~2021年长江经济带11个省市文旅产业全要素生产率平均值为1.1146,说明长江经济带11个省市文旅产业全要素生产率保持了年均11.46%的增长率,文旅产业生产效率较高;分地区看,文旅产业全要素生产率最高的江苏省为1.2314,最低的湖南省为0.8759;分区域看,长江经济带上游4个省市文旅产业全要素生产率平均值为1.0936,中游4个省文旅产业全要素生产率平均值为1.1091,下游3个省市文旅产业全要素生产率平均值为1.1499,长江经济带下游文旅产业全要素生产率平均值最高,上游最低。

表4 2020~2021年长江经济带11个省市文旅产业全要素生产率测算结果

省市	技术效率 （EC）	技术进步 （TC）	纯技术效率 （PEC）	规模效率 （SEC）	全要素生产率 （TFP）
上海	1.0000	1.1107	1.0000	1.0000	1.1107
江苏	1.0000	1.2314	1.0000	1.0000	1.2314
浙江	1.0000	1.1075	1.0000	1.0000	1.1075
安徽	0.9258	1.2447	1.0000	0.9258	1.1524
江西	1.0000	1.1819	1.0000	1.0000	1.1819
湖北	1.0000	1.2261	1.0000	1.0000	1.2261
湖南	1.0000	0.8759	1.0000	1.0000	0.8759
重庆	1.0235	1.1511	1.0000	1.0235	1.1781
四川	0.8978	1.1216	1.0126	0.8867	1.0070
贵州	1.0000	1.2257	1.0000	1.0000	1.2257
云南	1.0000	0.9636	1.0000	1.0000	0.9636
下游	1.0000	1.1499	1.0000	1.0000	1.1499
中游	0.9815	1.1322	1.0000	0.9815	1.1091
上游	0.9803	1.1155	1.0032	0.9776	1.0936
11个省市均值	0.9861	1.1309	1.0011	0.9851	1.1146

由分解后的全要素生产率可知，2020~2021年长江经济带11个省市技术进步指数平均值为1.1309、纯技术效率指数平均值为1.0011、规模效率指数平均值为0.9851，此时技术进步对全要素生产率提升的贡献最大。

4. 2021~2022年长江经济带11个省市文旅产业全要素生产率测算

由表5可知，2021~2022年长江经济带11个省市文旅产业全要素生产率平均值为0.9253，说明长江经济带文旅产业生产效率较低；分地区看，文旅产业全要素生产率最高的云南省为1.2122，最低的贵州省为0.7782；分区域看，长江经济带上游4个省市文旅产业全要素生产率平均值为0.9368，中游4个省文旅产业全要素生产率平均值为0.9185，下游3个省市文旅产业全要素生产率平均值为0.9189，长江经济带上游文旅产业全要素生产率平均值最高，中游最低。

表5　2021～2022年长江经济带11个省市文旅产业全要素生产率测算结果

省市	技术效率（EC）	技术进步（TC）	纯技术效率（PEC）	规模效率（SEC）	全要素生产率（TFP）
上海	1.0000	0.8656	1.0000	1.0000	0.8656
江苏	1.0000	0.9162	1.0000	1.0000	0.9162
浙江	0.9802	0.9945	1.0000	0.9802	0.9749
安徽	0.9285	0.9297	1.0000	0.9285	0.8632
江西	1.0000	0.9566	1.0000	1.0000	0.9566
湖北	1.0000	0.8956	1.0000	1.0000	0.8956
湖南	1.0000	0.9586	1.0000	1.0000	0.9586
重庆	0.9842	0.9457	1.0000	0.9842	0.9308
四川	0.8647	0.9551	0.7855	1.1008	0.8259
贵州	1.0000	0.7782	1.0000	1.0000	0.7782
云南	1.0000	1.2122	1.0000	1.0000	1.2122
下游	0.9934	0.9254	1.0000	0.9934	0.9189
中游	0.9821	0.9351	1.0000	0.9821	0.9185
上游	0.9622	0.9728	0.9464	1.0213	0.9368
11个省市均值	0.9780	0.9462	0.9805	0.9994	0.9253

　　由分解后的全要素生产率可知，2021～2022年长江经济带11个省市技术进步指数平均值为0.9462、纯技术效率指数平均值为0.9805、规模效率指数平均值为0.9994，均小于1，均对全要素生产率提升产生负面贡献，但规模效率指数平均值最接近1，可认为此时规模效率对长江经济带全要素生产率提升的贡献相对更积极、更重要。

5. 2022～2023年长江经济带11个省市文旅产业全要素生产率测算

　　由表6可知，2022～2023年长江经济带11个省市文旅产业全要素生产率平均值为1.2659，说明长江经济带文旅产业全要素生产率保持了年均26.59%的增长率，文旅产业生产效率较高；分地区看，文旅产业全要素生产率最高的云南省为1.7004，最低的湖北省为1.0534；分区域看，长江经济带上游4个省市文旅产业全要素生产率平均值为1.4238，中游4个省文旅产业全要素

生产率平均值为 1.1623，下游 3 个省市文旅产业全要素生产率平均值为
1.1937，长江经济带上游文旅产业全要素生产率平均值最高，中游最低。

表6　2022~2023 年长江经济带 11 个省市文旅产业全要素生产率测算结果

省市	技术效率 （EC）	技术进步 （TC）	纯技术效率 （PEC）	规模效率 （SEC）	全要素生产率 （TFP）
上海	1.0000	1.3598	1.0000	1.0000	1.3598
江苏	1.0000	1.0841	1.0000	1.0000	1.0841
浙江	1.0202	1.1146	1.0000	1.0202	1.1371
安徽	1.1666	1.1394	1.0000	1.1666	1.3292
江西	1.0000	1.0682	1.0000	1.0000	1.0682
湖北	1.0000	1.0534	1.0000	1.0000	1.0534
湖南	1.0000	1.1982	1.0000	1.0000	1.1982
重庆	0.9828	1.1492	1.0000	0.9828	1.1294
四川	1.2739	1.1323	1.4450	0.8816	1.4425
贵州	0.7586	1.8757	1.0000	0.7586	1.4230
云南	1.0000	1.7004	1.0000	1.0000	1.7004
下游	1.0067	1.1862	1.0000	1.0067	1.1937
中游	1.0417	1.1148	1.0000	1.0417	1.1623
上游	1.0038	1.4644	1.1113	0.9058	1.4238
11 个省市均值	1.0184	1.2614	1.0405	0.9827	1.2659

由分解后的全要素生产率可知，2022~2023 年长江经济带 11 个省市技
术进步指数平均值为 1.2614、纯技术效率指数平均值为 1.0405、规模效率
指数平均值为 0.9827，此时技术进步对全要素生产率提升的贡献最大。

6. 2018~2023年长江经济带11个省市文旅产业全要素生产率分析

由图 13 可知，2018~2019 年、2020~2021 年和 2022~2023 年长江经济
带 11 个省市文旅产业全要素生产率平均值大于 1，表明这三个时期文旅产
业生产效率较高；2019~2020 年和 2021~2022 年两个时间段长江经济带 11
个省市文旅产业全要素生产率平均值小于 1，表明这两个时期文旅产业生产
效率较低。2022~2023 年长江经济带文旅产业全要素生产率平均值最高，表
明 2022 年之后长江经济带文旅行业实现了快速复苏。

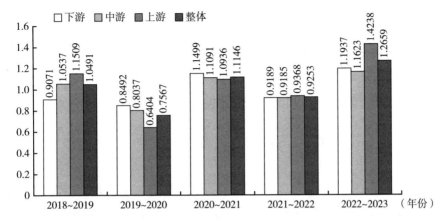

图 13　2018~2023 年长江经济带上中下游文旅产业全要素生产率均值

2020 年文旅行业受到较大影响。2021 年文旅行业有所复苏，2022 年文旅行业再次陷入困境，2022 年之后文旅行业开启全面复苏。据此将 2018~2023 年分成 5 个时间段，分别是 2018~2019 年发展期，2019~2020 年挫折期，2020~2021 年发展期，2021~2022 年挫折期，2022~2023 年发展期。由文旅产业全要素生产率的测算结果可知，与 2020 年、2022 年比，2019 年、2021 年、2023 年长江经济带文旅产业生产效率较高，在发展期文旅产业技术进步要素起显著的积极影响，在挫折期提升规模效率要素可以推动文旅产业走出低谷，具体数据见表 7。

表 7　不同时期长江经济带文旅产业的全要素生产率及积极影响要素

发展阶段	全要素生产率	技术进步	纯技术效率	规模效率	积极影响要素
发展期（2018~2019）	1.0491	1.0309	1.0000	1.0183	技术进步
挫折期（2019~2020）	0.7567	0.7695	0.9882	0.9963	规模效率
发展期（2020~2021）	1.1146	1.1309	1.0011	0.9851	技术进步
挫折期（2021~2022）	0.9253	0.9462	0.9805	0.9994	规模效率
发展期（2022~2023）	1.2659	1.2614	1.0405	0.9827	技术进步

三 长江经济带文旅产业高质量发展的现实瓶颈与对策

（一）高质量发展的现实瓶颈识别

1. 文旅消费动力不足，文旅消费支出在收入中的占比不大

2019~2023 年《中国文化发展报告》中被调查者的人均月收入及人均月文旅消费支出数据显示，2019 年被调查者人均月文旅消费支出为 215 元，2020 年为 168 元，2021 年为 219 元，2023 年为 320 元，2023 年与 2019 年比，增长了 48.84%；2019 年被调查者人均月收入为 5418 元，2020 年为 6087 元，2021 年为 6016 元，2023 年为 6689 元，2023 年与 2019 年比，人均月收入增加了 1271 元，增长了 23.46%。被调查者人均月文旅消费支出占人均月收入的比重，由 2019 年的 3.97% 上升到 2023 年的 4.78%，增加了 0.81 个百分点。从整体来看，被调查者人均月文旅消费支出占人均月收入的比重虽然在 2019~2023 年呈现"V"形波动趋势，但是文旅消费支出总体还是呈现增长趋势，数据表明人们对精神文化生活的追求有所提升，但是人均月文旅消费支出占比不大，表明文旅消费潜力仍有释放空间。

2. 上游文旅产业溢出效应明显，产出效率提升空间大

2022~2023 年，长江经济带上游技术进步指数平均值为 1.4644，高于长江经济带中游和下游；规模效率指数平均值为 0.9058，低于中游和下游。

这表明与 2022 年相比，2023 年长江经济带上游文旅产业产出效率提高了 46.44%。具体来看，与 2022 年相比，2023 年上游 4 个省市国内旅游收入增长了 79.03%，文化及相关产业营业收入增长了 11.31%。与同一时期的中游 4 个省相比，增长率分别高出 21.97 个百分点和 12.09 个百分点；与下游 3 个省市相比，增长率分别高出 49.49 个百分点和 3.27 个百分点。数据表明，2023 年长江经济带上游 4 个省市的旅游业和文化及相关产业的产出能力显著增强，技术进步的溢出效应十分明显。

2022~2023 年长江经济带上游的规模效率指数平均值为 0.9058，意味着其生产效率仅达到最优规模的 90.58%。与 2022 年相比，2023 年影响规模效率的 A 级景区数量、博物馆数、艺术表演场馆数三个间接指标，上游的增长幅度分别为 5.98%、-14.04%、-9.15%。A 级景区数量的增长对提升规模效率有正面影响，博物馆数、艺术表演场馆数减少则间接抑制了规模效率。

在直接影响规模效率的四个指标——限额以上住宿业资产总计、文化及相关产业资产总计、旅游从业人员数、文化及相关产业年末从业人员数方面，与 2022 年相比，2023 年上游增长率分别为 6.48%、3.14%、2.63% 和 16.46%。在这四个指标中，文化及相关产业资产总计和旅游从业人员数的增长率相对较低，这表明它们对规模效率提升的贡献不足。相反，文化及相关产业年末从业人员数的增长率最高，反映了投入规模的增加对规模效率提升的贡献最大，限额以上住宿业资产总计的贡献率次之。

数据表明，尽管上游 4 个省市的技术进步显著提高了产出效率，但是生产规模并不是最优的，因此存在进一步提高产出效率的空间。如果上游 4 个省市能够在保持技术进步的同时，将生产规模调整至接近或达到最优水平，总的产出效率有望进一步提升。

3. 中游文旅产业规模效率明显，技术进步效率需进一步优化

2022~2023 年，长江经济带中游技术进步指数平均值为 1.1148，低于长江经济带上游和下游；规模效率指数平均值为 1.0417[①]，高于上游和下游。

技术进步指数平均值为 1.1148，表明与 2022 年相比，2023 年长江经济带中游产出效率提高了 11.48%。与同期上游的产出效率比，低了 34.96 个百分点，与同期下游比低了 7.14 个百分点。具体来看，与 2022 年相比，2023 年中游 4 个省国内旅游收入增长了 57.06%，文化及相关产业营业收入增长率为 -0.78%。与同一时期的上游 4 个省市相比，增长率分别低了

---

① 说明：规模效率指数通常应该小于或等于 1。这个指数衡量的是企业在实际生产规模下与最优生产规模下的效率差异。规模效率指数大于 1 在常规分析中是不常见的，因为它意味着企业的实际生产规模超过了理论上的最优规模，可能会导致效率损失。

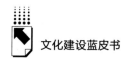

21.97 个百分点和 12.09 个百分点；与下游 3 个省市相比，国内旅游收入增长率高出 27.52 个百分点，文化及相关产业营业收入增长率低了 8.82 个百分点。数据表明，2023 年中游 4 个省的产出效率提升主要由国内旅游收入拉动，文化及相关产业的产出水平有待提升。

中游规模效率指数平均值为 1.0417，意味着生产效率略高于最优规模，可能存在一定的效率损失。比较 2023 年与 2022 年的数据可以发现，影响规模效率的 A 级景区数量、博物馆数、艺术表演场馆数三个间接指标，中游地区的增长幅度分别为 4.25%、-18.42%、10.35%。A 级景区数量的增加对规模效率提升有正面影响，博物馆数的减少不利于规模效率的提升，艺术表演场馆数的增长对规模效率提升有促进作用。

在直接影响规模效率的四个指标——限额以上住宿业资产总计、文化及相关产业资产总计、旅游从业人员数、文化及相关产业年末从业人员数方面，与 2022 年相比，2023 年中游的增长率分别为 6.77%、-4.44%、11.80% 和 13.38%。数据表明，文化及相关产业资产总计的负增长可能对规模效率产生负面影响，限额以上住宿业资产总计、旅游从业人员数和文化及相关产业年末从业人员数增长，反映投入规模的增加促进了规模效率的提高。

数据说明，中游技术进步指数平均值最低，产出效率最低，可能在技术进步和规模管理上存在一些问题，导致一定的效率损失，需要进一步优化以实现更高的生产效率。

4. 下游规模效率最优，技术进步产出效率有待提高

2022~2023 年，长江经济带下游 3 个省市技术进步指数平均值为 1.1862，规模效率指数平均值为 1.0067。以上数据表明，与 2022 年相比，2023 年长江经济带下游产出效率提高了 18.62%，与同期上游相比，低了 27.82 个百分点，与同期中游相比，高出 7.14 个百分点。

具体来看，与 2022 年相比，2023 年下游 3 个省市国内旅游收入增长了 29.54%，文化及相关产业营业收入增长率为 8.04%。与同一时期的上游 4 个省市相比，下游 3 个省市国内旅游收入增长率低了 49.49 个百分点，文化及相关产业营业收入增长率低了 3.27 个百分点；与中游 4 个省相比，下游 3 个省市国内旅游收入增长率低了 27.52 个百分点，文化及相关产业营业收入增长率高出 8.82 个百分点。数据表明，2023 年下游 3 个省市的产出效率提升主要得益于国内旅游收入的增长，而文化及相关产业的贡献相对较小，其产出水平有待进一步提升。

下游 3 个省市的规模效率指数平均值为 1.0067，意味着其生产效率达到最优规模（保留小数点后两位数，约等于 1）。对比 2023 年与 2022 年的数据，影响规模效率的三个间接指标——A 级景区数量、博物馆数和艺术表演场馆数——在下游的增长情况分别为 2.91%、-32.57% 和 -19.43%。A 级景区数量的增长对提升规模效率有正面影响，因为它可能提高了旅游吸引力和服务能力。然而博物馆数显著下降可能会对规模效率提升产生负面影响，博物馆通常是吸引游客和文化教育的重要场所，其数量的减少可能会导致文化服务的规模效率降低。同样，艺术表演场馆数量的减少可能也会对规模效率产生不利影响。

在直接影响规模效率的四个指标——限额以上住宿业资产总计、文化及相关产业资产总计、旅游从业人员数、文化及相关产业年末从业人员数方面，与 2022 年相比，2023 年下游的增长率分别为 6.88%、10.30%、6.01%、10.70%。

数据表明，下游文化及相关产业资产总计、文化及相关产业年末从业人员数对规模效率提升的贡献大于限额以上住宿业资产总计、旅游从业人员数。在文旅产业高质量发展的背景下，长江经济带下游省市不仅要发挥体量优势提高效率，而且要加强协调发展和融合发展。

（二）长江经济带文旅产业高质量发展的对策

1. 有效扩大文旅消费需求

对于文旅消费动力不足、文旅消费支出占比不大的问题，本报告认为，要促进居民文旅消费需求的有效扩大，需要从政策、产业、消费者三个方面共同发力。文旅消费对经济环境、突发事件高度敏感，属于典型的高弹性消

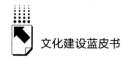

费。从政策层面看，需要创造良好的市场环境，促使人们从"能消费"向"愿消费""敢消费"转变；从高质量发展的要求看，促使人们从"可选消费"向"美好生活刚需消费"转变，要加大对服务消费的补贴力度。比如，将补贴目的地门票、餐饮、文旅消费等政策扩展至交通、住宿、购买文创商品等方面，同时降低消费者获得补贴的精力和时间成本。可鼓励有条件的企事业单位积极组织文旅活动，给予相应的税收减免；鼓励企事业单位灵活安排假期，设立"春秋假"，落实带薪休假制度，为文旅消费提供时间。

从产业层面看，进一步科学规划、融合创新、优化结构、提质增效。第一，切忌一窝蜂上马文旅项目。开发文旅项目需要前期科学的调研、规划，深度挖掘目的地的文化资源，既不能想当然地预测消费者的需求偏好，也不能过度迎合消费者的"低级趣味"，更不能放弃自身独特文化而"崇洋媚外"。第二，优化文旅产业供给结构。如"文旅+科技"开发 VR/AR 旅游体验场景、元宇宙景区；"文旅+农业"打造田园综合体，助力新农村建设；"文旅+体育"，开展冰雪旅游、举办马拉松等体育运动赛事，吸引运动爱好者在参与运动的同时，体验文旅项目。第三，提升文旅服务质量。培养文旅从业者的服务意识，提高服务水平，增加服务项目，标准化服务与个性化服务并重，提高文旅消费者的满意度。

2. 技术进步与规模效率并重

首先，技术进步是文旅产业在发展期的积极影响因素。要促进文旅市场高质量发展离不开高新技术在文旅产业的应用。一是利用高新技术丰富旅游体验，如在博物馆中利用 AR 技术将展品生动地呈现在游客面前，如利用 AI 导游提供个性化的讲解服务。二是利用旅游大数据分析、智能客服等新技术提升旅游服务质量。三是利用新媒体、短视频平台进行精准营销。四是利用数字化技术对文化遗产进行保护和修复。五是通过搭建智慧应用平台，赋能产业发展。

其次，规模效率是文旅产业在挫折期的积极影响因素。要利用规模效率促进文旅市场高质量发展。一方面要推动 A 级景区主题旅游区建设，共享基础设施，统一规划交通线路，在景区之间开通专线旅游巴士，实施景区联票制度；另一方面，对于长期游客满意度低、服务质量不达标的景区可进行摘牌，释放土地资源，转型为公共休闲空间或文化体验中心。博物馆也要提质升级，在文化展示的同时，加强教育体验与文化传播功能，同时利用技术降本增效，实现可持续发展。艺术表演场馆是群众文化体验的新空间，在增加艺术表演场馆数量的同时，要降低群众体验的门槛，推动艺术表演场馆非演出时段的多功能开发。住宿业可通过连锁经营，实现规模经济，降本增效。

最后，文旅产业的发展离不开高素质人才队伍的建设。要加强文旅人才培养，为产业发展注入强劲动力。一方面，促进高校原有专业的转型升级，以适应文旅产业的发展，创新人才培养模式，培养高素质、复合型人才；另一方面，提高文旅产业从业者的经济地位和社会地位，增加文旅产业从业者的收入，使人才进得来、留得住，还要表彰、宣传行业先进典型，增强从业者的荣誉感。

3. 强化文旅融合发展

第一，要实现创新发展。一方面要理念创新，另一方面要技术创新。在理念创新上，要注重对旅游目的地文化的深度挖掘及真实性还原，并且要有积累文化建设资源的意识，特别是公共文化基础设施（如博物馆、艺术馆）是不可多得的公共文化资本，从长期看，公共文化资本积累对经济有明显的产出增长效应。[①] 要创新旅游产品的形式，提炼旅游产品的主题，实现差异化发展。要强化品牌建设，打造独特的文旅品牌；要实现跨界融合，树立"文旅+"和"+文旅"理念；要注重为旅游消费者打造文旅体验的情境感、参与感。在技术创新上，可利用人工智能技术创作内容，提供沉浸式体验，打造元宇宙体验空间；发展虚拟现实技术，打破文旅体验的时空限制；建设文旅大数据平台，更好地服务智慧文旅建设，为政府监管、游客体验、旅游目的地服务提供强有力的数据支撑。

第二，要实现协调发展。文旅产业的协调发展包括行业布局的协调，切

[①] 张智敏：《公共文化机构资本积累对社会经济发展贡献的特征与趋势——基于中国1949~2018年时间序列数据建模分析》，载江畅、孙伟平、戴茂堂主编《中国文化发展报告（2020年）》，社会科学文献出版社，2020。

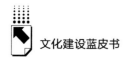

忌盲目跟风上马文旅项目，要实现差异化发展；不同利益主体的协调，文旅融合高质量发展是地区社会经济转型发展的一种方式、手段，不是目的，目的是实现当地居民的生活环境、生活质量的改善与提高，要让当地居民从文旅产业发展中真真切切地获利；文化传承与创新的协调，不能为了创新而过度迎合社会上的各种"不良风气"、过度商业化。

第三，要实现绿色发展。文旅产业在发展过程中要处理好开发与保护的关系，做到节能减排、降低污染，提高资源利用效率，实现可持续发展。

第四，要秉持开放发展的理念。文旅产品既要"走出去"，也要"引进来"，使各种文旅产品相互碰撞、相互借鉴，如北京环球影城、上海迪士尼等主题公园的开发；文旅产业要与其他产业深度合作，跨界发展，扩展行业边界，提升文旅产业的综合能力；文旅产业建设要让当地居民参与，共同创造文旅体验空间，分享文旅发展成果，如在一些地方民俗活动中，当地居民与旅游者一同参与，共同传承和弘扬当地传统文化。

第五，实现共享发展。推动公共文化服务均等化，一方面要加强图书馆、文化馆、博物馆、群众文化机构等设施建设，加大对基层、偏远地区和经济欠发达地区公共文化服务的供给，也要为老年人、残疾人等提供无障碍的文旅服务设施；另一方面要丰富服务内容，开展多样的文化活动，如文艺演出、文化展览、公益讲座等，以及提供多样化的公共服务，如免费导游讲解、旅游咨询等，确保人民群众能享受得到、享受得起文旅产业的发展成果。要促进文旅资源全民共享，开放公共文旅资源，将城市公园、风景名胜区、各类文化遗产地、自然保护区等公共文旅资源向公众免费开放。要加强文化遗产保护与共享，加大对历史文化名城、名镇、名村以及文物古迹、非物质文化遗产等保护力度，也要合理开发与利用相关文旅遗产资源，活化利用各类文化遗产资源，一方面让游客感受到文化遗产的魅力，另一方面让当地居民从文化遗产的保护与开发中获益。

附录一

"中国文化发展现状（2023~2024）"
调查问卷基本信息统计与量表分析

《中国文化发展报告》课题组

表 1 样本分布统计

单位：人，%

地区	市（州、盟、地区）	县（市、区、旗）	街道（镇、乡）	社区（村）	样本数	占有效样本比重	城市		乡村		男性		女性	
							人数	占比	人数	占比	人数	占比	人数	占比
北京	北京市	朝阳区等16个区	167个街道（镇）	295个社区（村）	383	6.12	335	87.47	48	12.53	191	49.87	192	50.13
天津	天津市	宝坻区等15个区	64个街道（镇、乡）	92个社区（村）	110	1.76	106	96.36	4	3.64	55	50.00	55	50.00

309

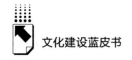

续表

地区	市（州、盟、地区）	县（市、区、旗）	街道（镇、乡）	社区（村）	样本数	与有效样本比重	城市		乡村		男性		女性	
							人数	占比	人数	占比	人数	占比	人数	占比
上海	上海市	宝山区等16个区	147个街道（镇）	289个社区（村）	398	6.36	378	94.97	20	5.03	130	32.66	268	67.34
重庆	重庆市	巴南区等37个区（县）	141个街道（镇）	166个社区（村）	180	2.88	92	51.11	88	48.89	126	70.00	54	30.00
河北	石家庄市等11个	89个（市、县）	185个街道（镇、乡）	207个社区（村）	262	4.19	177	67.56	85	32.44	133	50.76	129	49.24
山西	太原市等11个市	53个（市、县）	101个街道（镇、乡）	133个社区（村）	162	2.59	105	64.81	57	35.19	80	49.38	82	50.62
内蒙古	呼和浩特等11个市（盟）	34个（市、县）	67个街道（镇、乡）	71个社区（村）	83	1.33	60	72.29	23	27.71	39	46.99	44	53.01
辽宁	沈阳市等13个市	50个区（市、县）	111个街道（镇、乡）	138个社区（村）	156	2.49	141	90.38	15	9.62	84	53.85	72	46.15
黑龙江	哈尔滨市等11个市	37个区（市、县）	73个街道（镇、乡）	84个社区（村）	94	1.50	77	81.91	17	18.09	50	53.19	44	46.81
吉林	吉林市等8个市（州）	32个区（市、县）	66个街道（镇、乡）	73个社区（村）	78	1.25	54	69.23	24	30.77	39	50.00	39	50.00
江苏	南京市等13个市	78个区（市、县）	215个街道（镇、乡）	295个社区（村）	352	5.62	310	88.07	42	11.93	172	48.86	180	51.14
浙江	杭州市等9个市	56个区（市、县）	116个街道（镇、乡）	121个社区（村）	185	2.96	119	64.32	66	35.68	51	27.57	134	72.43

续表

地区	市（州，盟，地区）	县（市，区，旗）	街道（镇，乡）	社区（村）	样本数	占有效样本比重	城市		乡村		男性		女性	
							人数	占比	人数	占比	人数	占比	人数	占比
安徽	合肥市等16个市	57个区（市，县）	111个街道（镇，乡）	134个社区（村）	160	2.56	125	78.13	35	21.88	92	57.50	68	42.50
福建	福州市等9个市	44个区（市，县）	108个街道（镇，乡）	141个社区（村）	174	2.78	129	74.14	45	25.86	96	55.17	78	44.83
江西	南昌市等7个市	35个区（市，县）	74个街道（镇，乡）	100个社区（村）	198	3.16	118	59.60	80	40.40	111	56.06	87	43.94
山东	济南市等16个市	101个区（市，县）	239个街道（镇，乡）	307个社区（村）	392	6.26	303	77.30	89	22.70	199	50.77	193	49.23
河南	郑州市等17个市	108个区（市，县）	235个街道（镇，乡）	295个社区（村）	359	5.73	235	65.46	124	34.54	207	57.66	152	42.34
湖北	武汉市等13个市（州）	49个区（市，县）	100个街道（镇，乡）	101个社区（村）	192	3.07	129	67.19	63	32.81	64	33.33	128	66.67
湖南	长沙市等14个市（州）	65个区（市，县）	148个街道（镇，乡）	189个社区（村）	242	3.87	181	74.79	61	25.21	127	52.48	115	47.52
广东	广州市等21个市	84个区（市，县）	326个街道（镇）	548个社区（村）	763	12.19	675	88.47	88	11.53	364	47.71	399	52.29
广西	南宁市等13个市	57个区（市，县）	100个街道（镇，乡）	152个社区（村）	182	2.91	123	67.58	59	32.42	93	51.10	89	48.90
海南	海口市等3个市	8个区（市，县）	25个街道（镇，乡）	38个社区（村）	50	0.80	39	78.00	11	22.00	23	46.00	27	54.00

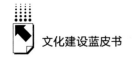

续表

地区	市（州、盟、地区）	县（市、区、旗）	街道（镇、乡）	社区（村）	样本数	占有效样本比重	城市 人数	城市 占比	乡村 人数	乡村 占比	男性 人数	男性 占比	女性 人数	女性 占比
四川	成都市等19个市（州）	77个区（市、县）	178个街道（镇、乡）	245个社区（村）	287	4.58	239	83.28	48	16.72	171	59.58	116	40.42
贵州	贵阳市等9个市（州）	50个区（市、县）	90个街道（镇、乡）	91个社区（村）	132	2.11	89	67.42	43	32.58	63	47.73	69	52.27
云南	昆明市等16个市（州）	91个区（市、县）	187个街道（镇、乡）	187个社区（村）	247	3.95	91	36.84	156	63.16	24	9.72	223	90.28
西藏	拉萨市等4个市	9个区（市、县）	10个街道（镇、乡）	10个社区（村）	10	0.16	6	60.00	4	40.00	6	60.00	4	40.00
陕西	西安市等9个市	36个区（市、县）	100个街道（镇、乡）	151个社区（村）	169	2.70	132	78.11	37	21.89	86	50.89	83	49.11
甘肃	兰州市等10个市（州）	20个区（市、县）	38个街道（镇、乡）	44个社区（村）	57	0.91	36	63.16	21	36.84	30	52.63	27	47.37
青海	西宁市等3个市（州）	9个区（市、县）	21个街道（镇、乡）	23个社区（村）	32	0.51	26	81.25	6	18.75	19	59.38	13	40.63
宁夏	银川市等5个市	15个区（市、县）	35个街道（镇、乡）	42个社区（村）	47	0.75	30	63.83	17	36.17	19	40.43	28	59.57
新疆	乌鲁木齐市等11个市（地区、州）	31个区（市、县）	73个街道（镇、乡）	82个社区（村）	98	1.57	82	83.67	16	16.33	48	48.98	50	51.02

续表

地区	市（州、盟、地区）	县（市、区、旗）	街道（镇、乡）	社区（村）	样本数	占有效样本比重	城市人数	城市占比	乡村人数	乡村占比	男性人数	男性占比	女性人数	女性占比
香港	香港岛、九龙半岛、新界	观塘区等9个区			13	0.21	13	100.00	0	0.00	6	46.15	7	53.85
澳门	澳门半岛	花地玛堂区等6个堂区			6	0.10	6	100.00	0	0.00	1	16.67	5	83.33
台湾	桃园市、新北市、新竹县	八德区等4个区（市）			4	0.06	4	100.00	0	0.00	1	25.00	3	75.00
海外	新西兰、澳大利亚、秘鲁				3	0.05	3	100.00	0	0.00	1	33.33	2	66.67
总计					6260	100.00	4768	76.17	1492	23.83	3001	47.94	3259	52.06

注：表中按照《统计上划分城乡的规定》《统计用区划代码和城乡划分代码》《统计用区划代码和城乡划分代码编制规则》规定，依据《2023年度全国统计用区划代码和城乡划分代码》，对被调查者居住地或者工作地的行政区划进行区划划分。表中占有效样本比重是指在总计（合计）时，如果小于100.00或者大于100.00，自动增减为100.00，此后不赘。小数点后第三位四舍五入处理。余同，此后不赘。

表 2　样本的年龄分布统计

单位：人，%

分类	有效样本数	占有效样本比重	累计有效比重
19 岁及以下	425	6.79	6.79
20 岁~29 岁	2449	39.12	45.91
30 岁~39 岁	1986	31.73	77.64
40 岁~49 岁	792	12.65	90.29
50 岁~59 岁	463	7.40	97.69
60 岁及以上	145	2.32	100.00
合　计	6260	100.00	

表 3　样本的职业分布统计

单位：人，%

分类	样本数	占有效样本比重	累计有效比重
工人	319	5.10	5.10
农民	129	2.06	7.16
专业技术人员	1056	16.87	24.03
党政机关工作人员	303	4.84	28.87
教师	369	5.89	34.76
学生	1578	25.21	59.97
服务行业从业人员	545	8.71	68.68
企业管理人员	1434	22.91	91.59
国家党群机关及企事业单位负责人	115	1.84	93.43
自由职业者	412	6.58	100.00
合　计	6260	100.00	

表 4　样本的学历分布统计

单位：人，%

分类	样本数	占有效样本比重	累计有效比重
初中及以下	225	3.59	3.59
高中(中专)	375	5.99	9.58
大学专科	943	15.06	24.64

分类	样本数	占有效样本比重	累计有效比重
大学本科	3833	61.23	85.87
硕士及以上	884	14.12	100.00
合　计	6260	100.00	

表5　样本的月收入分布统计

单位：人，%

分类	样本数	占有效样本比重	累计有效比重
3000元及以下	1578	25.21	25.21
3001~5000元	1073	17.14	42.35
5001~8000元	1362	21.76	64.11
8001~10000元	909	14.52	78.63
10000元以上	1338	21.37	100.00
合　计	6260	100.00	

表6　2023年在影视剧院、音像游戏、网络信息等文娱、旅游消费方面的实际支出

单位：人，%

分类	样本数	占有效样本比重	累计有效比重
1000元以内	1941	31.01	31.01
1000~2999元	1622	25.91	56.92
3000~4999元	1055	16.85	73.77
5000~10000元	952	15.21	88.98
10000元以上	690	11.02	100.00
合　计	6260	100.00	

表7　2023年每天用手机或者电脑上网了解各种资讯的时间

单位：人，%

分类	样本数	占有效样本比重	累计有效比重
1小时以下	278	4.44	4.44
1~2小时	1983	31.68	36.12
3~5小时	2708	43.26	79.38

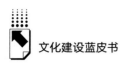

分类	样本数	占有效样本比重	累计有效比重
6~8 小时	902	14.41	93.79
8 小时以上	389	6.21	100.00
合 计	6260	100.00	

表8　量表题项内容表述、测度目标、降维分类、载荷系数

降维分类 （组均值）	题号	题项内容表述	均值	测度目标 （认知认同度）	载荷系数
A1. 文化渊源和 文明信念认同 （4.502）	T1	中华文明的独特性决定了文化发展必须走自己的道路，文化自信才能真正建立	4.42	文化与文明认知	0.804
	T2	理解中国现代文明与古代中国的渊源对中国未来文明发展与文化建设非常重要	4.53	中国文明渊源认知	0.795
	T3	中华各民族文化融合是国不可分、国不可乱、各民族不可散、文明不可断的共同理念	4.56	各民族文化融合重要性	0.734
A2. 文化自信获 得感（4.410）	T4	2023 年，文化建设发展和社会文明提升，社会公众的获得感、幸福感、安全感明显增强	4.29	文化发展获得感	0.801
	T5	近年来，社会公众越来越认同，没有党的正确领导，就没有我们今天的幸福生活	4.54	坚持党领导的认同	0.773
	T6	培育和践行社会主义核心价值观明显增强了人们的文化自信	4.40	核心价值观与文化自信	0.808
A3. 文化建设目 标达成满意度 （4.241）	T7	我觉得，培育和践行社会主义核心价值观已深入人心	4.17	践行成效总评价	0.770
	T8	社会公众对党史、新中国史、改革开放史、社会主义发展史的学习，提高了政治站位和文化品位	4.33	政治站位和文化品位	0.753
	T9	"十四五"期间，我国文化强国建设非常关键，经济增长速度可以慢一点，文化建设不能松懈	4.13	文化建设重要性总认知	0.647
	T10	新时期，关注人们对文化需求的新期待和新变化，是建设文化强国的基本点	4.33	文化发展新需求	0.757

续表

降维分类（组均值）	题号	题项内容表述	均值	测度目标（认知认同度）	载荷系数
B1. 生态文明建设获得感（4.396）	T11	生态文明建设放在社会经济发展的突出位置，可以进一步提高人们的获得感	4.36	生态文明与感知	0.745
	T12	近年来，生态文明建设成效显著，城乡面貌日益美丽宜居，社会公众的素质显著提高	4.38	美丽城乡建设与文明行为	0.781
	T13	美丽乡村建设，有力推动了中国社会的文化与文明建设	4.44	乡村文化与文明	0.791
B2. 文化对外交流评价（4.367）	T14	"一带一路"倡议扩大了文化对外开放，促进了文化交流和人文沟通	4.50	"一带一路"与人文交流	0.728
	T16	近两年，国外对中国具有中华文化特色的文化产品的需求明显增加	4.18	文化产品国际需求	0.699
	T17	国内文旅市场需要进一步规范，才能实现文化"走出去"，外国客人才能"引进来"	4.39	文旅市场规范与文化走出去	0.716
	T18	只有文化产品创新也保持传统特征，优秀传统文化才能扩大国际影响力	4.41	文化产品创新与"走出去"	0.750
B3. 文物保护文化需求投入感知（3.744）	T19	社会公众文物保护性开发意识增强，但是基层对"非遗社区"构建和挖掘不够	3.85	非遗与文物保护	0.835
	T21	我觉得，我生活所在地的文化投入和文化建设还没有满足人们的需求期望	3.64	文化投入的感知度	0.835
B4. 文化传播科技创新与安全（4.297）	T22	云博物馆的传播，引起了社会公众鉴赏真实文物的兴趣，线下博物馆火起来了	4.16	博物馆传播影响力	0.698
	T23	国家严厉打击利用大数据违规、犯罪，增强了社会公众消费文化产品的安全感	4.37	监管与消费安全	0.693
	T24	近两年，国家加大了文化数字资源版权保护力度，促进了文化发展科技创新	4.36	数字资源保护创新	0.739
	T25	近年来，文化品牌通过网络"圈粉"传播，产生了显著的经济效应	4.23	品牌与网络传播	0.651
	T44	近年来，博物馆、展览馆、艺术馆展出设备科技含量明显提高	4.37	产品与科技创新	0.651

续表

降维分类 （组均值）	题号	题项内容表述	均值	测度目标 （认知认同度）	载荷 系数
B5. 文旅市场发展与整治评价 （4.315）	T26	近两年，文旅市场整治水平提高，促进了文化产业发展，提升了经济效益	4.32	文旅市场整治	0.763
	T27	文旅市场低价游得到有效整治，"以文促旅、以旅彰文"融合发展整体向好	4.27	文旅市场整治	0.733
	T28	文旅消费市场信誉与形象正在向社会效益第一、经济效益向好的方向发展	4.27	文旅市场信誉与形象	0.753
	T29	文旅产业发展不仅满足了人们的文化生活需求，而且创新了经济发展模式	4.35	文化产业发展	0.720
	T30	乡村文旅融合发展，地方特色文化挖掘，需要坚持原生态发展原则	4.37	地方特色文化挖掘	0.629
B6. 群众文化活动感知（4.256）	T31	文化馆已经成为培育普及全民艺术的重要场所，越来越受到人们的关注	4.22	四馆建设成效	0.795
	T32	博物馆等文化云平台已经成为展示文物和传播文物价值的重要途径	4.31	四馆建设成效	0.745
	T33	近几年，基层群众文艺团队和骨干明显增加，群众文艺活动越来越丰富	4.24	群众文艺团队发展	0.772
B7. 公共文化建设参与（4.236）	T34	民众在公共文化建设中的参与感明显增强，文明素质显著提升	4.25	公共文化服务成效	0.813
	T35	基层文艺活动明显提高了群众的审美品位，提升了人们的文化素质	4.26	基层文艺活动成效	0.812
	T37	"村级（社区）春晚""村级（社区）运动会"极大地推进乡村振兴	4.19	文化与乡村振兴	0.761
B8. 基层文化发展现状评价 （4.170）	T36	老年人合唱节已转向不同年龄的人参与大家唱群众歌咏活动	4.00	群众文化活动发展	0.737
	T38	社区图书馆（阅览室）的建设和管理，应该"以人为中心"	4.33	基层社区文化建设	0.644
	T39	广场舞活动极大地丰富了群众文化生活，对社会文明建设的作用越来越大	4.19	基层文化文明建设	0.742
	T40	大家唱群众歌咏活动影响力越来越大，弘扬主流价值观的作用越来越大	4.15	基层文化文明建设	0.800

续表

降维分类 （组均值）	题号	题项内容表述	均值	测度目标 （认知认同度）	载荷 系数
B9. 文明建设 与整治评价 （4.216）	T41	无论城市还是乡村，仍然存在脏乱差难以治理的问题，需要进一步整治	4.08	环境保护与社会文明发展认知	0.849
	T42	在乡村振兴中，讲文明、讲卫生、讲秩序的生活习惯需要进一步养成	4.35	乡村振兴与文明生活习惯养成	0.849

注：表中 41 个变量分为 12 个因子，样本总体 $\alpha=0.914$，KMO 效度检验值为 0.959，Bartlett 统计量为 48755.85（$df=66$，$p<0.01$），总解释率为 67.31%。

表9 文化渊源和文明信念认同差异检验结果（量表题）

题项	样本数	均值	均值差	T 值	显著性（p）
T1. 中华文明的独特性决定了文化发展必须走自己的道路，文化自信才能真正建立	6260	4.42	-0.086 ***	-9.850	0.000
T2. 理解中国现代文明与古代中国的渊源对中国未来文明发展与文化建设非常重要	6260	4.53	0.029 ***	3.609	0.000
T3. 中华各民族文化融合是国不可分、国不可乱、各民族不可散、文明不可断的共同理念	6260	4.56	0.057 ***	7.294	0.000
总　体	6260	4.502			

注：显著性水平 *** 表示 $p<0.01$。

表10 文化自信获得感差异检验结果（量表题）

题项	样本数	均值	均值差	T 值	显著性（p）
T4. 2023 年，文化建设发展和社会文明提升，人们的获得感、幸福感、安全感明显增强	6260	4.29	-0.120 ***	-13.558	0.000
T5. 近年来，人们越来越认同，没有党的正确领导，就没有我们今天的幸福生活	6260	4.54	0.131 ***	15.863	0.000
T6. 培育和践行社会主义核心价值观明显增强了人们的文化自信	6260	4.40	-0.012	-1.420	0.156
总　体	6260	4.410			

注：显著性水平 *** 表示 $p<0.01$。

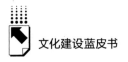

表11　文化建设目标达成满意度差异检验结果（量表题）

题项	样本数	均值	均值差	T值	显著性(p)
T7. 我觉得，培育和践行社会主义核心价值观已深入人心	6260	4.17	-0.069 ***	-7.910	0.000
T8. 社会公众对党史、新中国史、改革开放史、社会主义发展史的学习，提高了政治站位和文化品位	6260	4.33	0.092 ***	10.782	0.000
T9. "十四五"期间，我国文化强国建设非常关键，经济增长速度可以慢一点，文化建设不能松懈	6260	4.13	-0.114 ***	-10.056	0.000
T10. 新时期，关注人们对文化需求的新期待和新变化，是建设文化强国的基本点	6260	4.33	0.092 ***	11.183	0.000
总　体	6260	4.241			

注：显著性水平 *** 表示 p<0.01。

表12　生态文明建设获得感差异检验结果（量表题）

题项	样本数	均值	均值差	T值	显著性(p)
T11. 生态文明建设放在社会经济发展的突出位置，可以进一步提高了人们的获得感	6260	4.36	-0.032 ***	-3.778	0.000
T12. 近年来，生态文明建设成效显著，城乡面貌日益美丽宜居，社会公众的素质显著提高	6260	4.38	-0.014	-1.601	0.109
T13. 美丽乡村文化建设，有力推动了中国社会的文化与文明建设	6260	4.44	0.047 ***	5.942	0.000
总　体	6260	4.396			

注：显著性水平 *** 表示 p<0.01。

表13　文化对外交流评价差异检验结果（量表题）

题项	样本数	均值	均值差	T值	显著性(p)
T14. "一带一路"倡议扩大了文化对外开放，促进了文化交流和人文沟通	6260	4.50	0.130 ***	16.280	0.000
T16. 近两年，国外对中国具有中华文化特色的文化产品的需求明显增加	6260	4.18	-0.187 ***	-21.266	0.000
T17. 国内文旅市场需要进一步规范，才能实现文化"走出去"，外国客人才能"引进来"	6260	4.39	0.180 **	2.204	0.028
T18. 只有文化产品创新也保持传统特征，传统文化才能走出全新的国际影响力	6260	4.41	0.040 ***	4.909	0.000
总　体	6260	4.367			

注：显著性水平 *** 表示 p<0.01， ** 表示 p<0.05。

表 14 文物保护文化需求投入感知差异检验结果

题项	样本数	均值	均值差	T 值	显著性（p）
T19. 社会公众对文物保护性开发意识增强，但是基层对"非遗社区"构建和挖掘不够	6260	3.85	0.107 ***	9.447	0.000
T21. 我觉得，我生活所在地的文化投入和文化建设还没有满足人们的需求期望	6260	3.64	-0.106 ***	-7.720	0.000
总 体	6260	3.744			

注：显著性水平 *** 表示 p<0.01。

表 15 文化传播科技创新与安全差异检验结果

题项	样本数	均值	均值差	T 值	显著性（p）
T22. 云博物馆的传播，引起了社会公众鉴赏真实文物的兴趣，线下博物馆火起来了	6260	4.16	-0.138 ***	-14.946	0.000
T23. 国家严厉打击利用大数据违规、犯罪，增强了社会公众消费文化产品的安全感	6260	4.37	0.069 ***	8.047	0.000
T24. 近两年，国家加大了文化数字资源版权保护力度，促进了文化发展科技创新	6260	4.36	0.062 ***	7.635	0.000
T25. 近年来，文化品牌通过网络"圈粉"传播，产生了显著的经济效应		4.23	-0.066 ***	-7.174	0.000
T44. 近年来，博物馆、展览馆、艺术馆的展出设备科技含量明显提高	6260	4.37	0.072 ***	8.643	0.000
总 体	6260	4.297			

注：显著性水平 *** 表示 p<0.01。

表 16 文旅市场发展与整治评价差异检验结果

题项	样本数	均值	均值差	T 值	显著性（p）
T26. 近两年，文旅市场整治水平提高，促进了文化产业发展，提升了经济效益	6260	4.32	0.006	0.691	0.490
T27. 文旅市场低价游得到有效整治，"以文促旅、以旅彰文"融合发展整体向好	6260	4.27	-0.046 ***	-5.087	0.000
T28. 文旅消费市场信誉与形象正在向社会效益第一、经济效益向好的方向发展	6260	4.27	-0.047 ***	-5.442	0.000
T29. 文旅产业发展不仅满足了人们的文化生活需求，而且创新了经济发展模式	6260	4.35	0.039 ***	4.802	0.000

题项	样本数	均值	均值差	T 值	显著性(p)
T30. 乡村文旅融合发展,地方特色文化挖掘,需要坚持原生态发展原则	6260	4.37	0.050 ***	5.793	0.000
总　体	6260	4.315			

注:显著性水平 *** 表示 p<0.01。

表 17　群众文化活动感知差异检验结果

题项	样本数	均值	均值差	T 值	显著性(p)
T31. 文化馆已经成为培育普及全民艺术的重要场所,越来越受到人们的关注	6260	4.22	-0.031 ***	-3.428	0.001
T32. 博物馆等文化云平台已经成为展示文物和传播文物价值的重要途径	6260	4.31	0.050 ***	5.821	0.000
T33. 近几年,基层群众文艺团队和骨干明显增加,群众文艺活动越来越丰富	6260	4.24	-0.020 **	-2.134	0.033
总　体	6260	4.256			

注:显著性水平 *** 表示 p<0.01,** 表示 p<0.05。

表 18　公共文化建设参与差异检验结果

题项	样本数	均值	均值差	T 值	显著性(p)
T34. 民众在公共文化建设中的参与感明显增强,文明素质显著提升	6260	4.25	0.016 *	1.810	0.070
T35. 基层文艺活动明显提高了群众的审美品位,提升了人们的文化素质	6260	4.26	0.025 ***	2.741	0.006
T37. "村级(社区)春晚""村级(社区)运动会"极大地推进乡村振兴	6260	4.19	-0.042 ***	-4.394	0.000
总　体	6260	4.236			

注:显著性水平 *** 表示 p<0.01。

表 19　基层文化发展现状评价差异检验结果

题项	样本数	均值	均值差	T 值	显著性(p)
T36. 老年人合唱节已转向不同年龄的人参与大家唱群众歌咏活动	6260	4.00	-0.166 ***	-15.610	0.000

题项	样本数	均值	均值差	T值	显著性（p）
T38. 社区图书馆（阅览室）的建设和管理，应该"以人为中心"	6260	4.33	0.159***	18.708	0.000
T39. 广场舞活动极大地丰富了群众文化生活，对社会文明建设的作用越来越大	6260	4.19	0.021**	2.071	0.038
T40. 大家唱群众歌咏活动影响力越来越大，弘扬主流价值观的作用越来越大	6260	4.15	-0.017*	-1.755	0.079
总 体	6260	4.170			

注：显著性水平 *** 表示 $p<0.01$，** 表示 $p<0.05$。

表20 文明建设与整治评价差异检验结果

题项	样本数	均值	均值差	T值	显著性（p）
T41. 无论城市还是乡村，仍然存在脏乱差难以治理的问题，需要进一步整治	6260	4.08	-0.132***	-11.517	0.000
T42. 在乡村振兴中，讲文明、讲卫生、讲秩序的生活习惯需要进一步养成	6260	4.35	0.132***	15.575	0.000
总 体	6260	4.216			

注：显著性水平 *** 表示 $p<0.01$。

本书所使用数据均源自湖北大学高等人文研究院社会调查中心组织开展的"中国文化发展现状（2023~2024）"问卷调查，经科学整理形成研究基础。因问卷题项表述问题，各报告中题项经过文字性修改，与原始文件有所不同。另因篇幅所限，部分数据内容未全部列出。若您需要获取本次调查的详细数据及分析资料，可通过以下两种途径获取。

第一，请访问"中华文化发展智库平台"，网址：www.chinesecul.cn。

该平台是湖北大学与社会科学文献出版社共同开发，湖北大学高等人文研究院具体组织实施的国内首个关于中华文化发展的大数据平台。该平台集资源整合、成果发布与合作交流功能于一体，汇聚优质学术资源。社会调查数据库收录自2016年以来调查数据及分析资料，为文化发展决策咨询工作的开展提供了充实可靠的数据支撑。

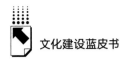

第二，请联系湖北大学高等人文研究院，电子邮箱：ifahs@ hubu. edu. cn。

湖北大学高等人文研究院始终以中华文化发展研究为中心，凭借多年积淀的学术研究优势与数据治理经验，持续为文化发展研究注入专业力量。我们始终以开放性姿态推进学术合作，通过常态化的数据更新机制、多元化的服务渠道，为学界、业界及社会公众提供全周期研究支持，期待与更多有志于中华文化发展的伙伴携手，共同构建开放共享的文化研究生态。

调 查 团 队：湖北大学高等人文研究院社会调查中心·中国文化发展
　　　　　　现状调查组

负 责 人：张智敏

问 卷 设 计：张智敏

线上调查组织：张彦龙　张智敏

线上问卷推送：Credamo 数据平台　腾讯问卷

实地调查人员：洪华华、张群敏、程鹏飞、吕东、汪曦、张玲、黄佳萱、
　　　　　　　张慧、庞辛妮、林天然、张彦龙

数 据 清 理：张彦龙

数 据 分 析：张智敏教授工作室

附录二
中国文化发展大事记
（2023年）

贺艳菊*

2023年1月

1月1日 由中央宣传部、中央文明办、文化和旅游部等共同主办的2023年"我们的中国梦——文化进万家"活动开幕。

1月1日 由中央广播电视总台、陕西省人民政府、福建省人民政府共同主办的第九届丝绸之路国际电影节在陕西西安开幕。

1月5日 全国文物局局长会议在京召开。会议总结2022年文物工作，部署2023年工作任务，谋划推进新时代文物事业高质量发展。

1月9~10日 全国艺术创作工作会议在京召开。会议强调不断提高艺术创作水平，推出更多优秀作品，为繁荣发展文艺事业、铸就社会主义文化新辉煌而团结奋斗。

1月10日 由文化和旅游部、新疆维吾尔自治区人民政府共同主办的第三届中国新疆国际艺术双年展在新疆乌鲁木齐开幕。

1月14日 由文化和旅游部非物质文化遗产司、中央网信办网络传播局共同主办的2023年"文化进万家——视频直播家乡年"活动在山东潍坊

* 贺艳菊，湖北大学图书馆副研究馆员，主要研究方向为信息伦理。

开幕。

1 月 14 日　由文化和旅游部主办的 2023 年"欢乐春节"全球活动启动仪式暨"欢乐春节　和合共生"音乐会在河南郑州举行。

1 月 18 日　由中国国家博物馆、国家中医药博物馆共同主办的"智慧之光——中医药文化展"在北京开幕。

2023年2月

2 月 10 日　中国与柬埔寨在北京签署《中华人民共和国国家文物局与柬埔寨王国文化和艺术部关于协同开展"亚洲文化遗产保护行动"的联合声明》。

2 月 12 日　推进公共文化服务高质量发展工作会议在湖北武汉召开。

2 月 13 日　由文化和旅游部财务司主办的国家文化和旅游财政政策研究基地新时代成果展示交流推进会在湖北武汉召开。

2 月 14 日　中国与伊朗在北京签署《中华人民共和国国家文物局与伊朗伊斯兰共和国文化遗产、旅游与手工业部关于促进文化遗产领域交流与合作的谅解备忘录》。

2 月 15 日　"20 世纪初中国古文献四大发现展"在北京国家典籍博物馆开幕。

2 月 15 日　国家文物局在北京召开"考古中国"重大项目重要进展工作会。会上通报了河北尚义四台遗址、云南晋宁古城村遗址、甘肃礼县四角坪遗址、宁夏贺兰苏峪口瓷窑遗址、内蒙古巴林左旗辽上京遗址 5 项重要考古成果。

2 月 18 日　首届中国非物质文化遗产保护年会在陕西榆林开幕。

2 月 18 日　首届中国（海南）东坡文化旅游大会在海南省歌舞剧院开幕。

2 月 20 日　由文化和旅游部、广东省人民政府、深圳市人民政府共同主办的第四届中国设计大展及公共艺术专题展在深圳市当代艺术与城市规划馆开幕。

2 月 27 日　由国家版权局、四川省人民政府主办的第七届中国网络版权保护与发展大会在四川成都召开。

2023年3月

3 月 3 日　由国家艺术基金管理中心主办的"讴歌新时代"——学习宣传贯彻党的二十大精神国家艺术基金资助成果网络展演活动在线举行。

3 月 6 日　第六届北京文化创意大赛颁奖典礼在北京举行。

3 月 7 日　第六届丝绸之路国际剧院联盟广州年会暨第十三届中国（广州）国际演艺交易会在广东广州大剧院开幕。

3 月 15 日　由中国北京故宫博物院、巴基斯坦国家遗产与文化署考古与博物馆局等共同主办的"譬若香山：犍陀罗艺术展"在北京故宫博物院开幕。

3 月 16 日　"盛世修典　赓续文脉　再铸辉煌——'中国历代绘画大系'成果展研讨会"在北京中国国家博物馆召开。

3 月 23~25 日　由文化和旅游部、广东省人民政府共同主办的"2023非遗品牌大会"在广州举行。

3 月 26~30 日　中西文化和旅游年开幕系列活动在西班牙马德里举行。

3 月 28 日　由陕西省文物局主办的"中国秦汉文明的遗产"展在西班牙阿利坎特考古博物馆开幕。

3 月 28 日　2023 年全国文化和旅游产业发展工作会议在江苏苏州召开。

3 月 31 日　第十七届中国义乌文化和旅游产品交易博览会在浙江义乌开幕。

2023年4月

4 月 3 日　由文化和旅游部、埃及文化部等共同主办的"艺汇丝路——

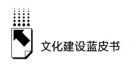
中阿知名艺术家采风作品展"暨中阿艺术家对话沙龙活动在埃及艺术宫开幕。

4月6日 中国文化艺术政府奖第四届动漫奖颁奖活动在四川成都举行。

4月11~12日 由文化和旅游部非物质文化遗产司主办的非遗与旅游融合发展工作现场交流活动在江苏扬州举行。

4月17日 由湖北省文化和旅游厅、湖南省文物局等共同主办的国家考古遗址公园博览会暨"考古中国·长江中游文明进程"专题展览在湖北武汉开幕。

4月18日 由中国古迹遗址保护协会、北京市文物局等共同主办的国际古迹遗址日中国主场活动在北京举行。

4月21日 由文化和旅游部主办的首届沉浸式文旅产业发展论坛在湖北武汉举行。

4月22日 由中国非物质文化遗产保护中心、广西壮族自治区文化和旅游厅等共同主办的中国—东盟（南宁）非物质文化遗产周在广西南宁开幕。

4月22日 第二届中国（武汉）文化旅游博览会在湖北武汉开幕。

4月25日 由文化和旅游部、国家文物局、陕西省人民政府共同主办的亚洲文化遗产保护联盟大会在陕西西安举行。

4月25日 由中外文化交流中心、丽江市人民政府共同主办的2023丽江国际文化和旅游产业发展论坛在云南丽江举行。

4月26日 由文化和旅游部、甘肃省人民政府联合主办的第十一届敦煌行·丝绸之路国际旅游节在甘肃张掖开幕。

2023年5月

5月8日 由文化和旅游部、海南省人民政府共同主办的"艺海流金·阳光海南"内地与港澳文化和旅游界交流活动在海南海口开幕。

5月10日　中国数字文化集团迁址挂牌暨国家文化大数据体系建设成果展示中心揭牌仪式在北京举行。

5月18日　中国同中亚国家人民文化艺术年暨中国—中亚青年艺术节在陕西西安开幕。

5月19~22日　由文化和旅游部、福建省人民政府共同主办的2023年"茶和天下　共享非遗"主题活动主会场活动在福建福州举行。

5月23日　由文化和旅游部主办的2023年全国美术馆馆藏精品展在北京举行。

5月27日　由中央广播电视总台数字文化艺术博物馆主办的"何以文明——中华文明探源工程成果数字艺术大展"在北京举行。

2023年6月

6月7~11日　第十九届中国（深圳）国际文化产业博览交易会在深圳举行。

6月9日　2023年"文化和自然遗产日"非遗宣传展示活动启动仪式暨《保护非物质文化遗产公约》通过20周年纪念活动在北京举行。

6月9日　由文化和旅游部、湖北省人民政府共同主办的"2023全国非遗曲艺周"在湖北武汉开幕。

6月9~10日　第三届中国（宁夏）国际葡萄酒文化旅游博览会在宁夏银川举行。

6月14~16日　由四川省文化和旅游厅、宜宾市人民政府共同主办的2023西南民族特色文化产业带主题交流活动在四川宜宾举行。

6月16日　由文化和旅游部、西藏自治区人民政府共同主办的第五届中国西藏旅游文化国际博览会隆重开幕。

6月16日　由湖北大学高等人文研究院、中华文化发展湖北省协同创新中心、湖北文化建设研究院共同组织编写的《中国文化发展报告（2022~2023）》在湖北武汉发布。

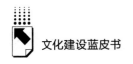
6 月 19 日 由文化和旅游部、广西壮族自治区人民政府主办的第十八届中国—东盟文化论坛在广西南宁开幕。

6 月 20 日 由中国文化和旅游部、黑龙江省人民政府及俄罗斯联邦文化部等共同主办的第十三届中俄文化大集在中国黑龙江黑河开幕。

6 月 26 日 2023"一带一路"青年创意与遗产论坛暨长沙媒体艺术节在湖南长沙开幕。

6 月 27 日 由文化和旅游部、国家民委共同主办的"春雨工程"——文化和旅游志愿服务边疆行现场交流活动在新疆伊犁举行。

6 月 27 日 由马德里中国文化中心、山东省文化和旅游厅主办的"万世师表——孔子文化主题展"在西班牙马德里中国文化中心开幕。

6 月 29 日 由四川省文化和旅游厅、成都市人民政府共同主办的"2023 东亚文化之都·中国成都活动年"在四川成都开幕。

6 月 30 日 由四川省人民政府主办的第三届四川艺术节在成都开幕。

6 月 30 日至 7 月 2 日 第八届中国西部旅游产业博览会在重庆国际博览中心举行。

2023年7月

7 月 3 日 由哥本哈根中国文化中心、陕西省文化和旅游厅共同主办的"国风秦韵——中国陕西文化和旅游展"在丹麦哥本哈根开幕。

7 月 13~17 日 第七届内蒙古自治区文化产业博览交易会在内蒙古呼和浩特举行。

7 月 14~16 日 第十二届中国苏州文化创意设计产业交易博览会在江苏苏州举行。

7 月 18 日 武昌 1800 年·长江文明与文化产业论坛在湖北武汉举行。

7 月 21 日 由中国非物质文化遗产保护协会、贵州省文化和旅游厅等共同主办的第三届中国丹寨非遗周在贵州丹寨开幕。

7 月 21 日 第八届金砖国家文化部部长会议在南非姆普马兰加省召开。

会上，中国、巴西、俄罗斯、印度等成员国文化部门负责人就深化金砖国家间文化交流合作、促进社会经济可持续发展等内容发言。

7月24日 由中国文物交流中心主办的"光辉历程——'中华人民共和国出土文物展览'50周年纪念特展"在北京中国文物交流中心展览馆开幕。

7月30日 由埃及开罗中国文化中心、中国景德镇市人民政府主办的中国故事之"埃及人眼中的中国：'一带一路'之中埃陶瓷文化交融"讲座在埃及开罗中国文化中心举行。

2023年8月

8月3~5日 由长江文化促进会主办的"新时代长江文化保护传承弘扬实践探索与展望"研讨会在湖北宜昌召开。

8月4~7日 第十四届海峡两岸（厦门）文化产业博览交易会在福建厦门举行。

8月7日 由江苏省文化和旅游厅主办的"江苏油画雕塑院建院30周年系列艺术展"开幕暨学术研讨会在江苏南京举行。

8月17日 由文化和旅游部、国家广播电视总局、陕西省人民政府共同主办的第十届中国西部文化产业博览会在陕西西安开幕。

8月23日 由文化和旅游部、新疆维吾尔自治区人民政府共同主办的2023"新疆是个好地方"对口援疆19省市非物质文化遗产展在新疆阿克苏开幕。

8月26日 由中共贵州省委宣传部、贵州省文化和旅游厅等共同主办的2023多彩贵州文化艺术节在贵州贵阳开幕。

8月30日 由中国文化和旅游部、江苏省人民政府、阿拉伯国家联盟秘书处共同主办的中国—阿拉伯国家动漫产业论坛在江苏苏州开幕。

8月30日 由中国内蒙古自治区人民政府新闻办、中国驻蒙古大使馆、蒙古文化部共同主办的"感知中国"·内蒙古文化周活动在蒙古乌兰巴托开幕。

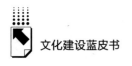

2023年9月

9月1日 由中外文化交流中心、江西省文化和旅游厅等共同主办的丝绸之路旅游城市联盟成立系列活动在江西景德镇举行。

9月3日 由中国美术馆、丝绸之路国际美术馆联盟共同主办的"美在融汇——共建'一带一路'倡议提出十周年美术作品展"在北京中国美术馆举行。

9月5日 由中国日报社、国家文物局、亚洲新闻联盟共同主办的"和合共生文明互鉴"文化遗产保护论坛在北京举行。

9月6日 第六届丝绸之路(敦煌)国际文化博览会在甘肃敦煌开幕。

9月7日 以"推动文化科技融合发展"为主题的首届文化科技融合发展大会在北京召开。

9月7~8日 第十四次中日韩文化部长会议在韩国全州召开。三国部长就加强三国青年人文交流、推动"东亚文化之都"合作、提升公共文化交流水平、深化文化产业共同发展、促进文化遗产保护等议题进行深入探讨。

9月8日 由中国驻非盟使团同非盟委员会、中国文化和旅游部国际交流与合作局、浙江省文化和旅游厅等共同主办的庆祝非洲统一组织成立60周年和非盟日中非文化交流专场文艺演出首站在埃塞俄比亚首都亚的斯亚贝巴举行。

9月10日 第十届陕西省艺术节开幕式在陕西铜川举行。

9月12日 由辽宁省委宣传部、辽宁省文化和旅游厅等共同主办的辽宁省第十二届艺术节在大连开幕。

9月13日 首届中国群众文化品牌发展大会在四川成都开幕。

9月14日 由中央宣传部、北京市委、北京市人民政府共同主办的2023北京文化论坛在北京开幕。

9月14日 由中央宣传部、文化和旅游部、国家文物局主办的"鉴往知远——新时代考古成果展"在北京中国国家博物馆举行。

9月14~18日　第四届中国国际文化旅游博览会在山东济南举行。

9月16~19日　第二十届中国—东盟博览会在广西南宁举行。

9月17日　由联合国教科文组织主办的第45届世界遗产大会在沙特阿拉伯利雅得召开。会上，中国"普洱景迈山古茶林文化景观"列入《世界遗产名录》，中国世界遗产数量增至57项。

9月19日　第六届中国—阿拉伯国家博览会中阿旅行商大会在宁夏银川开幕。

9月21日　由江苏省委宣传部、江苏省文化和旅游厅等共同主办的第五届大运河文化旅游博览会在苏州开幕。

9月23~27日　由中央广播电视总台、福建省人民政府、陕西省人民政府共同主办的第十届丝绸之路国际电影节在福建福州举行。

9月27日　第九届尼山世界文明论坛在山东曲阜举行。

9月27日　由国家文物局、重庆市人民政府等共同主办的第一届"文物保护技术装备学术研讨会"在重庆召开。

9月28日　由国家文物局主办的"五洲四海——'一带一路'文物考古合作展"在北京故宫博物院开幕。

9月28日　国家艺术基金2023年度传播交流推广资助项目"2023东亚文化之都：中日韩雕塑邀请展"在山东潍坊开幕。

2023年10月

10月2~5日　由湖北大学高等人文研究院、华中师范大学政治学部政治哲学研究中心联合以色列基布兹教育技术与艺术学院、以色列中国文化艺术基金会、特拉维夫大学孔子学院，以及中国人民大学伦理学与道德建设研究中心等十余家高校科研机构主办的第九届世界文化发展论坛在以色列特拉维夫举行。

10月11日　由文化和旅游部主办的长江国家文化公园建设推进会在湖北武汉召开。

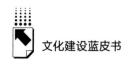

10月12日　以"共享履约实践　深化文明互鉴"为主题的第八届中国成都国际非物质文化遗产节开幕。

10月13日　由文化和旅游部、广西壮族自治区人民政府共同主办的2023中国—东盟博览会旅游展在广西桂林开幕。

10月15日　由文化和旅游部、陕西省人民政府共同主办的第九届丝绸之路国际艺术节在陕西西安开幕。

10月19日　由文化和旅游部主办的第二十二届中国上海国际艺术节在上海开幕。

10月19日　国家对外文化贸易基地建设推进会在江西景德镇举行。

10月20日　由江苏省委宣传部、江苏省文化和旅游厅等共同主办的2023年长江文化节在江苏张家港开幕。

10月20日　第十九届中国吴桥国际杂技艺术节在河北石家庄开幕。

10月22日　以"大美非遗　和合天下"为主题的首届北京国际非遗周在北京开幕。

10月24日　由中华文化联谊会、海峡两岸旅游交流协会、福建省人民政府共同主办的"情系福建　茗香两岸——两岸文化联谊行"活动在福建福州开幕。

10月24日　由杭州市人民政府、浙江省文物局、意大利驻华大使馆共同主办的"中意世界文化遗产地结好论坛"在浙江杭州举行。

10月26日　由太湖世界文化论坛、中国文联主办的太湖世界文化论坛暨第七届年会"全球文明倡议高级别对话"在北京举行。

10月28日　由中国文化和旅游部、乌兹别克斯坦文化部等共同主办的"中国文化日"专场文艺演出在乌兹别克斯坦首都塔什干举行。

2023年11月

11月1日　第三届丝绸之路国际博物馆联盟大会在北京中国国家博物馆举行。

11月8日 以"加强中非文化交流和旅游合作，共筑高水平中非命运共同体"为主题的2023中非文化和旅游合作论坛在浙江金华举行。

11月9日 2023年世界互联网大会乌镇峰会网络传播与文明交流互鉴论坛在浙江乌镇举行。

11月9日 第十届成都创意设计周在四川成都开幕。

11月10日 第十三届安徽国际文化旅游节在安徽黄山开幕。

11月13日 2023中国大运河文化带京杭对话暨北京（国际）运河文化节开幕式·主论坛在北京举行。

11月14日 第十五届广东省艺术节在广东广州开幕。

11月17日 中国（深圳）—意大利（罗马）第二十届文博会暨2024深圳设计周推介会在意大利国立二十一世纪艺术博物馆举行。

11月17日 由文化和旅游部、福建省人民政府主办的第八届海上丝绸之路（福州）国际旅游节在福建福州开幕。

11月17~19日 第八届世界妈祖文化论坛暨第二十五届中国·莆田湄洲妈祖文化旅游节在福建莆田举行。

11月20日 由广西壮族自治区党委、自治区人民政府共同主办的2023年广西文化旅游发展大会在南宁召开。

11月21日 北京文化消费论坛暨2023北京文化消费品牌榜发布仪式在北京举办。活动现场发布了《北京文化产业发展白皮书（2023）》、《2023年北京文化消费报告》、2023北京文化消费品牌榜等。

11月23日 由国家版权局和世界知识产权组织主办的第九届中国国际版权博览会暨2023国际版权论坛在四川成都举办。

11月28日 以"新媒体赋能文旅高质量发展"为主题的全国文化和旅游新媒体创新发展大会在河北石家庄举行。

2023年12月

12月2日 由联合国教科文组织文化遗产法教席、中央民族大学法学

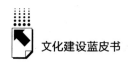

院等共同主办的"文化遗产法治论坛之非物质文化遗产保护跨学科对话"学术研讨会在北京召开。

12月4~8日 联合国教科文组织保护非物质文化遗产政府间委员会第十八届常会在博茨瓦纳卡萨内举行。

12月7~8日 第十六届中日韩文化产业论坛在日本东京举行。

12月8日 由文化和旅游部、福建省人民政府主办的第五届海上丝绸之路国际艺术节在福建泉州开幕。

12月10日 燕文化考古研究中心成立活动暨首届京津冀考古论坛在北京举行。

12月15日 2023年全国艺术创作工作会议在四川成都召开。

12月15日 由澳门艺术博物馆、北京故宫博物院、西藏自治区文物局等共同主办的"吉祥殊胜——故宫与扎什伦布寺珍藏文物展"在澳门艺术博物馆开幕。

12月15日 由乌兰巴托中国文化中心、蒙古国立文化艺术大学文化艺术研究院共同主办的中蒙文化遗产保护研讨会在蒙古乌兰巴托中国文化中心举行。

12月19日 文化遗产保护传承座谈会在北京召开。

12月22日 以"更好担负起新的文化使命，推动博物馆事业高质量发展"为主题的2023年全国博物馆馆长论坛在北京中国国家博物馆举行。

12月23日 第八届"一带一路"文化和旅游发展论坛暨粤港澳大湾区文旅融合论坛在深圳举行。

12月28日 由国家文物局、中共北京市委宣传部共同主办的"中国画画文物——2023北京中轴线主题写生作品展"在中国国家画院开幕。

12月30日 2023第八届三亚国际文化产业博览交易会在海南三亚开幕。

后　记

在江畅教授主创、主持下，经过张智敏教授严谨求实的指导把关以及各报告作者和湖北大学高等人文研究院全体工作人员的共同努力，自 2014 年开始，《文化建设蓝皮书：中国文化发展报告》（以下简称"文化建设蓝皮书"）已经出版发行了 9 本，多次获得中国社会科学院"优秀皮书奖"和"优秀皮书报告奖"，两次获得中国智库索引（CTTI）智库研究优秀成果特等奖。2025 年文化建设蓝皮书研创工作进入第 15 个年头（按出版的时间算进入第 12 个年头），也迎来第 10 本文化建设蓝皮书的出版。为进一步提高文化建设蓝皮书撰写质量，扩大文化建设蓝皮书的社会影响力，在规划第 10 部皮书撰写工作时，经过精心构思与多轮研讨，研创团队最终确立了"守""改""创"三大总原则。此举旨在编纂一部全面、深入反映当前中国文化发展态势的高水准《中国文化发展报告》。

"守"，即坚守原创原则。从皮书研创初期的 2013 年开始，自始至今坚持调查研究，获取第一手原创数据，聚焦文化建设发展的重点问题、焦点问题。第 10 本文化建设蓝皮书以"十四五"文化发展规划提出的主要任务和主要目标为指导思想，仍然坚守原创，精心设计调查问卷。以调查获取的第一手微观数据为基础，充分运用国家权威部门发布的宏观数据，微观数据与宏观数据相结合，分析研判文化建设发展的新特点、新进展以及面临的新问题。

"改"，即改进写作方法，调整写作思路，完善写作结构，精心谋篇布局，让每一篇报告都有亮点、特点。同时每一篇报告都做到聚焦发展目标，分析发展问题，在分析特点、问题的基础上，对文化发展提出具有操作性的对策建议。

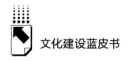

"创"，即在研创撰写中，强化创新创作意识，每一篇报告都有出彩的创新点。具体而言，一是对于文化发展成绩的描述分析实事求是，不偏不倚；二是对于问题的揭示，做到客观中肯；三是对于原因的分析，站在理论和政策的高度，讨论其本质原因；四是提出的对策思考具有操作层面的现实意义。

本书在不改变总报告、分类报告、专题报告整体框架的条件下，对撰写内容进行了调整。例如，总报告对 2021 年、2022 年、2023 年文化发展情况进行了纵横两方面全景式描述，主要内容由五个方面组成：一是理论创新与政策引领，二是文化事业发展新特征，三是文化产业发展新趋势，四是影响文化发展满意度的因素，五是面临的主要挑战与应对策略等。

在分类报告的撰写中，重视提炼相关政策文件颁布的意义以及相关文件对文化发展推进的指导性（导向性）意义。在描述 2023~2024 年文化发展的特点时，关注取得的突出成绩以及面临的焦点问题，对于焦点问题的分析，用宏观数据和微观数据进行互证，用数据说明问题，用数据支撑结论。在内容上，增加了"十四五"期间文化发展重大工程进展和绩效的研究，加强了文化发展满意度的专题研究，同时进一步深化了对长江经济带 11 个省市文旅产业高质量发展的研究。

文化建设蓝皮书研创团队是一个精诚合作的工作团队，在研创过程中，研创团队成员发现问题及时商讨交流，共同找出解决问题的方案。因此，每一位研创作者和工作人员的努力都值得称颂。

本书研创出版和相关调查的经费，主要来自湖北大学高等人文研究院，中华文化发展湖北省协同创新中心、湖北文化建设研究院、湖北省国内一流学科中国语言文学与哲学文化学科、湖北省道德与文明研究中心也提供了支持。同时，本书的研创出版和社会调查一如既往地得到了湖北大学人文社会科学研究院、各文科学院以及各有关部门的大力支持，得到了社会科学文献出版社的全力帮助和具体指导。在此，一并感谢。

《中国文化发展报告》课题组

2025 年 3 月

Abstract

The years 2023—2024 are pivotal for China's cultural construction to achieve high-quality development under the 14th Five-Year Plan. The cultural sector has demonstrated a new landscape: stage art creations blend tradition with modern innovation, while domestic film and television art has risen. Public cultural institutions promote the integrated development of cultural resources under the "Greater Culture" concept. New types of public cultural spaces have become a hallmark of high-quality public cultural services. Initiatives such as "Four Seasons Village Evenings," "China in Agricultural Cultural Heritage," and the National Square-Dancing Competition showcase the unique charm of mass cultural activities from multiple angles.

Emerging cultural industries have made outstanding contributions. In 2023, revenue from new cultural business formats accounted for 40.45% of the total revenue of large-scale cultural and related industries. From 2021 to 2023, the average annual growth of revenue in these new formats exceeded that of all large-scale cultural and related industries by 9.03 percentage points. The news and information services sector ranked first in revenue among the six core cultural industries, while cultural entertainment and leisure services came in second.

Major innovation projects in cultural construction, launched under the national 14th Five-Year Plan for cultural development, have yielded remarkable results. Notable achievements include the Top 10 national archaeological discoveries and the rescue and protection of grotto temples. The Chinese Cultural Resources Survey has progressed smoothly, and the Chinese Opera Revitalization Project has achieved breakthroughs. By 2023, China had established 23 national cultural ecology conservation zones, 16 of which were officially designated as such.

Institute for Advanced Humanistic Studies of Hubei University, Hubei

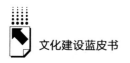
文化建设蓝皮书

Collaborative Innovation Center for Chinese Culture and Hubei Institute of Culture Construction have conducted annual survey on cultural development for ten consecutive years as part of *The Blue Book of Cultural Construction: Annual Report on the Development of Chinese Culture.* In 2023–2024, to further assess public cognition and identification, satisfaction, and sense of fulfillment regarding cultural development, the survey covered six key areas: the study and implementation of Xi Jinping Thought on Culture, public cultural services development, cultural industry development, the preservation and utilization of cultural heritage, innovation in cultural and tourism technology, and integrated media innovation. The results indicate significant improvements in public recognition of cultural development, strengthened cultural confidence, and heightened satisfaction. Achievements in cultural exchanges under the Belt and Road Initiative have been widely praised. In particular, the cultural construction of "Beautiful China" and "Beautiful Villages" has positively influenced public identification with cultural roots and civilizational beliefs.

However, high-quality cultural development still faces challenges. Policy frameworks require further refinement, international exchange policies need to be more flexible, and the creative content industry remains under pressure. The growth of creative design services has slowed, and regional disparities in cultural industry development between eastern, central, western, and northeastern China persist. In response, this book proposes corresponding strategies in its general and segment reports.

Through general report, segment reports, special reports, this book offers an innovative research approach and big data analysis to provide a panoramic overview and specialized discussion of cultural construction under the 14th Five-Year Plan. It highlights China's achievements in high-quality cultural development while identifying new challenges. This book lie in its rich data, extensive information, and original, forward-looking microdata analysis—ensuring reliability, usability, and predictive value. The book aims to serve as a reference for policymakers, researchers, and practitioners in related fields.

Keywords: Cultural Undertakings; Emerging Cultural Industries; Cultural Innovation Projects; Cultural Dissemination

Contents

I   General Report

Abstract：This report employs big data analysis to provide a comprehensive overview of the high-quality development of Chinese cultural construction from 2022 to 2023. It examines several key dimensions, including policy guidance and theoretical innovation for cultural development, the new framework of public cultural services, emerging trends in the cultural industry, public satisfaction with cultural development, and the enhancement of cultural confidence and civilizational levels. By analyzing these aspects, the report outlines the significant achievements and transformative characteristics of China's cultural construction in 2023－2024.

The study reveals that during this period, China's cultural high-quality development has been characterized by theoretical innovation and focused policy guidance. The new business formats in the cultural have made notable contributions. A stronger sense of cultural confidence has been observed.

Through comparative big data analysis, the report identifies new demands, shifts, and challenges in cultural construction. It proposes strategies such as enhancing policy support, improving public satisfaction and the sense of cultural confidence, leveraging specialized research institutions or think tanks to analyze cultural trends, challenges, and

uncertainties, and exploring new pathways and methods to address issues like uneven development and limited social participation. These measures aim to enhance the core competitiveness of cultural development and strengthen the capacity for industrial transformation and sustained high-quality growth.

Keywords: Cultural Construction; High-Quality Development; Xi Jinping Thought on Culture

II Segment Reports

B.2 Questionnaire of "Current Status of Chinese Culture
Development (2023－2024)" and Sample Analysis

Zhang Zhimin, Zhang Yanlong / 068

Abstract: From 2023 to 2024, the Social Survey Center of the Institute for Advanced Humanistic Studies of Hubei University organized a questionnaire survey on the "Current Status of Chinese Cultural Development (2023～2024)". The survey adopts a combination of online and offline methods, aiming to understand the development status of Chinese culture, especially the implementation of the cultural development plan for the 14th Five-Year Plan Period. The questionnaire covers the recognition and satisfaction of the construction of the "six major systems" including public cultural services, cultural industry development, and cultural heritage protection. Through geographic information visualization and frequency analysis of the questionnaire and samples, the data shows significant differences among respondents in cultural consumption, information acquisition, and attention to people's livelihoods. The sample exhibits significant dispersion characteristics. At the same time, using methods such as word frequency analysis, co-occurrence matrix, and association rules, we analyze hot words that have received widespread attention, such as "digitalization, intelligence," "nuclear pollution," and "high-quality development," and sort out three high positive correlation sections and three high negative correlation phenomena. Research has found that digital technology has a significant empowering effect on the economy and people's livelihoods. The public's attention to environmental and livelihood issues continues to rise, and the synergy between culture and economic development, cultural integration driven by technological innovation, and multidimensional contradictions caused by social structural changes have become the core issues of cultural development from 2023 to 2024. Therefore, this report proposes to strengthen the deep integration and innovation of technology and culture, enhances the ability to guarantee public cultural services, optimizes the response mechanism of social governance to cultural hotspots, and uses technology empowerment and institutional design to address complex social challenges.

Keywords: Chinese Culture Development; Public Cultural Services; Industral Cultural; Cultural Heritage Protection

B.3 Report on the Development of Chinese Public Cultural Service (2023−2024) *Cai Liping* / 085

Abstract: In recent years, with the acceleration of urbanization and the continuous development of information technology, the demand for public cultural services has been steadily increasing. While promoting innovative reforms in the field of public cultural services, China has been optimizing the allocation of cultural resources, enhancing the level of public cultural services, and strengthening the supply of cultural products to meet the spiritual needs of the public. From 2022 to 2023, the achievements in public cultural services were manifested in the dual improvement of both the quantity of public cultural spaces and the quality of services, significant progress in the digitalization of cultural platforms such as museums, the prominent role of public cultural activities, remarkable results in the protection of red culture, and the advancement of colorful cultutal village-level cultural activities However, despite the progress made in public cultural development since the implementation of the "14th Five-Year Plan," there are still

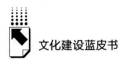

some issues, including the need for improvement in the level of professionalism and standardization of public cultural services, the lack of comprehensive public cultural service standards and weak supervision and inspection, as well as insufficient coverage and unsatisfactory outcomes of public cultural activities. To address these challenges, it is necessary to strengthen the talent pool for public cultural services to promote professionalism; implement public cultural service standards and enhance the supervision and evaluation of cultural service institutions; and continue to advance the digitalization of public cultural services and expand the coverage of public cultural activities.

Keywords: Public Cultural Services; Digitalization; Professionalism

B.4 Report on the Development of Chinese Cultural Industry (2023-2024) *Tao Wenjia, Liu Yan and He Xinyao* / 113

Abstract: This report analyzes data from 2022 to 2024 related to China's cultural and related industries. It finds that the cultural industry experienced a rebound with stable growth and a positive development momentum. New cultural formats have become a new driving force for industry development. Through the analysis of the fixed asset investment of the cultural industry by industry, this report found that the investment development in the nine major industries of the cultural industry is unbalanced; according to the classification of cultural industries, it is found that the cultural manufacturing industry performs poorly in terms of the number of employees, total assets, and total profits. The overall development trend of cultural wholesale and retail industry is good; cultural service enterprises have grown rapidly, and their production efficiency has improved significantly. By analyzing the recognition of people of the effectiveness of the new cultural format's development, this report finds that the public's recognition of new formats needs to be improved. In view of the problems existing in the development of new formats, this report proposes to further promote the transformation and upgrade of cultural industries by optimizing the investment environment, stimulating market demand, and providing supply quality.

    Keywords: Cultural Industry; New Cultural Formats; Digital Strategy

B . 5   Report on Domestic Dissemination and Influence of

      Chinese Culture (2023−2024)

Huang Yan, Zou Yuqian and Wu Liang / 140

    Abstract: From 2021 to 2023, achievements were made in the dissemination of Chinese culture, primarily reflected in three aspects: First, with the deepening of media integration, related policies have been continuously improved, providing strong institutional support for media convergence reforms. Second, the supply of high-quality content in radio and television remained abundant, with the continued development of high-definition and ultra-high-definition television. The number of users of 5G in broadcasting exceeded a certain scale, audiovisual experiences of users continuously were enhanced, and public welfare projects in broadcasting were further implemented. Films diversified in themes and genres, the film market continued to recover, and confidence in the film industry was boosted. Third, short video platforms continuously launched diverse and rich works, meeting the varied needs of users; the short video platform evolved from single-content and social media platforms to comprehensive online digital communities. However, In the process of spreading chinese culture, there are still some pressing issues to address: First, the short video industry still faces suitability issues for users of specific age groups (minors and the elderly). Second, there is a lack of basic standards and requirements for "online hosts", and the effectiveness of governance over livestreaming irregularities remains unsatisfactory. Third, the vitality of the film industry needs to be further stimalated, and film distribution urgently needs to transition to multi-line models. To address these issues, this report makes the following recommendations: First, given the susceptibility of specific age groups to misinformation, short video platforms should establish clear content review

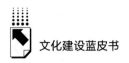
standards, leverage advanced technologies such as artificial intelligence and big data to improve review efficiency and accuracy, and establish rapid response mechanisms for timely verification and handling of inappropriate content. Second, it is recommended to establish professional standards for online hosts, introduce qualification exams, enhance the professionalism and ethics of livestreaming practitioners, and improve the quality and appeal of livestreaming content. Third, it is suggested to promote multi-line film distribution to support the development of cinema chains.

Keywords: Deep Media Integration; Multi-Line Film Distribution; Cultural Dissemination Order

B.6 Report on the International Dissemination and Influence
of Chinese Culture (2023-2024) *Li Jialian, Ge Ting* / 170

Abstract: Based on an analysis of China's cultural product import and export data and major cultural events from 2021 to 2023, this report concludes that remarkable effects have been made in the international dissemination of Chinese culture. International trade levels have maintained stable growth, inbound and outbound tourism has experienced recovery, and the international recognition of Chinese culture, as well as domestic cultural identity, has continued to increase. While the overall state of China's international cultural dissemination remains positive, there are still some issues: China's primary cultural dissemination methods remain conservative; the quality of cultural dissemination is uneven; and cultural dissemination barriers are difficult to overcome. In response to these challenges, this report proposes specific recommendations, including creating new modes of cultural dissemination, leveraging inherent strengths to enhance the quality and efficiency of China's international cultural dissemination, and strengthening cross-cultural exchange and interaction.

Keywords: International Dissemination; Chinese Culture; Cultural Diversity

Ⅲ　Special Reports

Abstract: Cultural engineering projects hold multifaceted significance in cultural development, serving not only as a reflection of material civilization but also as an essential means for the advancement of spiritual civilization. From the perspective of macro data, the Chinese Civilization Discovery Project has made significant achievements, the Chinese Cultural Resources Census Project has made significant progress, the Opera Revitalization Project has innovated and expanded culture, inheritance and innovation, the Cultural Ecological Reserve Construction Project has been fruitful, and the integrated digital online project has brought about good market development. From a micro-level survey, the promotion of social civilization projects has yielded significant results, the quality of artistic works has improved notably, the integration of culture and tourism has shown overall progress, cultural heritage protection efforts have gained public recognition, and advancements have been made in the development of the cultural and tourism market. To further enhance the effectiveness of cultural engineering projects, it is necessary to strengthen ideological leadership and unify public understanding; improve the quality of cultural and tourism products and increase investment in public cultural construction; establish comprehensive talent cultivation systems and multi-dimensional evaluation mechanisms to foster high-quality artistic works; integrate cultural resource development with tourism development to optimize experiential spaces and deepen the integration of culture and tourism; bring intangible cultural heritage closer to daily life to enhance residents' happiness and cohesion; and modernize the regulatory capacity of the cultural and tourism market to build a system for improving the quality of cultural and tourism products and services.

Keywords: Cultural Engineering Projects; Social Civilization; Spiritual Civilization

B.8 Survey on Satisfaction with Chinese Cultural Development:

An Analysis of Public Recognition and Evaluation

Wang Xi, *Zhang Zhimin* / 225

Abstract: This report presents a comprehensive analysis of the 2023 −2024 Chinese Cultural Development Survey data across three dimensions: satisfaction with cultural development supply channels, content structure, and efficacy experience. The findings reveal that: Overall, the public demonstrates high recognition of current cultural development efforts; An upward trend in public cultural discernment has driven quality "upgrading" of cultural demands; Distinctive and substantive cultural products/services receive stronger public preference; Quality gaps persist in cultural service provision across multiple sectors; Current cultural development shows insufficient adaptability to meet new-era requirements. Based on these findings, this study proposes five recommendations: First, uphold a "culture-for-people" principle to establish a "downward-focused" participatory cultural development model; Second, strengthen quality-oriented guidance to advance comprehensive standardization in cultural development; Third, enhance preservation and utilization of distinctive cultures to create localized product-service systems; Fourth, construct a cultural quality monitoring network for targeted improvement initiatives; Fifth, accelerate cultural infrastructure renewal to deliver contemporary service experiences.

Keywords: Cultural Development; General Public; Satisfaction

B.9 Efficiency Measurement and Strategy Research on the

High-Quality Development of the Cultural and Tourism

Industry in the Yangtze River Economic Belt

Ding Hao, *Zhang Zhimin* / 281

Abstract: This report use the Total Factor Productivity (TFP) Index measured the high-quality development efficiency of the cultural and tourism industry in the Yangtze River Economic Belt. The findings reveal that, compared to the years 2020 and 2022, the high-quality development efficiency of the cultural and tourism industry was higher in the years 2019, 2021, and 2023. During the development phase, technological progress exerted a significant and positive impact on the industry, while during periods of setbacks, improvements in scale efficiency could help the industry emerge from downturns. Regionally, the four provinces and municipalities in the upper reaches of the Yangtze River Economic Belt exhibited the highest total factor productivity, with pronounced spillover effects from technological progress and substantial room for improvement in output efficiency. The four provinces in the middle reaches demonstrated notable scale efficiency in the cultural and tourism industry, whereas the three provinces in the lower reaches need to leverage their economic advantages and strengths in modern cultural development to enhance the efficiency of technological progress in the cultural and tourism sector.

This report suggests that promoting the high-quality development of the cultural and tourism industry in the Yangtze River Economic Belt requires coordinated efforts in three areas: policy guidance, industrial upgrading, and boosting consumer confidence. Emphasis should be placed equally on technological progress and scale efficiency, while exploring new development paths for cultural and tourism integration characterized by innovation, coordination, green, openness, and sharing.

Keywords: High-Quality Development; Yangtze River Economic Belt; Cultural and Tourism Integration

Appendix I

Basic Information and Scale Analysis of the Survey Questionnaire on "Current Status of Chinese Cultural Development (2023~2024)"

Chinese Cultural Development Report Research Group / 309

文化建设蓝皮书

Appendix Ⅱ

Memorabilia of Chinese Culture Development（2023）

皮 书

智库成果出版与传播平台

❋ 皮书定义 ❋

皮书是对中国与世界发展状况和热点问题进行年度监测，以专业的角度、专家的视野和实证研究方法，针对某一领域或区域现状与发展态势展开分析和预测，具备前沿性、原创性、实证性、连续性、时效性等特点的公开出版物，由一系列权威研究报告组成。

❋ 皮书作者 ❋

皮书系列报告作者以国内外一流研究机构、知名高校等重点智库的研究人员为主，多为相关领域一流专家学者，他们的观点代表了当下学界对中国与世界的现实和未来最高水平的解读与分析。

❋ 皮书荣誉 ❋

皮书作为中国社会科学院基础理论研究与应用对策研究融合发展的代表性成果，不仅是哲学社会科学工作者服务中国特色社会主义现代化建设的重要成果，更是助力中国特色新型智库建设、构建中国特色哲学社会科学"三大体系"的重要平台。皮书系列先后被列入"十二五""十三五""十四五"时期国家重点出版物出版专项规划项目；自2013年起，重点皮书被列入中国社会科学院国家哲学社会科学创新工程项目。

皮书网

（网址：www.pishu.cn）

发布皮书研创资讯，传播皮书精彩内容
引领皮书出版潮流，打造皮书服务平台

栏目设置

◆ **关于皮书**

何谓皮书、皮书分类、皮书大事记、
皮书荣誉、皮书出版第一人、皮书编辑部

◆ **最新资讯**

通知公告、新闻动态、媒体聚焦、
网站专题、视频直播、下载专区

◆ **皮书研创**

皮书规范、皮书出版、
皮书研究、研创团队

◆ **皮书评奖评价**

指标体系、皮书评价、皮书评奖

所获荣誉

◆ 2008 年、2011 年、2014 年，皮书网均
在全国新闻出版业网站荣誉评选中获得
"最具商业价值网站"称号；

◆ 2012 年，获得"出版业网站百强"称号。

网库合一

2014年，皮书网与皮书数据库端口合
一，实现资源共享，搭建智库成果融合创
新平台。

皮书网

"皮书说"
微信公众号

权威报告·连续出版·独家资源

皮书数据库
ANNUAL REPORT(YEARBOOK)
DATABASE

分析解读当下中国发展变迁的高端智库平台

所获荣誉

- 2022年，入选技术赋能"新闻+"推荐案例
- 2020年，入选全国新闻出版深度融合发展创新案例
- 2019年，入选国家新闻出版署数字出版精品遴选推荐计划
- 2016年，入选"十三五"国家重点电子出版物出版规划骨干工程
- 2013年，荣获"中国出版政府奖·网络出版物奖"提名奖

皮书数据库

"社科数托邦"
微信公众号

成为用户

　　登录网址www.pishu.com.cn访问皮书数据库网站或下载皮书数据库APP，通过手机号码验证或邮箱验证即可成为皮书数据库用户。

用户福利

- 已注册用户购书后可免费获赠100元皮书数据库充值卡。刮开充值卡涂层获取充值密码，登录并进入"会员中心"—"在线充值"—"充值卡充值"，充值成功即可购买和查看数据库内容。
- 用户福利最终解释权归社会科学文献出版社所有。

数据库服务热线：010-59367265
数据库服务QQ：2475522410
数据库服务邮箱：database@ssap.cn
图书销售热线：010-59367070/7028
图书服务QQ：1265056568
图书服务邮箱：duzhe@ssap.cn

社会科学文献出版社 皮书系列
SOCIAL SCIENCES ACADEMIC PRESS (CHINA)
卡号：162583938548
密码：

S 基本子库
SUB DATABASE

中国社会发展数据库（下设 12 个专题子库）

紧扣人口、政治、外交、法律、教育、医疗卫生、资源环境等 12 个社会发展领域的前沿和热点，全面整合专业著作、智库报告、学术资讯、调研数据等类型资源，帮助用户追踪中国社会发展动态、研究社会发展战略与政策、了解社会热点问题、分析社会发展趋势。

中国经济发展数据库（下设 12 专题子库）

内容涵盖宏观经济、产业经济、工业经济、农业经济、财政金融、房地产经济、城市经济、商业贸易等 12 个重点经济领域，为把握经济运行态势、洞察经济发展规律、研判经济发展趋势、进行经济调控决策提供参考和依据。

中国行业发展数据库（下设 17 个专题子库）

以中国国民经济行业分类为依据，覆盖金融业、旅游业、交通运输业、能源矿产业、制造业等 100 多个行业，跟踪分析国民经济相关行业市场运行状况和政策导向，汇集行业发展前沿资讯，为投资、从业及各种经济决策提供理论支撑和实践指导。

中国区域发展数据库（下设 4 个专题子库）

对中国特定区域内的经济、社会、文化等领域现状与发展情况进行深度分析和预测，涉及省级行政区、城市群、城市、农村等不同维度，研究层级至县及县以下行政区，为学者研究地方经济社会宏观态势、经验模式、发展案例提供支撑，为地方政府决策提供参考。

中国文化传媒数据库（下设 18 个专题子库）

内容覆盖文化产业、新闻传播、电影娱乐、文学艺术、群众文化、图书情报等 18 个重点研究领域，聚焦文化传媒领域发展前沿、热点话题、行业实践，服务用户的教学科研、文化投资、企业规划等需要。

世界经济与国际关系数据库（下设 6 个专题子库）

整合世界经济、国际政治、世界文化与科技、全球性问题、国际组织与国际法、区域研究 6 大领域研究成果，对世界经济形势、国际形势进行连续性深度分析，对年度热点问题进行专题解读，为研判全球发展趋势提供事实和数据支持。

法律声明

"皮书系列"（含蓝皮书、绿皮书、黄皮书）之品牌由社会科学文献出版社最早使用并持续至今，现已被中国图书行业所熟知。"皮书系列"的相关商标已在国家商标管理部门商标局注册，包括但不限于 LOGO（▨）、皮书、Pishu、经济蓝皮书、社会蓝皮书等。"皮书系列"图书的注册商标专用权及封面设计、版式设计的著作权均为社会科学文献出版社所有。未经社会科学文献出版社书面授权许可，任何使用与"皮书系列"图书注册商标、封面设计、版式设计相同或者近似的文字、图形或其组合的行为均系侵权行为。

经作者授权，本书的专有出版权及信息网络传播权等为社会科学文献出版社享有。未经社会科学文献出版社书面授权许可，任何就本书内容的复制、发行或以数字形式进行网络传播的行为均系侵权行为。

社会科学文献出版社将通过法律途径追究上述侵权行为的法律责任，维护自身合法权益。

欢迎社会各界人士对侵犯社会科学文献出版社上述权利的侵权行为进行举报。电话：010-59367121，电子邮箱：fawubu@ssap.cn。

社会科学文献出版社